挑战
科特勒

世代商业精英都在用的经典营销案例

潜能开发丛书编写组 / 编著

TIAOZHAN
KETELE

U0782934

企业管理出版社
ENTERPRISE MANAGEMENT PUBLISHING HOUSE

图书在版编目（CIP）数据

挑战科特勒：世代商业精英都在用的经典营销案例 /
《潜能开发丛书》编写组编著. —北京：企业管理出版

社，2014.1

（潜能开发丛书）

ISBN 978-7-5164-0635-9

Ⅰ.①挑… Ⅱ.①潜… Ⅲ.①营销—基本知识

Ⅳ.①F713.3

中国版本图书馆CIP数据核字（2013）第291640号

书　　　名：挑战科特勒：世代商业精英都在用的经典营销案例

编　　　著：《潜能开发丛书》编写组

责任编辑：张　羿

书　　　号：ISBN 978-7-5164-0635-9

出版发行：企业管理出版社

地　　　址：北京市海淀区紫竹院南路17号　　邮编:100048

网　　　址：http://www.emph.cn

电　　　话：编辑部（010）68453201　　发行部（010）68701638

电子信箱：80147@sina.cn　　zhs@emph.cn

印　　　刷：北京中新伟业印刷有限公司

经　　　销：新华书店

规　　　格：170毫米×240毫米　16开本　17印张　250千字

版　　　次：2014年1月第1版　2014年1月第1次印刷

定　　　价：32.80元

版权所有　翻印必究·印装错误　负责调换

前言

营销是企业的命脉所在，也是推动企业发展的重要手段。长期以来，企业营销的主要理念就是采取各种有效的方法和手段，让消费者认可自己的产品，或者把对手击败，以赢得更大市场。这种理念说起来很简单，但真正做起来却不那么容易，因为营销包罗万象，市场又是瞬息万变。随着我国市场化进程的深入，陈旧的营销理念正在被很多创新观念所取代，多层次、多样化的营销手段成为市场上的制胜法宝。所以具有智慧和创新意识的顶尖销售人员更加受到企业的青睐。

但要想成为顶尖的销售人员并非易事，不但要通过实践积累经验，更要不断地学习理论知识，让自己的思维更广阔，让自己对市场的动态更加敏感。关于营销理论的书可谓是林林总总，销售人员如果不花大量的时间研读就不能理解其中的精髓，也就不能吸收到营养。况且在快节奏的生活工作中，销售人员很难抽出时间去研究营销理论，即使知道那些理论是可以帮助自己、可以让自己提高业绩的，但碍于工作生活的压力，又会有多少人真正地去研究理论呢？有一些销售人员会寄托于公司培训，希望通过公司提供的营销技巧来提升自己。但企业的培训毕竟是有限的、片面的。

其实最好的方法是通过讲解营销经验来指导销售人员，这就是我们编写这本书的目的。为了更好地服务于销售人员，我们通过讲解365个经典的营销故事向大家阐述营销理论中的精华所在。故事的内容虽然简短，但涉及很广，有的是很小的推销故事，有的则是大企业的营销策划。不管是大故事还是小故事，其中都蕴含着深刻的道理，都表达着个人或者企业的营销理念。我们努力把故事编写得简单明了、通俗易懂，这样可以让读者在茶余饭后随心地花很少的时间就可以读完一个小故事。我们希望通过这些故事能对销售人员有所启发、有所帮助，能助销售人员在其职位上有所提升。

本书分为十章讲述，有目标定位、成功素养、心理战术、客户关系、订单管理、有效沟通、销售技巧、完善服务、战略实施、资源整合，覆盖了营销中的所有环节。这十章都是以故事的形式呈现在大家面前，故事的内容有多有少，阅读性很强。另外我们还增加了"营销小翘板"这个环节，目的是从故事中总结营销规律，

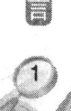

让销售人员直接摄取到知识。可以说这是一本理论与实践相结合的书籍，是一顿色香味俱全的营销培训大餐。

总结起来，这本书有三大特点：

第一，所有的故事都以销售理论为核心，每个故事都能反映一个营销理论，还有一些营销战术罗列其中。不管是理论还是战术，都是作为销售人员必须掌握的基本知识。比如书中有讲一些心理战术，教销售人员如何透视顾客的心理，让销售人员从顾客的动作或者言语中寻求突破口，从而达到营销的目的。

第二，本书故事性强，从而把那些乏味的理论知识变成一则则有趣的小案例。案例的内容涉及到各行各业，有名企、名人，还有一些让人眼前一亮的反思维案例。这些案例全部是真实发生过的，已经被人们通过实践所验证。

第三，本书的目录标题明确，能让读者在最短的时间内找到最想看或者最需要的章节，有"速查速用"的功能，可以说这是一本"营销理论字典"。

我们都爱读故事，是因为我们爱智慧。一则不期而遇的小故事，能给你带来思维上的启迪；一个思维上的启迪，可以让你得到一条富有智慧的营销手段；一条富有智慧的营销手段，又可以让你的事业有所提升，对你的职业生涯有所改观，甚至改变你的命运。对于陷入营销困境的人来说，这本书一定会让你走出泥潭，获得财富；对于优秀的销售人员来说，这本书一定会使你的整体素质更上一层楼，开拓更广阔的市场，获得更充实的人生。

CONTENTS

目 录

第一章 目标定位——产品
定位清晰准确，将使营销成功的几率大增

目录

1

第二章 基本素养——认可、 热爱营销，为自己所从事的职业而骄傲

第三章 心理战术——抓住顾客的消费心理， 方能制定科学的营销策略

第四章　客户关系——经常性地与顾客交流，了解顾客在哪方面有需求

第五章　订单管理——做好销售过程中的
后续环节，提升客户满意度

第六章　销售口才——出色的口才帮助打开
顾客心扉，快速实现成交

第七章　销售技巧——动之以情、晓之以理、诱之以利，灵活运用销售技能

第八章　完善服务——只有赢得顾客的心，才是长久的营销之道

第九章　战略实施——合理的战略部署与实施，有助于打好市场竞争战

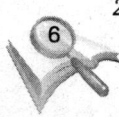

第十章 资源整合——有效地进行资源整合, 才能取得非凡的销售业绩

第一章

目标定位——产品定位清晰准确，
将使营销成功的几率大增

 晚装租赁

乔安娜·多尼格是英国伦敦的时装设计师，是一位具有灵敏商业嗅觉的人。有一次，她的一个朋友受邀参加皇家的宴会，但由于没有合适的晚礼服，因而非常着急。乔安娜正是从此事中意识到了无限的商机。

在英国，举办大小舞会、宴会、生日会等等都是非常普遍的一件事情。女士们注重仪表雍容，更是对晚礼服非常讲究。她们穿的晚礼服讲究款式时尚，还有艳丽高贵。然而，并不是所有的人都富有，能消费得起如此华丽的服装。如果花少量的钱，就能穿上时尚名贵的晚礼服参加各种社交活动的话，确实是一举两得的事情。乔安娜看准了这种市场消费现象，便萌生了晚装租赁的想法。

此后，乔安娜征询了许多女士的建议，并通过大量的市场调查，最终证实自己的分析和预测是合理准确的。于是，她开始了晚装租赁业务。她先是筹集了一笔资金，购买了由欧美著名设计师设计的晚礼服。每套价值不等，便宜的数百美元，贵的数千美元。每套晚礼服的租金由75美元到300美元不等，另外还有200美元的保证金。

没多久，乔安娜的租赁生意就异常红火，其中不少客人都是通过朋友介绍或是慕名而来。那些租赁晚礼服的女士们，都认为这是一个不错的选择。

乔安娜的生意越做越大，连续在伦敦开了两家店，就连遥远的美国纽约也开设了分店。随着业务不断扩大，她的经营范围也从晚礼服扩大到了手袋、首饰以及孕妇晚装，甚至男士服装。乔安娜也因此成为了一个富有的人。

 **营销小翘板**

在欧美社会，女士们穿再华贵的同一件服饰，要是连续出现在多种场合中，就

会引起他人的议论，而女士们则会觉得颜面尽失。因此，不管多么好的礼服，最多也就穿一两次。但如此一来，别说普通人，就连富人也会为此发愁。乔安娜正是设定了一个正确的目标，既解决了他们的困扰，自身也获得了成功。

2 "农夫山泉有点甜"

"农夫山泉有点甜"是农夫山泉的广告语，凭借这句话农夫山泉成功打入了国内的纯净水市场。然而后来养生堂就"奥运军团喝什么水"这个疑问，做出了一个重要决定：农夫山泉基于对消费者负责考虑，决定退出纯净水市场，全力投入天然水的生产销售。它将矛头指向纯净水厂商，由此导发了"矿泉水"与"纯净水"健康之争。

在这种情况下，全国各地的纯净水企业发起联盟，誓把农夫山泉诉讼到法院。于是一时间，人们将关注目光投向农夫山泉以及水业大战。当然了，水业大战中蕴含的深层次问题，才是人们更加格外关注的。

水业大战并不是停留在对身体健康这个表层问题上，根本问题是商业利益。在商品经济快速发展的今天，各类商品间的竞争异常激烈，一不留心的话就会被其他商品取代，最终退出市场。企业要想在竞争中占据一席之地，就要努力拓宽思路，时刻具有危机感。领先者步步为"赢"，挑战者紧追不舍，如此一来企业才能具有竞争力。

营销小翘板

农夫山泉经过市场调查发现，人们为了解渴，因而会选择瓶装水。但是瓶装水的质量问题是消费者的最大忧虑。因此，重新塑造瓶装水的健康天然形象是最关键的问题。于是农夫山泉凭借"农夫山泉有点甜"打入纯净水市场，到之后推出"奥运军团喝什么水"。只用很小的成本就将品牌迅速打入消费者的心智。如此一来，农夫山泉将瓶装水健康天然的形象又提高到了一个新境界。这种产品定位帮助农夫山泉在市场中增强了竞争力。

3 Walkman的十年

1979年，索尼公司研发出了世界上第一款随身听——Walkman便携磁带播放器。它的问世不仅标志着便携式音乐理念的诞生，也填补了迷你电子产品的空缺。

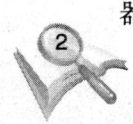

上世纪80年代大概可称得上"Walkman的十年"。

井深大是索尼的创办人之一，非常喜欢听音乐。然而为了随时听音乐，他只得带着笨重的录音机走来走去，非常不便利。于是他要求执行副总裁大贺典雄把这种笨重的录音机修改成一种体积更小、便于携带的款式。

后来，大贺按照井深大的要求，设计出了一款造型轻便且音质非常好的音乐播放器。井深大把这款产品带给了社长盛田昭夫，并得到了他的肯定。

于是，在盛田昭夫的推动下，索尼公司于1979年推出了"Walkman"，定位于青少年市场，主打年轻与时尚。最初推出的时候，索尼公司的估算是每月售出5000台，然而在两个月时间内，Walkman就售出了50000台。这款产品的推出时期正是有氧运动流行的时候，于是很多人都选择了Walkman，长跑时也不再觉得乏味。

Walkman的鼎盛时期是在1987年至1997年。此后，索尼在原来基础上做了改进，又添加了Walkman的功能，如收音机、自动倒带、低音增强等。

营销小翘板

索尼没有选择与竞争者对抗，而是瞄准了迷你电子产品这个空白点，开发出了市场上所没有的Walkman。凭借着Walkman，索尼开拓出了一片新的市场领域。后来，索尼还制造过其他类型的Walkman，如防水Walkman、以太阳能启动的Walkman、双磁带Walkman等具有特色的产品。

4 橘子汁在美国的普及

橘子汁味道佳，热量低，是一种健康饮品。但是在美国，橘子汁只被公众当作早餐饮品，这就限制了橘子汁的市场发展，使其处于停滞状态。在这种状况下，如何能扩大橘子汁的销量呢？

借助广告这一媒介，生产橘子汁的公司开始向公众灌输这一理念："除了早餐时间外，我们更加可以随时享用。"生产商期望，橘子汁能够作为一种天然的、健康的饮料，成功打入饮料市场。

在这种思路的指导下，橘子汁生产商先后做了几批广告。第一批电视广告形象是从事体育活动的年轻人，尽显青春活力；第二批广告所表现的主要是，午饭时间人们在自助餐厅内饮用橘子汁的场面；第三批广告所展现的场景是一处花园，一位少女与老祖母正在享用橘子汁，其用意主要是强调橘子汁的功效，它的天然和有益健康。

这些广告对橘子汁重新进行市场定位，让人们意识到，无论是儿童、少年，还是青年、老年人，都需要常喝橘子汁；无论是吃饭时，还是吃饭后，都可以饮用橘子汁。如此一来，橘子汁不再只是传统的早餐饮品，也不再只是维生素C保健饮品，而成为一种消暑解渴、提神、恢复体力的健康饮料。

营销小翘板

经过重新定位后，橘子汁逐渐成为了美国民众离不开的饮料。人们开始这样认为：诸多碳酸饮料如可口可乐、百事可乐等，没有营养价值，过多饮用对身体并无益处；咖啡中含有咖啡因，喝多了也不好……比来比去，橘子汁却是天然的、富有营养价值的新型饮料，于是迅速普及开来，销售额成倍增长。

5 方太"小垄断"

浙江省慈溪市宁波方太厨具有限公司创建于1996年1月，主要经营厨房产品。经过十几年的发展已经具有一定的规模，生产项目包括方太牌吸油烟机、消毒碗柜、家用灶具以及集成厨房等等。这些是其主打系列产品。

方太将目标市场瞄准中高端市场，始终坚持"专业"、"专心"、"专注"路线。"专业"指的是方太要求自己在厨具领域达到专业级别的标准，并始终保持技术方面的领先，确保产品高品质，让专业成为方太的专属特质。"专注"指以专注于产品力的建设作为企业发展的关键衡量指标，专注于生产具有方太特色，并且是不可复制的产品。"专心"是指方太要一心一意发展业务，始终以厨房事业为使命，沿着紧密相关性的统一延伸路线发展，以推动中国甚至世界厨房文化进步为目标，打造成为受中国乃至世界尊敬的、基业常青的名牌企业。

2002年，方太厨具销售收入过5亿元。公司销售的47万台油烟机，均价在800元以上。据方太市场部数据统计，每年的抽油烟机市场需求量是800万台，其中五分之一的需求量是单价700元以上的中高端产品。而价格在千元以上的中高端消费市场的份额则占据百分之三十以上。可见，方太厨具在国内的中高端厨电市场已经形成"小垄断"。

营销小翘板

中国的厨电行业向来是竞争激烈，多个企业并驾齐驱。尤其近年来，传统家电巨头、厨电新军在中低端厨电领域更是大力扩展市场。在这种情况下，方太进行了全方位的调整，实现了企业转型，其目的就是：适应市场，赢得生存空间，力争成为中国乃至世界的著名品牌。

6 电子商务让企业实现跨地域经营

上个世纪20年代，美国中西部工业区有一家规模不大的企业，主要业务涉及廉价餐具，供货给周围的饭店、写字楼、学校等等。这家企业的廉价瓷器餐具占到了百分之六十左右的市场份额。然而就是这样的一家公司，却在很短时间内，几乎丧失了一半以上的市场。

原来瓷器餐具非常容易碎，且具有一定的重量，因而这家企业的廉价瓷器餐具的销售范围很小。一个在该企业常年订货的老主顾，在上网的时候，突然发现一家欧洲制造商也经营廉价餐具业务。相比之下，欧洲的产品从质量上说比这家好，从价格上说比这家低，并且空运的费用也很低。于是，在几个月内，该地区的主要客户都与欧洲厂商达成了合作。所以，这家企业遭受了巨大损失。

营销小翘板

通过这次事件，该企业明白了竞争不仅仅局限于地区之间，而是超出了疆界，因此企业要想生存下去，就必须具备全球竞争力。如今，很多公司虽然都朝着跨国经营方式转变观念，但是传统的跨国企业在某些不同地区进行生产和分销的环节中，却又成为了一个地方性的公司，还是具有地域性。但是，如果企业开展电子商务，那么就能消除地域性这种弊端。

7 新泰公司解决中老年女性购衣难题

上海的时尚服装店不可胜数，是许多年轻人常常光顾的地方。这种店很少有中老年消费者来光顾，究竟是什么原因呢？

原来，这里的衣服对中老年女性消费者来说，不是服装尺码规格不合适，就是款式不合适，再者就是面料过于单调，以黑、蓝、灰为主。

就连服装生产部门也有苦衷，女性的各部分尺寸比例差别很大，尤其是发福的女性。不光衣服版样不容易确定，就连成本核算、定价格也是问题。衣服用料多了，价格定得高了，也激不起消费者购买的欲望。

近年来，上海老西门的新泰服饰鞋业公司成功地解决了中老年消费者买衣服难的问题，因此在全国具有一定的名声。这家公司把问题主要集中在了如下几个方

面：尺码、规格、特殊体型、特殊需求的"量"。

新泰服饰鞋业公司集中部门精英，开展了个性化服装产销咨询、设计、制作等一系列服务。先是成立设计室，由资深样板师负责裁剪工作，由持有5级以上技术证书的师傅负责加工制作。由于面料也非常重要，为此公司专门派人到各地、各企业采购花色繁多的"零布头"。就这样，新泰服饰鞋业公司用形象设计，来样定制、定做，来样加工，备料选样定制的方法，赢得了许多中老年消费者的青睐。

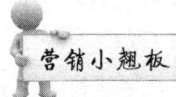

营销小翘板

新泰服饰鞋业通过对中老年女性消费者进行多层面的细分，找到了她们购衣难的原因。于是便确定了个性化的目标市场，为的就是满足中老年女性消费者的需求。这不仅有利于提升新泰服饰鞋业的形象，也为公司带来了更好的经济效益。

8　麦德龙的定位

麦德龙股份公司是德国最大的零售批发超市集团，始终将自己的定位放在组织市场。早在1964年创立之初，麦德龙就将自身的理念和全新的管理模式带到了商业领域。开设现购自选商场是麦德龙最明显的特点，意思是说专业顾客在仓储式商场内自选商品，之后用现金支付并取走商品。

上个世纪90年代，国际上的许多大型零售连锁企业瞄准中国市场，陆续在中国扩展了业务。麦德龙也不例外，将仓储式超市这种新型模式带到了中国。它的到来不仅对我国的流通业产生了影响，而且也为我国商业的发展提供了新理念、新思路以及新战略。

2002年，麦德龙现购自运销售额达到了240亿欧元，占集团销售额的46.5%，成为麦德龙集团发展的不可或缺的动力。

营销小翘板

麦德龙始终如一地坚持自己特有的经营模式，把目标客户定位在单位、企业、小零售商等专业客户的仓储式超市。无论是在国内，还是国外，麦德龙都是如此。此外，麦德龙始终坚持"不服务终端消费者而只为专业客户服务"的既定原则。因此，麦德龙与众不同，独树一帜，在进军中国市场的时候，避免了对终端消费者的争夺。

9　"天空科技，关爱生命"

如今医药市场竞争日益激烈，企业要想在市场上立足，就必须在品牌文化的核心概念统领下，深层次挖掘消费者心中的价值标准。企业通过品牌文化传播的途径，向消费者提供其他企业没有的文化效益，以便在竞争中占据优势。

"天空科技、关爱生命"是神州药业集团企业文化和产品文化的核心价值所在，也是神州药业的核心竞争力。"天空科技"这一品牌文化的传播，就是为了展示神州药业的太空生物高科技。"太空药"的提出不仅塑造了神州品牌在医药领域的特色文化品牌，而且也凸显了企业乘"神州"翱翔太空的美好形象。如此一来，"神舟"品牌成为太空药的第一品牌，任凭其他企业再怎么跟风，也不可能超越。此外，它还最大程度地扩展了消费者的理念和认知层面，展现了"神舟"品牌的与众不同的魅力。

"关爱生命"这一品牌文化体现了广大消费者对健康的追求，体现了神舟产品与消费者在价值观上的共鸣。

营销小跳板

好的品牌必须要有良好的文化底蕴，文化不仅要渗透和充盈在品牌中，而且还要发挥凝聚和催化作用。神舟药业集团所推出的产品包括了企业的品牌、企业的文化、企业的理念。消费者选择神舟药品，不仅仅是因为药品本身的质量和功效，同时也是对神舟药品的文化品位的认可。

10　"耐吃"的糖果

"奶球"是奶糖公司史维哲克拉克旗下的糖果品牌。但是该糖果的市场销售业绩并不如意。究其根源，就是青少年对于糖果需求非常有限。然而糖果对儿童的吸引力颇大，许多儿童对多种口味的糖果都有兴趣，嘴里也时常含着糖果。不难看出，糖果的最佳消费者是平均年龄在10岁以下的儿童。

克拉克糖果公司确定了目标消费者，接着就进行了心理分析。每当小朋友被问及糖果的信息之时，他们先想到的是棒糖。但是克拉克并没有将奶球品牌定位为棒糖形象，也没有投入巨额广告费。因为银河、雀巢、好时等棒糖品牌都是小朋友所熟知的，其知名度和美誉度都远远高于奶球牌糖果。

克拉克公司又通过调查分析，发现棒糖公司的棒糖不仅小，而且不耐吃。比如，好时牌棒糖5元一根，短短几分钟就吃完了。显然贪吃但零花钱不多的小朋友们对此很不满。克拉克公司认定小朋友们更需要耐吃又便宜的棒糖。

了解了小朋友的这种需求，没多久克拉克就生产出了一种新型的奶球糖。这种糖装在盒子之中，每盒有15颗，明显比同等价值的奶糖耐吃。很快地小朋友就发现奶球糖是非常不错的选择，纷纷购买了奶球糖。

营销小翘板

通过市场调查，对竞争对手进行分析，克拉克公司重新为奶球品牌定位，并投入了大量的广告费用。在广告宣传中，策划人员更是打破之前的宣传方式，将"耐吃"作为重点。广告播出之后，奶球牌糖果销售额一路增长，知名度也随之提高。

11 中美史克处理品牌危机

本世纪初，中美史克遭遇了"苯甲醇胺（PPA）风波"。国家规定停止使用和销售含有PPA的感冒药，一时间，中美史克旗下的感冒药被媒体推到了风口浪尖上，而康泰克也成为了PPA的代名词。在这种局面下，中美史克立即通过媒体表达了歉意，并坚决表示暂停生产和销售康泰克。

在人民大会堂召开的新闻发布会上，中美史克先是表示回收市场上流通的康泰克，接着又表明了自己的态度：康泰克在中国已销售十多年，期间并没有引起脑中风的副反应。对于部分不如实报道的媒体，本公司一律不驳斥；对于别有用心的竞争者，本公司也不予还击。就这样，中美史克用诚恳的态度，得到了消费者和媒体的理解。

后来，中美史克又开通了消费者热线，方便公众进行询问，接线员则是耐心解答。没过多长时间，中美史克还把价值上亿元的康泰克产品销毁了。

从这一系列举措中，人们看到了中美史克敢于承担责任的态度，于是大力支持其推出的不含PPA的新康泰克。中美史克新康泰克上市第一天，就在一个华南市场交易了37万盒。很快地，新康泰克又重新在感冒药市场崛起，再次成为一个领导品牌。

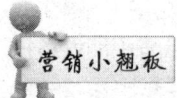

营销小翘板

品牌危机要是处理得不得当，就会给企业带来不可估量的负面影响，甚至让企业退出竞争领域。中美史克将"危机"转化为"机会"，以服务消费者为理念，用诚心打动消费者，从而维护了自身的形象，增强了企业竞争力。

12 "玩出来"的丑小鸭汽车出租公司

汤姆·达克退休之前一直都从事推销员的工作。退休之后，为了让生活更充实，便花了一万美元从二手车市场购买了15辆旧车，与妻子在家门口做起了出租旧车的业务。汤姆本是想从中找到一点乐趣，然而令他想不到的是，七年之后这个家门口的公司竟然成为一家规模很大的出租车公司。它拥有500个特许联号，年交易额更是达到了5000万美元。

当时的赫尔斯公司是出租车行业的大佬，其服务的主要对象是有公务在身的旅行者，收费标准定的是每天15—25美元。汤姆服务的对象主要是外出旅游度假的家庭以及自己有车但车正在维修的顾客。当时的出租车公司提供的都是新车，根本就没有二手车。汤姆的公司正是应运而生，填补了出租车市场上的二手出租车的空缺。他的顾客虽然是平民阶层，但人数极多。再加上汤姆的出租价格很低，每天收费4.95美元和一英里5美分的"里程收费"，所以他的生意异常火爆。

营销小翘板

随着不断有投资者找汤姆合作，1979年初汤姆在经营旧车出租业务基础上，成立了丑小鸭汽车出租公司，实现了特许经营。每一个新的特许联号都要向总公司一次性支付4500美元，开张之后每个月还要将5%的利润上交给总公司，算是特许使用费。就这样，汤姆的丑小鸭汽车出租公司独占旧出租业务，其出租网店逐渐扩大到了8000家，远超美国其他出租车公司，成为美国汽车出租业的龙头。

13 金龙鱼领跑食用油市场

我国食用油市场种类繁多，并有几家在这个行业的领跑者。在过去的几年间，鲁花是花生油市场的领导者，福临门是大豆油的领导者，金龙鱼是调和油市场的领导者。如今食用油市场竞争日益激烈，出现了许多跟随者，这让行业的领跑者丝毫也不敢大意。金龙鱼将目标锁定在了调和油市场，通过"1:1:1"的广告宣传，将营养需要合理搭配的观念传达到了众多消费者心里。同时，随着食用油营养均衡的标准的建立，金龙鱼才能一直在食用油市场领跑。

随着各种新的油种不断出现，传统的调和油市场份额不断被抢占。金龙鱼发现食用油市场还有发展的空间，但自身必须有所突破，才能进一步扩展市场。金龙鱼品牌所属的益海嘉里公司经过努力，打造出了从低端品牌到高端品牌的供应链系统，改善了金龙鱼低端品牌亏损，高端品牌盈利的状况。最终金龙鱼实现了突破。

在新形势下，益海嘉里成为北京奥运会食用油独家供应商，继续领跑食用油市场。金龙鱼成为奥运会唯一指定食用油之后，又发布了奥运战略——健康中国加油，开始新一轮的品牌营销攻势。

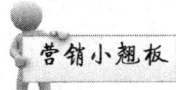

营销小翘板

就在玉米胚芽油、花生油、大豆油等食用油在市场上百花争鸣的时候，金龙鱼抓住了消费者的心理，进而抓住了市场机会，扩大了自己的销售区域范围。

14 陕焦化工的利润源

陕西省陕焦化工有限公司是一家主要从事冶金焦生产的公司。2006年，陕焦化工加入陕西煤业化工集团，以陕煤化工强大实力和优势为支撑，发展成为我国西部最大的焦化产业。不仅如此，就连其抗风险能力和规模效益相比之前也都得到了很大的提高。

陕焦化工在发展过程中，遇到了许多难题。一方面焦炭产品价格上扬受到了限制，这是因为当时国家加大了房地产的调控力度，钢铁业开工率不足，焦炭兴业产能过剩。另一方面，焦化企业的成本上涨，这是因为国家整顿煤炭资源后，资源类产品价格随着原油价格上涨而不断上涨。在这种局面下，焦化企业如果不采取合理的措施，那么就会陷入亏损的危机。

陕焦化工果断采取了措施，依靠成熟的混配煤技术，将瘦煤、肥煤、炼焦煤科学地调配在一起，并且优化调整了当时的炼焦工艺，生产出了优质的焦、炭。如此一来，陕焦化工的成本大大降低，保证了焦炭板块的利益。

与此同时，陕焦化工还调试了大型焦炉煤气制甲醇装置。这套装置可以把排出的废弃物转化为甲醇，每吨价格比普通甲醇低千元。这套装置投入正常生产，每年生产10万吨甲醇，陕焦化工就能有1.5亿元的利润。此外，在生产甲醇的过程中，排出的氢气还可以合成氨。再加上焦油、硫酸铵、苯等化工产品，单是这些副产品的利润就约有3亿元。

营销小翘板

陕焦化工确保焦炭不亏本的同时，还实现了副产品盈利。一旦焦炭市场行情开始好转，陕焦化工的副产品利润将会再上一个台阶。

15　索芙特带来的轻松减肥

如今大众审美几乎都倾向于以瘦为美，减肥成为一种风尚。即使那些并不怎么胖的人，受到影响之后也开始减肥，为的就是有一个更加完美的身材。市场上有许多减肥药品和减肥食品，但都要求减肥者少吃高蛋白、高脂肪的食物，并且严格控制进食量。然而有的人担心节食减肥会给自己的身体带来伤害，甚至在心理上产生负担。所以，他们对减肥药物很慎重，需要"轻松减肥。"

在这种情况下，索芙特股份有限公司采取了自我提问的方法，根据消费者的需求，之后对产品进行定位。

"燃烧脂肪"这种方法曾是减肥品市场上出现过的一种减肥方式。虽然这种方法能达到减肥效果，但同时也会对身体造成一定的伤害。索芙特公司董事长梁国坚翻阅了众多中外医学资料，发现了一种具有减肥功效的植物——海藻。根据《本草纲目》记载：中国东海盛产海藻，种类有1700多种，其中有"消水肿"功效的海藻有17种。索芙特利用海藻研发出了海藻减肥香皂。接着索芙特公司就进行了广告宣传：只要把海藻减肥香皂涂抹在肥胖的腰、腿、腹等部位，用手搓揉就能减去多余的脂肪。此外它还有增进血液循环，让皮肤更加细腻爽滑的功效。这种产品一上市就受到了许多减肥人士的追捧，索芙特因此获得了很大的利润。

营销小跳板

这种减肥香皂无疑是那些想要"轻松减肥"消费者的理想需求。于是，索芙特公司趁此机会又推出了索芙特负离子洗发水、索芙特木瓜香皂、索芙特洗面奶等系列产品。

16　吉列刀片的价格秘密

吉列公司虽然不是世界500强，但是其知名度并不亚于500强企业。如今世界上有数千万的男人都在使用吉列刀片。早在上个世纪末，美国就有至少几十个安全剃须刀方面的专利，其中的一个就是金·吉列。

虽然安全剃须刀比以往的折叠式剃须刀安全性高，还可以省下去理发店消费的时间和金钱，但是它最初却没有市场。这是因为这看似具有市场潜力的商品价格太贵。最便宜的安全剃须刀价格5美元，而顾客到理发店只需消费10美分。在当时，5美元是一笔很大的数目，高级技工一周的薪水差不多就是5美元。

可是，吉列的安全剃须刀比其他的剃须刀生产成本高，但却供不应求，这又是为什么呢？秘密就在于吉列将剃须刀的零售价定为55美分，批发价为25美分。虽然看起来这没有其生产成本的20%，但它同时出售刀片，价格定为5美分。每个刀片的制造成本不到一美分，吉列就是用刀片的利润补贴剃须刀的亏损。当然了，顾客使用吉列剃须刀就必须用吉列的刀片。一个刀片可以用六七次，刮一次脸平均下来还不到1美分，远远低于在美发店的费用。所以，大量的消费者就选择购买了吉列剃须刀。

营销小翘板

吉列刀片使用寿命短，但却是不错的利润来源。吉列凭借自己的创意，在一年内就卖出了90000个剃须刀和1200万多个刀片。如今，在制造和销售剃须刀片这个最主要的业务行业内，吉列公司依旧是龙头。

17 绅宝汽车的高价法则

绅宝公司在二战期间主要制造战斗机，并因此而闻名于世。二战结束后，绅宝公司充分发挥自身的技术优势，开发生产出了一种小型汽车。这种汽车价格低，驾驶起来非常便利。在美国市场上的年销售量为一万辆。

上个世纪70年代末期，以美国通用汽车和日本丰田汽车为首的企业对绅宝公司造成了很大的冲击。一时间，汽车行业的竞争十分激烈。在这种形势下，绅宝公司有两条路可以走，一是生产经济车；二是生产昂贵车。一旦绅宝公司选择生产经济车，要想实现盈利，就必须保证年产25万辆。可是，从它的经济实力和设备能力来看，这不是最佳的选择，与丰田、通用等经济车市场竞争中根本就占不到优势。于是绅宝公司最终选择了第二条路，生产昂贵车。绅宝认为自己有技术优势，昂贵车即使市场小，但每辆车还是能获得很大的利润。

绅宝公司通过市场调研，大胆预测下个十年跑车将会在市场上风靡。其消费者多是收入颇丰的双职工夫妻，年龄段在25—44岁之间。只要汽车的质量、性能、服务等都好，并且驾驶舒适，那么即使价钱再贵，他们也是能负担得起的。

1979年，绅宝汽车公司的"SAA900"涡轮增压汽车问世，这款汽车是新款式，形象独特，具有高性能，价格定在每辆两万美元。消费者购买了这款汽车，还能得到绅宝提供的多种附加设备。这无疑刺激了人们有点钱就想购买高档车的欲望。

营销小翘板

1983年，绅宝汽车在美国市场上出现了供不应求的状况，经销商甚至用拍卖方

式来卖车。绅宝公司的高级管理人员说："通用汽车公司要卖出几百万个汉堡包，而我们只需卖出极少的牛排便可与它竞争。"同年，绅宝公司凭借其42%的年增长率成为汽车行业中销售率最高的一家。

18 现代集团在南非遭遇滑铁卢

韩国现代集团是十大名牌汽车之一，曾经在南非市场上辉煌一时。然而几年之后，现代集团在南非代理分销公司就负债经营了。原因就是现代集团对南非潜力市场做了错误的估计。

现代集团看到南非境内基础设施先进，交通发达，人均国民生产总值也可观，于是和其他汽车生产商一样，都将南非视为潜力市场。现代集团非常看好南非市场，虽然进入较晚，占有劣势，但还是可以弥补。接着，现代集团投入了大量的广告费用，展开广告攻势，并且还投资在南非邻国建立了组装厂，专门向南非供货。

在经营初期，现代集团在南非市场上取得了不错的销售成绩，获得了良好的收益。经营最好的时候，曾月销售出800辆汽车。不过这种繁荣的局面没有维持多久，现代集团在南非的问题就暴露了出来。南非其实是一个贫富悬殊的国家，真正能买得起汽车的人只占少数，因而内需疲软。这就导致了南非汽车市场低迷，汽车销售连创新低。韩国现代集团当初高估了南非市场的潜力，如今却一直负债经营。令现代集团雪上加霜的是，南非修改了低关税政策，提高了银行贷款利率，因而使得现代集团的生产成本越来越高。就连生产汽车越多亏损越严重这种现象也亦曾出现。

营销小翘板

在这种局势下，现代集团依旧对南非市场抱有幻想，为了扭转局面不得不继续借债，还提出了"从南非向南部非洲扩展"的策略。然而这并没有改变现代集团被动的局面，最终现代集团被债务压垮，只能以破产告终。如果当初现代集团能够及时作出调整，保证现有市场份额，严控借债，或许不会失败得这么凄惨。

19 宜家的秘密价格矩阵

宜家是瑞典的一家家具用品零售商，在全世界30多个国家开展业务，销售额更是以每年20%的速度增长。因此，宜家在世界家具行业具有很高的声誉。宜家能取得如此佳绩，还要得益于其独特的定价策略。

宜家有一套完整的价格矩阵，包括高、中、低3个价格等级；北欧、现代、乡村和年轻瑞典4种基本款式。产品经理时常是用以下步骤为宜家产品制定价格：首先产品经理将产品线和价格填入相应的矩阵格子里；其次产品经理寻找空格，也就是市场机会；再者，产品经理有针对性地调查竞争对手的情况，确定新产品的成本；最后，找出利润点制定价格。同竞争对手相比，宜家的产品价格要低30%—50%。

宜家确定了产品价格，接着就要选择生产材料和组装制造商。为了最大限度地降低生产成本，宜家采取了许多相应措施。在过去的几年里，宜家在发展中国家的采购额由之前的32%提高到了48%。宜家还在33个国家建立了43个贸易办事处，主要负责促进供应商之间良性竞争，以及监控产品质量。这些举措无疑保证了宜家公司的产品价格连续几年降低。

到了产品设计这一环节，宜家要求设计师既要关注产品造型和功能，又要关心材料。因此设计师们要认真研究产品部件表面的功能，在使用最少资金的前提下，决定选择使用哪种组装技术、原料和表面漆。

为了最大限度利用集装箱空间，在运输环节，宜家采用了平板式包装方式。通过这种方式，每个集装箱的运输数量提高了好几倍，大大降低了运输成本，进而保证了产品的低价格优势。

营销小翘板

"有意义的低价格"，是宜家的定价口号。在新产品设计出来之前，宜家就设定好了价格，这一点完全不同于其他企业的定价方式。通常说来，企业会在产品设计好后，才会制定价格。宜家正是采用"逆向定位"战略确定价格，从而保证商品以低于市场价格销售出去。

20　奥伯梅尔的销售预测之法

奥伯梅尔是美国的一家滑雪服供应商，在市场上占有重要的地位。然而，奥伯梅尔也曾一度面临缺货和不断降价的问题。为此，公司开始重视起销售预测，为了获得更加准确的结果，还专门成立了一个工作小组负责此事。工作小组发现，公司的预测其实就像是一场赌博。就拿1991到1992销售年度来说，有几款女士风雪大衣的销量只有预测销量的五分之二。为了能规避这种风险，工作小组必须提出一种有效的方法，以帮助企业明确"早期订货"之前哪些产品是安全的，哪些产品应延期到"早期订货"。企业只有掌握了可靠的信息之后再组织生产。

虽然专家的预测也不是都符合实际情况，但还是有一定价值的，因为有将近一半的预测与实际销售量误差控制在了10%之内。对专家小组的工作方式进行有效分析后，公司发现了小组的问题：通常小组是对某一种款式和颜色进行广泛讨论后才达成一致预测。找到了问题，公司提出了解决办法：让专家小组的成员都独立地对某种款式的产品进行销售预测，每个人都要对自己的预测负责。后来，事实证明这种方法取得了一定的成效。小组不单单剔除了一致性预测中的不足，而且通过对新的预测方法统计处理之后，能得到更为精确的预测结果。总的说来，这种方法大幅提高了工作小组所做的销售预测有效性。

营销小翘板

在预测性的基础上，奥伯梅尔公司还提出了一套更为先进的生产计划方法，能够识别和利用各种预测信息。在"早期订货"之前，这套方法可以根据销售预测来进行产品的加工和生产；而在接受订货信息之后，它又以订货信息来指导生产。前者的加工能力是"非反应性"的，后者的加工能力是"反应性的"，可以提高公司的预测准度，便于做出正确的生产决策。

21　宝健375与生活"400"低价争霸

台湾省的运动饮料市场随着"宝健375"的进入，被划分为两大块：一是舒跑称雄的易拉罐市场，另外就是宝健占据霸主地位的铝箔包市场。从整个市场占有率来看，舒跑占据一半多，远远高于其他品牌，紧随其后的就是宝健。而其他的品牌市场占有率并不高，并且呈现一片混乱。

1987年，益华食品公司推出了"生活400"铝箔包运动饮料，价格每包12元。这种低价的饮料一上市就受到了市场的欢迎，并且动摇了铝箔包"宝健375"的霸主地位。因此原有的运动饮料市场格局随着"生活400"的出现而被打乱了。

当初，宝健采用低价渗透策略占有了许多封闭市场，如学校、福利社、军队等等，市场占有率因此而迅速提升。如今，"生活400"采取相同的方式，以低价渗透封闭市场，获得了丰厚的利润，市场占有率一直上升，成为宝健的强力竞争对手。

营销小翘板

大多数消费者都对运动饮料有了一定程度的了解，认为运动饮料品牌各异，但饮料并没有太大的差异。正是基于消费者这种认识的理解，"宝健375"才能成为铝箔包运动饮料的霸主，而"生活400"用低价策略也取得了成功，成为运动饮料界的季军。

22 红花童装的定价策略

传统的儿童服装仅以功能为主，如"防寒、保暖"，而如今随着生活水平日益提高，人们逐渐注重起童装的时尚感和质地，开始摆脱传统观念的束缚。因而在童装市场上，传统的儿童服装逐渐减少，更多的是充满时尚潮流感的服饰。

面对这巨大的市场前景，红花童装适应家长与市场的双向需求，推出了时尚、炫酷风格的儿童服装。目的就是为孩子们营造一个扮靓的天堂。红花童装在价格上实行低价策略，有6元、16元、36元、56元等，消费者购买同样商品的价格远远低于市场价。因此，红花童装在价格上的竞争力远胜竞争对手。

成本价加1元利润的定价策略，是红花童装独特的一种策略。它以强大的产品生产能力为支撑，用薄利多销的方式，为消费者提供了性价比最大的商品，也给予了代理商最高的利润空间。消费者只需花费6元钱，就能为孩子买到一件款式新颖、质地不错的童装。

红花童装不仅注重品牌形象和定价策略，还实行了产品组合。这一项措施极具创造力。在红花童装店里，消费者不仅可以买到衣服，而且还可以买到文具、玩具等儿童用品，实现了"一站式购物"。可见红花品牌并不是简单的童装生产商或是零售商，而是同时具有生产商和渠道整合商的角色。

营销小翘板

红花儿童服装通过有效的营销策略，以及极高的产品质量，打造出了红花品牌形象，并且实现了品牌形象、低价策略和产品组合于一体。代理商从中获得了非凡的财富，而消费者则从中获得了与众不同的购物体验。

23 宝洁公司为何兵败日本

宝洁公司已有上百年的历史，是日化产品的巨头，在市场上的口碑也一直良好。宝洁公司有一个理念：在追求成功的过程中，我们希望自己的产品能够占领市场的领导地位并且盈利。

二战过后，宝洁公司以上述理念为指导，开始在全世界范围内抢占市场份额。

在这之前，宝洁已经雄踞加拿大市场，并在欧洲市场上位居第二位。宝洁公司取得这一系列成就之后，更加坚定了自己抢占世界市场份额的决心，于是便把目光锁定在了日益繁盛的日本市场上面。

1973年，宝洁公司正式进入日本市场。在初期，宝洁公司利用广告途径进行全方位立体的宣传，制定极具竞争力的价格策略，再加上自身产品在世界上的声誉，短期之内就占据了日本市场的较大份额。当时日本同行的营业额只有宝洁的10%左右。然而这些企业联合起来，对宝洁进行了报复，最后宝洁公司在孤立无援的情况下，只得被迫退出了日本市场。

营销小翘板

宝洁在日本遭遇滑铁卢的原因，大致可从以下两个方面总结出来：一是，宝洁没有把握住消费者的心理，其包装形式并不适合日本人群。因而其竞争力就显得不足。二是，产品与消费者之间的经销商板块薄弱，因而商品就不能很好地铺向市场，自然也就丧失了市场地位。

24　阿尔法公司的整改运动

阿尔法公司是一家主要从事生产网络服务器用微型计算机的公司，曾为一款新型计算机定价的时候，参考了其竞争对手艾斯公司和基康普公司的产品定价。阿尔法认为消费者选择微型计算机一是看处理器速度，二是看二级读取速度。这两个技术特征就是主要的两个选择标准。巧的是，艾斯公司和基康普公司正好是拥有这两项技术产品的代表。

阿尔法制定的新产品价格很有市场竞争力，但出乎意料的是产品的市场销售状况并不如意。为此，阿尔法公司的高层管理者一直不解。为了找出问题所在，阿尔法公司营销部请市场调查公司前去调查微型计算机消费者最在意的产品具有何种特征；调查消费者首要参考的标准是不是处理器速度和二级读取速度。当阿尔法公司的高层管理者看到调查结果的时候都吃了一惊。原来在消费者看来，计算机软硬件的兼容性、稳定性、销售商的技术服务质量等方面才是主要考虑的因素。

此次调查结果还表明，许多消费者并不满意阿尔法的计算机系统硬件接入配置常常会出现不兼容问题；有的消费者则是因为阿尔法上一代产品稳定性差而不看好阿尔法新产品；还有的消费者说阿尔法公司的技术支持根本就不到位。毫无疑问，这些问题在一定程度上影响了消费者的观念，也影响了阿尔法新产品的市场形象。

营销小翘板

针对市场调查的问题，阿尔法公司决定整改，改进那些受消费者青睐但自己表现欠佳的项目。此外，阿尔法开展了营销活动，希望能够提升消费者对自己产品的认知价值，还把产品价格相应提高了8%。经过整改后，阿尔法新产品的价格虽然较之前高，但仍占据了不少市场份额，提高了公司的运营利润。

25 把木梳卖给和尚

有一家经营效益不错的公司，因为扩大经营规模的需要，决定招聘营销主管。前来面试的人很多，为了筛选出真正人才，招聘人员出了一道实践性题目：把木梳卖给和尚。谁要是卖得最多，公司就会录用谁。

没一会儿，许多前来应聘的人都纷纷离开了，只剩下小刘、小张和小赵。招聘人员对他们说："给你们十天时间销售木梳，到时你们把销售成果报给我。"

十天的期限很快就过去了，三人按时回到了公司，招聘人员问小刘："你卖了几把？"

小刘说："1把。我在山上没有卖出梳子，还遭到了和尚的责骂，幸好在山上遇到一位挠头皮的小和尚。我递上木梳，他用来挠痒非常满意，于是就买了一把。"

招聘人员问小张："你卖了几把？"

小王说："我卖了10把。我去了一座庙，看到烧香的人头发都被风吹乱了，于是我就找到住持，告诉他'香客蓬头垢面是对佛祖的不敬，应该在香案前摆上木梳，让香客梳理头发'，住持采纳了我的建议，就买下了10把。"

招聘人员最后问小赵："你的销量如何？"小赵说："我卖了1000把。"招聘人员大吃一惊，问小赵："你是怎么做到的？"

小赵说："我去了一座著名的古寺，那里有许多朝拜的人。我告诉住持，前来朝拜的人都有一颗诚挚的人，宝刹应该回赠香客，保佑他们平安吉祥。我手头有一些木梳，住持您书法超群，不如就在木梳上面书写'积善梳'，把它们赠送给香客。我想那些香客们一定会喜欢的。住持采纳了我的建议，当场就买下了1000把木梳。那些得到'积善梳'的香客也都非常高兴，大力为古寺宣传。于是前去朝圣的人越来越多。"

营销小翘板

把木梳卖给和尚，乍听起来觉得非常不可能。但是运用不同的思维，锁定消费者人群，就能在不可能的地方开发出新的市场。这样的营销人员才是真正的高手。

26 红星二锅头的符号营销

消费者对产品的认同有非常强的不稳定性，很容易受到时尚风潮的影响。面对消费者的多边性，老字号坚持跟消费者说自己的品牌核心价值没有用，消费者大多通过各种样式的有形的符号，如：人物、色彩、画面等来推想特定的价值。因此品牌符号在品牌与消费者的互动中发挥着重要的作用。

文化符号能诠释生活方式或再现一种生活体验，2003年，红星二锅头推出了一则"北京有三乐"电视广告，"游长城，吃烤鸭，喝二锅头"。在这则广告中，红星二锅头与长城、烤鸭这两个北京文化象征的符号紧紧联系在一起，通过文化符号让消费者对红星二锅头产生了"京味酒"联想。红星将京味文化的符号贴在自己的品牌上，借助符号营销这种模式，走上了迅速发展的道路。如今，红星二锅头的符号已被批准为市级非物质文化遗产。

针对消费者已经由满足物质的需求逐渐转变为追求符号意义的消费，红星"京味文化"把具有社会意义的符号渗透到产品之中，赢得了市场。

营销小翘板

大众消费的普通产品本身比品牌更加重要。因为产品已经被消费者定位，只要能满足物质需求即可。要想让消费者在众多同类产品中选择你的产品，就要让产品与品牌相匹配，让产品支撑品牌，发挥品牌的作用。红星二锅头把产品与品牌很好地结合在了一起，用符号营销赢得了消费者的青睐。

27 美洲航空公司的取胜秘诀

上世纪80年代初期，美国航空业竞争日益激烈，飞机经常会出现不能满员的情况。为了充分利用空余的座位，美洲航空公司做出了一个决定，低价出售空余座位的机票，于是便有了"浮动票价"这一想法。

此后，美洲航空公司成立了一支由400多名管理学家组成的队伍。这支队伍主要负责开发一套管理公司运营的信息系统，并且还要控制这一套系统。建立一套动态定价系统是该公司的最大特色。表面上看来这套系统的作用是拼盘变动机票的价格，实际上却是需求和供给状况的真实反映。于是在供小于求的时候，机票价格就会上升；供大于求的时候，美洲航空公司就会降低机票价格。通过这套系统可以吸引更多的消费者。

美洲航空公司实行这套定价系统之后，获得了良好的收益，奠定了其在市场上的基础地位。后来，这一方法被广泛用于航空业以及服务业，就连其竞争对手也纷纷效仿。

营销小翘板

在很多消费者看来，这种动态定价法比死板的固定的定价方法更加公平，企业也能最大限度地盈利。然而这种定价方法也有弊端，导致了机票价格不稳定，乘客只有在买票时才能知道确实的票价。

28　圣约翰公司为何能笑到最后

对于旅游公司来说，越早开展营销活动越能取得好的效果。因为人们的节假日是早就安排好的，大多数想要旅游的人会提前做好度假的计划。旅游活动推出得越早，就越能引起消费者的关注。

圣约翰旅游公司是一家专门从事旅游服务的公司，率先推出了旅游活动便览。然而这种方式也存在很多无法避免的弊端。比如一些公司根据圣约翰旅游公司的定价制定出了更具有竞争力的价格，从而抢占了更多消费者。针对这种弊端，圣约翰旅游公司只得采取了秘密手段。虽然圣约翰旅游公司对于即将推出的夏季旅游便览，在BBC广播电台、全国性的报纸等媒体上大肆宣传，但对于价格却没有明确的说法。就在其他旅游公司纷纷推出自己的旅游便览的时候，圣约翰终于定出了其价格。它的定价比同行业的其他公司的定价都要低，如此一来不仅赢得了大量的消费者，而且也令竞争对手刮目相看。

上个世纪80年代，在旅游业内有一条约定俗成的规矩，那就是收取附加费。圣约翰的竞争对手们为了在竞争中占据优势，对外宣布其推出的旅游项目一概不收附加费。为了增强市场竞争力，圣约翰公司在最短时间内也承诺不收取附加费。

此后，旅游市场的竞争更是激烈。英国的各大旅游公司的预售票仅为以往年头的70%，为此公司把目光集中在圣诞节前后的订票高峰期。这一次，圣约翰旅游公司主动出击，开始重印和发售旅游便览，制定出了更加低廉的价格，使其更有价格竞争力。

营销小翘板

圣约翰旅游公司的随行就市定价法在消费者中间引起了强烈的反响，令竞争对手措手不及。经过多次调价措施，圣约翰旅游公司在当年的营销大战中成为最大的

赢家。

29 义乌市场上的新发展趋势

义乌小商品市场是全球最大的小商品市场，如今的义乌小商品市场的经营范围已不仅仅局限于实体店了。据义乌市场贸易发展局最新公布的数据显示，义乌现有网商5.3万多家，淘宝五钻以上卖家约有3500家，月均交易额在10万元以上的有1100家。很多商家就是依托电子商务而走上了转型之路。

义乌是全球最密集的电子商务产业区之一。目前，义乌国际商贸城宽带普及率达到了100%，市场经营户电脑拥有率达63%，每年均有网络推广费用投入的经营户达到了35%。商家们通过网络联系顾客，将产品通过网络推到全世界。

种种迹象反映出义乌市场的一个新发展趋势，即便捷的无形市场正在兴起与发展。传统的有形市场由于受到空间地域限制，因而缺乏无限扩张的可能。而电子商务正好能够突破这种限制，能让有形市场与无形市场实现良性互动，从而提升市场的综合竞争力。

目前义乌依托有形市场，加快无形市场的发展，并促进了有形市场的繁荣。

营销小翘板

义乌着力打造小商品电子商务之都，致力于建成全球最大的日用消费品网货采购中心，以及全国网商集聚中心，用电子商务这种形式把实体市场与虚拟市场融合起来，最终促进市场的可持续发展。

30 异彩珠宝店的定价

异彩珠宝店位于深圳的华侨城，经营由少数民族手工制作的珠宝首饰。该店由于地理位置优越，因而生意还算红火。消费者多是游客与高档社区华侨城里的居民。

有一次，珠宝店的店主易麦克特新进了一批珠宝首饰。易麦克特觉得这批珠宝首饰进价合理，样式独特，定能容易畅销。于是他参考进价以及相关费用和利润，制定出了一个自认为合理的价格。然而，一个月后，易麦克特发现这批珠宝的销售状况并没有计划中的那么好。他在失望之余，认为营销的环节没有做好，于是就尝试了多种销售策略。可是，他发现珠宝的销售状况依旧不好。

后来，易麦克特要去选购新的珠宝，为了给新珠宝腾出放置的地方，他决定将之前的珠宝降价出售。在临走之前，他给副经理留下了纸条，上面写着："将那些珠宝降价出售，一律都×1/2"。

然而当易麦克特重新回到店里的时候，他发现所有的珠宝都卖了出去。在惊喜之余，他对副总经理说："看来顾客并不喜欢这样的珠宝首饰，下次我一定要注意这个问题。"而副总经理却说："我不懂您为什么要对那批珠宝首饰提价，让我诧异的是商品价格一高，竟然很快就卖了出去。"易麦克特纳闷地问："我在纸条上说的是所有商品一律半价出售啊，并没有说提价。"副总经理吃了一惊，问："半价出售？我看到纸条上写的是所有商品都一律按双倍价格出售。"原来副总经理将价格提高了一倍而不是减半。

营销小翘板

每件产品都能满足消费者的某种需求，其价值跟消费者的心理感受有分不开的联系。异彩珠宝店本意是降低产品价格出售，反因副总经理错误理解而提升价格，满足了消费者心理、物质甚至精神方面的需求，从而扩大了市场销售，获得了巨大的利益。

31 "麦当劳叔叔"的魅力

麦当劳是世界闻名的快餐店之一，然而麦当劳最初的经营业绩只能用平淡来形容。1957年，歌德斯坦加盟了麦当劳，为了提升经营业绩，开始做广告宣传。三年后，美国广播公司开播了波索马戏团，这是一个全国性的儿童节目。哥德斯坦认为这个节目非常有趣，于是就独家赞助了马戏团，并请波索的扮演者给麦当劳做广告。波索在马戏团里是一位小丑，既滑稽又可爱，深受孩子们喜爱。表演的时候，他对孩子们说："记得让你们的父母带你们去吃麦当劳啊！"

在欢声笑语中，孩子们记下了波索的话。于是，许多孩子在父母的带领下，去麦当劳就餐。随着光顾麦当劳的人越来越多，麦当劳的经营业绩一路上升。可是这种状况维持的时间并不长。1963年，由于波索马戏团节目停办，所以麦当劳的经营业绩一路下滑。哥德斯坦想到波索已经在孩子心中留下了深刻印象，于是就决定创造一个"麦当劳叔叔"，就当是孩子们的大朋友。当"麦当劳叔叔"的塑像出现在店前之时，顿时有许多顾客被吸引了，其中很多是孩子。自此，麦当劳的经营业绩又开始直线上升。

营销小翘板

因为麦当劳这个品牌，"麦当劳叔叔"被赋予了生命，更是被授予"麦当劳首席快乐官"一职。伴随着麦当劳公司全球化的经营方针，"麦当劳叔叔"被设定能说多国语言，是"孩童最好的朋友"。他永远在麦当劳乐园欢迎孩子们的光临。

32　东洋之花三大品牌细分定位

如今，化妆品行业竞争激烈，其竞争不仅来自于国内，还来自于国外。在内外夹击的情况下，很多本土品牌不是被并购，就是消失了，当然也有的生存了下来。东洋之花就是其中的幸运者。最初，东洋之花的主要消费者是大学生，但在品牌规划和形象上后劲不足。此外，东洋之花的产品价格在中低档次，价格区间有待重新提升。在专营店、电子商务和商超三足鼎立的态势下，在80后、90后成为新的消费主力军的情况下，东洋之花怎样定位，才能适应市场发展潮流，迎接新的竞争呢？

东洋之花负责人先是提高自己的品牌形象，请知名明星代言，并通过网络、电视等渠道宣传让品牌年轻化，增强价值感。其次，东洋之花的定位更加明确，定在中档水平。原先价格在百元以内的天然护肤产品，如今价格都略有提高。而TAYOI、本草新言则定位为中高档的专业护肤品牌。

营销小翘板

东洋之花还大力拓宽渠道，如卖场、商超、专营店等渠道，并且尝试电子商务、电视购物等新模式，力图实现三品牌的稳步增长。

33　"万宝路"的再次定位

1847年，菲利普·莫里斯开了一家小烟草销售店，直到1919年其继承者才正式成立菲利普·莫里斯公司。最初这家公司推出了其香烟品牌"万宝路"，主要是面向女性消费者。虽然当时美国吸烟的人数每年都不断增长，可是"万宝路"的销售量却只能用一般来形容。很多女性消费者都对它的其中一点不满，那就是白色烟嘴会沾上她们的口红，看起来非常不雅。于是"万宝路"就把烟嘴换成了红色。可是这个措施也是无济于事，万宝路女士香烟在40年代初停止生产了。

这家公司通过市场调查与分析，发现男性烟民才是香烟的主要消费者。于是公

司决定生产男性香烟。可是当时香烟市场竞争激烈，怎样才能让"万宝路"脱颖而出呢？

公司采用首创的开平盒技术包装，并用象征力量的红色作为包装盒的色彩。在"万宝路"广告中，一位美国西部牛仔骑着骏马，散发出豪迈、英勇的气概。他手夹"万宝路"香烟，在西部大草原上驰骋。牛仔的男子汉气概给消费者留下了深刻印象。于是，"万宝路"香烟由此打开了局面，销售量一直上升，成为世界香烟市场的领导品牌。

营销小翘板

"万宝路"的成功不仅是因为它的独特包装，更是与它的广告分不开的。"万宝路"香烟广告里的人物，是真正的西部牛仔，绝非是专业演员或模特。西部牛仔再加上那句广告词"哪里有男士，哪里就有万宝路"给人印象至深。"万宝路"男性香烟，是具有男子汉味道的象征。这种品牌定位很好地把产品与消费者联结了起来。

34 "婷美内衣"主打美体功能

1999年，婷美内衣的上市在中国内衣界引起了不小的轰动。因为婷美内衣打开了一个新的市场，即美体塑身市场，并且深受多人追捧。

婷美集团内部曾对产品的定位产生过争执。一部分人将卖点定在保健功能上；一部分人将卖点定在美体功能上。选择保健这个卖点的人认为，婷美已经做了两年以上的临床试验，产品的许多功能如减肥、排毒等都被证实了，如果放弃选择这个优势卖点则实为可惜。

然而，婷美集团的决策层最终把"美体修型一穿就变"定为产品的卖点。因为如果婷美主打保健的话，人们势必会要看保健效果，事实上婷美内衣的保健效果并不是立即显效的。相反，婷美内衣主打美体功能，势必会获得许多女性消费者的青睐。

后来的事实证明，婷美集团的这一决策是非常明智与正确的。据调查，在北京市场上，有17万名消费者买了3套以上的婷美产品。

营销小翘板

好的产品就要有好的市场定位。婷美集团的美体内衣，开辟了一个新行业，创造了一种新理念。对于婷美来说，婷美内衣不但是美体修型的衣服，而且还是传播行为医学的使者。通过穿衣改变健康状况的观念，完全符合保健行业的要求。

35 "步步高,真功夫"

随着VCD产业在中国的兴起,中国出现了许多VCD品牌。爱多、步步高就是其中的佼佼者。

爱多公司先于步步高进入VCD业界,曾经红极一时。这家公司聘请了香港著名的影星成龙做广告,并在中央电视台播出。成龙的那句"爱多,好功夫"一时间家喻户晓。爱多因此被人关注,并奠定了自己在行业内的地位。然而,爱多公司没多久却被后起的VCD行业的新品牌"步步高"追了上来。

"步步高"想要在VCD行业树立自己的品牌形象,必须要突破行业障碍才行。于是步步高紧紧瞄准被人广为熟知的"爱多,好功夫",模仿这个广告创意,聘请了另一位功夫巨星李连杰做广告。步步高的广告台词是"步步高,真功夫",并与"爱多"的广告一同在央视播出。于是在很短时间内,"步步高"的知名度随着"爱多"的地位不断上升,并被消费者熟知。后来,步步高击败了爱多,逐步树立了自己在VCD行业的王者形象。

营销小翘板

与对手竞争的时候,企业要根据千变万化的市场形势,及时确定产品定位。"步步高"就是在与"爱多"的竞争中采用迎头定位策略,最终一举走红,大获成功。

36 派克钢笔"高贵"的失败

派克钢笔不仅在美国,就连在世界上也是鼎鼎有名。它集高贵典雅精美于一体,是身份与地位的象征。

在20世纪60年代,派克公司成为英国皇室的独家供应商,一举闻名于世。但到了70年代后期,许多钢笔公司异军突起,争夺派克在高档奢侈钢笔领域的市场份额。在激烈的竞争中,派克公司失去了在本土的许多市场,并且销售量大幅下降。1980年至1985年,派克公司连续5年亏损达到了500万美元。

为了扭转派克不利的局面,扩大市场份额,1982年,新上任的总经理彼特林做出了一项重大决策:以3美元以下的中低档钢笔作为主打产品。接下来派克公司开始投入大量的资金和精力生产中低档钢笔。然而,这一举动无疑忽略了高档钢笔的研发与销售。结果,派克钢笔的市场占有率迅速下降,有身份的人更是对它不屑一顾,就连一般消费者也不钟爱于它。派克公司走到了濒临破产的边缘。

有了这次失败教训，总经理彼特林只好对品牌重新定位，重新塑造派克高雅、精美、耐用的形象。通过这种定位让钢笔从大众化的实用品，成为一种高贵社会地位的象征。经过这次品牌定位，派克公司又将研制的重心放到了高档次钢笔产品之上。这样派克才从边缘危机中走了出来。

第二章

基本素养——认可、热爱
营销，为自己所从事的职业而骄傲

37 "原一平批判会"

在日本，推销员原一平有"推销之神"的美誉。综观其长达半个世纪的推销生涯，会发现他有失败，也有成功，而成功的背后更多是他的泪水与汗水。原一平曾经偶遇吉田和尚，听吉田说："人之所以失败的最重要原因就是在于不能改变自己和认知自己。"

善于思考的原一平从这句话中受益匪浅，并将这一人生哲理运用到了销售工作中，即通常销售员失败的最主要原因在于对自己没有一个正确的认识。为了让自己得到进步，原一平决定每月举办一次"原一平批判会"，每次要请五名客户，让他们对自己提出意见。

在第一次批判会上，客户毫不客气地提出了对原一平的看法：

你常常沉不住气，脾气太暴躁了。

你还不够认真。

你太固执己见，并且自以为是。

你太容易轻易答应别人的嘱托，"轻诺者必寡信。"

你对生活的了解还不够，还有许多知识等你去学。

每一次参加"原一平批判会"的客户都会直接指出原一平的缺点，而原一平则是每次都认真地把这些看法记录下来。"原一平批判会"从1931年到1937年连续举办了6年。原一平从中收益颇丰，他觉得最大的收获就是将他自己暴烈的性格和永不服输的心理引导到一个正确方向中来。在这期间，他无时无刻不在改正自己的缺点以求蜕变，同时发挥自身的优点。

曾经原一平因为自己身材矮小而懊恼了很长时间，后来他发现克服这种心理障

碍的最好方法就是坦然面对，于是也就不再为此事懊恼。渐渐地，身材矮小还成为了他的特色之一。他更加深刻体会到了自己最大的敌人就是自己。因而原一平只跟自己比，不以他人作为衡量自我的参考标准。

营销小翘板

原一平在严格的自我要求和他人的评价中，一步一步地自我认知、自我完善，塑造了优良的人格。不仅如此，他还在销售中取得了可喜的成绩，由一个穷小子变成了一位富豪，成为大家学习的榜样。在做人方面，他更是赢得了许多人的尊重。

38 每天下班前的十分钟

许多刚刚涉足营销行业的人都会有一个疑问："怎样才能成为一个优秀出色的营销人员呢？"这个问题没有一个统一的标准答案，因为营销生涯是丰富多彩的，社会也是多元化的，已经不再是单一的发展模式。

营销人员尤其是营销经理几乎都非常忙碌，甚至忙起来连吃饭的时间也没有，仿佛一天24小时都在忙着上班。一个地区日化用品贸易公司的营销经理谈到自己的工作时说："现在的我就跟救火队员一样，一直忙个不停，每天还是有做不完的事情。这种生活真累啊！"这样的营销经理可以用敬业来形容，但未必可以用称职来形容他。

其实要想改变这种状况有一个最简单的方法，那就是"把每天下班前的十分钟充分利用起来"。在这十分钟里，仔细地思考一下如何安排明天要开展的工作，再考虑一下重要性和紧急性工作的安排。如果这十分钟利用好了，那么很多问题都可以迎刃而解。

营销小翘板

10分钟时间看起来非常短暂，实际上你还是可以做很多事情的。当你每天下班之前花费十分钟安排明天的工作，将之成为你的工作习惯的时候，你会感到很轻松，工作其实没有你想象中的那么多，即使不用加班也能有条不紊地开展工作。

39 玻璃营销员的秘诀

在一次为顶尖销售员的颁奖大会活动中，有一位专门推销安全玻璃的销售员因为出色的业绩受到了表彰。颁奖大会过后，其他推销员纷纷向他请教营销的秘诀是什么。他说："在拜访客户之前，我首先就要提醒自己要在想法和行动上与客户保持一致性。就以我推销玻璃来说，客户肯定会在意安全玻璃的安全度，因此我就会带着安全玻璃样品去拜访，以便顾客能够看到实物样品。我还了解到，即使顾客看到了样品，也是不会相信它的安全性的。于是每当顾客有疑问的时候，我就会拿出随身携带的锤子使劲敲打玻璃。通常顾客都会被我的举动吓一跳，可是当他们看到玻璃完整无缺的时候，不由地再次吃惊了。"

其他销售员听得都入了迷，接着玻璃推销员继续说："当我发现顾客想要买我玻璃的时候，我会立即抓住机会问他买多少，接着我们就达成了交易。估算下来，整个过程花费的时间连一分钟也不到。"

营销小翘板

心理学研究发现，在日常生活中，人们总是不自觉地把自己的心理特征归属到别人身上，认为别人也具备和自己同样的特征。在销售过程中，销售员如果能在想法和行动上与客户保持一致性，那么就能更加拉近与客户的距离，被客户所接受。

40 吉拉德的成功理念

吉拉德是著名的销售大师，在谈及自己的销售成功之道时说，一定要对自己的产品充满信心。如果你坚信你的产品能给顾客带来好处，那么你销售成功的概率也会增加不少。他还说，销售员不但要熟悉自己的产品，而且还要发自内心地喜欢自己的产品。如果你对推销的产品没有深入、广泛的研究，只做表面上的理解，那么你在推销产品时的信心就会受到影响。

此外，吉拉德认为销售员还要对自己推销的产品的价格竞争力充满信心。顾客一般都会认为推销人员故意要高价，因而总会抱怨价格太高，希望推销人员能降低价格出售。遇到这种情况，推销人员必须坚信推销的产品价格是合理的，即使产品可以讨价还价，也不要轻易让价。要不然的话，顾客就会认为你的产品可以随意定价，势必会对你的产品印象不好。推销人员必须坚信一分钱一分货，只有这样才有信心与勇气说服顾客购买产品。

营销小翘板

心理学认为：人在自我知觉时，会有一种无意识的自我防御机制，会处处为自己辩解。推销人员要想消除自我意识对推销环节的影响，对推销产品建立信心，就必须全方位了解产品，掌握丰富的产品知识。只有做到了这一点，你才能更有信心，更有把握说服顾客。销售员还要根据客户的需求，推动产品改进。无论哪个企业，产品都需要不断改进和更新，这都是必备的过程。

41 张敏的期望

张敏需要印刷一批培训教材，想要找一家稳定可靠的印刷公司。在偶然的机会下，张敏联系上了一家公司。这家公司的销售代表和张敏约好了下午面谈，还说带着样品让张敏看看。

到了下午，印刷公司销售代表带着样品到约好的地点和张敏见面了。张敏认真看了印刷公司的样品，表示对其质量并不满意。销售代表说，我们还有一种十分精致的包装，只是这次没有带过来。

张敏看完样品就对这家印刷公司完全没有了兴趣，认为该公司不可能印刷出令他觉得满意的教材，就再也没和这家公司联系。然而，张敏接连找了几家印刷公司，但都觉得不合适，于是这件事情暂时停了下来。

过了一阵子，张敏突然接到了一个电话，是之前那位销售代表打来的。他说正好路过张敏的公司，想要张敏看看新包装的样品。张敏看了新样品，发现这正是他理想中的样式，虽然价格稍高，但还在预算之内，于是张敏决定同这家公司合作。没多久，张敏的公司就和这家印刷公司达成了协议，成为其最大的客户之一。

营销小翘板

张敏后来好奇地问那个销售代表，为什么过了这么长时间你还会送样品过来，你难道没有想过我们已经和其他印刷公司合作了吗？销售代表说："第一次送样品，我担心价格太高您可能不会接受。但我相信您会满意我们的样品。有了这样的期望，在第二次见面的时候，我就带来了精心准备的样品，结果您非常满意。最后我们就达成了合作。"

42 卡卡"讲故事"

卡卡是一个连高中都没有念完的人，退学后没有高学历的他干过许多杂活。他在小饭店洗过盘子，又在工地上做过苦力，还在小型锯木厂当过学徒，总的说来工作一直不稳定。最后，在偶然的机会下，他进入了推销这一行业。

虽然卡卡没有高学历，但他具有很高的学习能力和悟性。在新的岗位上，他为了丰富自己的知识面，读了4000多本推销方面的书籍，以及许多其他的文章。此外，他还认真向同行前辈和推销高手请教，学习他们的经验。经过多年的积累和实践，卡卡摸索出了一套最有效、最广泛的推销方法。

有一次，卡卡去一家大型电脑公司推销办公用品。他把产品向电脑公司的采购主管介绍完之后，问道："请问你们之前购买过类似的产品或是服务吗？"

采购主管说："购买过。"

卡卡知道人都是习惯性的动物，每个人对产品或服务都有一套采购策略，他们愿意根据过去熟悉的方式对事情做出决策，一般不会轻易更改。于是卡卡继续问："您是怎样做决定的，可以说一说吗？"

采购主管说："当时有三家供应商想要和我们合作，而我们最看重三个指标：价格、品质、服务。"

卡卡接着说："你们的做法非常正确，货比三家才能做出好的决策。不过，我们能向您保证一点，我们公司会为您提供贴心的服务，不会输给其他的任何一家公司。"

采购主管说："我还需要考虑一下。"

卡卡知道讲故事是最能给顾客留下深刻印象的一种方式，于是说道："我知道您还有顾虑，您让我想起了瑞凯公司的比利。他当初购买我们公司产品的时候，也像你现在一样迟疑。可是，他最终买了用过之后，告诉我说他做了一个正确的采购决策。他还说他从我们公司的产品中享受的价值和快乐远远大于多付出的一点价格。"

采购主管听完卡卡的话，最终决定采购他的产品。

营销小翘板

卡卡的成功经验给我们的启示是：推销的时候必须要时时转换策略，开发高回报的客户，才能获得高的收益。

43 贝特格的夸赞

俄亥俄州有一家大型的化学公司，汉斯先生是这家公司的财务主管。有一次，推销员法兰克·贝特格到汉斯办公室推销保险，发现汉斯对贝特格所在的菲德利特公司根本一无所知。

接下来，两人开始了正式交谈：

"请问汉斯先生，您在哪家公司投了保呢？"

"我们在大都会保险公司和纽约人寿保险公司投了保。"

"您选的公司都是最好的保险公司。"

"你也是这种看法？"

"您的选择是最佳的。"

接下来，法兰克·贝特格跟汉斯先生详细讲述了一下那几家保险公司的状况和投保条件。汉斯听得津津有味，丝毫没有感到贝特格的话很无聊。因为他从中听到了许多之前并不了解的信息。

贝特格还说："汉斯先生，实际上除了那些公司，在费城还有像菲德利特、缪托儿这样的世界有名的保险公司。"

汉斯似乎对贝格特的印象不错，当他把菲德利特公司的投保条件与之前那几家公司对比的时候，发现菲德利特才是最好的选择。于是在接下来的几个月里，汉斯与其他四位高管在菲德利特公司投了保。后来化学公司的总裁询问菲德利特公司的状况时，汉斯先生说："费城有三家最好的保险公司，菲德利特公司就是其中之一。"

营销小翘板

法兰克·贝格特后来能成为推销大师，绝非是运气，而是他身上的优点，那就是真诚地赞美竞争对手而永不抱怨。这也是非常值得学习的一点。

44 詹姆斯的推销之道

詹姆斯是一家汽车销售公司的推销员，让其他同事羡慕的是，在入行第一年其销售量就是公司的亚军。同事都为他感到高兴，同时也向他请教推销经验，问他是怎样取得如此好的销售成绩的。然而詹姆斯也确实说不上来是为什么，并被这个问题困扰了好几天。有一天，詹姆斯在车上突然想到，客户应该知道这个问题的答案，那就问问客户吧。

詹姆斯来到了一家地产公司，找到老板乔治先生。詹姆斯通过朋友介绍认识了乔治先生，在今天见面之前已见过两次。他认为乔治先生是一个性格直爽的人，问这样的问题应该不算失礼。于是打过招呼后，詹姆斯问乔治先生："我有一个私人问题想要请教您，您看合适吗？"

乔治先生爽快地说："当然可以，有什么话就说吧。"

詹姆斯说："我想问问您，您为什么同意与我合作呢？其他公司有许多优秀的推销员，可是您为什么会愿意选择我呢？"

乔治听完大笑了起来，接着说道："我果然没有看错你。当初把你介绍给我的朋友说，詹姆斯是个诚实的年轻人，值得信任。第一次见面你向我推荐了几款车，说完之后就静静地等我回话。那次交谈，我对你印象很深刻，你很真诚，与别的推销员不同。当时你特意说了车的噪音问题。其实，那款车的噪音还没有我之前的那辆大，再说这款车总体来说不错，我还是能接受的。最重要的是，其他的推销员只说产品的优点，掩饰产品的缺点。而你却把缺点告诉我，让我放心不少。你说我应不应该选择你呢？"说完之后，两人又哈哈大笑起来。

营销小翘板

离开乔治公司的时候，詹姆斯既高兴又激动。他发现今天这种方式是很有实效的一种方式，这不仅是对自己的肯定与鼓励，而且还增进了与客户乔治先生的友情。推销员与顾客建立了良好的感情关系，推销起来也就容易多了。

45 赵玲的情绪传染

赵玲在一家保健品公司从事网络推广的工作。有一天，她在网上发布产品信息的时候，办公室里的电话响了，按下接听键，听到对方有礼貌地问："你好，请问你是赵女士吗？"

"你好，我就是，你有什么事情吗？"

"我是某某养老院的，之前看到过你发布的信息。请问你的网上推广活动有什么进展吗？有没有拿下单子呢？"

赵玲听出对方也是从事与自己一样的工作，边发信息，边冷冷地说："你到底有什么事儿？直截了当地说。"

对方听了赵玲的话也生气了，大声说："你这是什么态度啊？你用这样的态度对客户，难怪你没有接到订单。"接着就挂断了电话。

营销小翘板

销售人员一定要明白，你没有权利对潜在客户无礼，即使客户没有购买你的产品。做销售一定要控制好自己的情绪，你的情绪要是不正常，势必也会引起对方的不良态度，不利于建立良好的人际关系。正确的作法是坦然面对拒绝，才会减少碰壁。

46 王明的排练法则

王明是一名毕业没多久的大学生，找了一份推销的工作。由于刚刚参加工作，没有工作经验，王明只好从许多成功销售案例中汲取营养。每一次见客户之前，他都把自己想象成那些成功的推销员，自己在脑海里把推销洽谈时候的气氛过一遍，并尝试用其他方法融洽气氛。

王明并没有因为自己年轻，没有销售经验而退缩。相反的，他在推销的时候非常乐意听取顾客的意见，以此来完善自己。因此无论在什么时候、什么地点，他都能轻松自如地和客户洽谈，表现得非常优秀。

有一次，王明约见了一位之前没有达成共识的客户。在洽谈之前，王明把再次推销可能遇到的问题都在脑海里想了许多遍。来到客户的办公室，王明将目光瞄准客户座位旁边的那把椅子，礼貌地问道："您好，请问我是否能坐在这里？"客户点头同意王明坐在旁边。王明坐下后，一边说，一边慢慢靠近客户，从而与客户处于同一高度。说了半天，客户看了一遍王明带来的资料，又与王明亲切交谈了许多事情。最后，客户同意与王明合作。

营销小翘板

推销员在推销过程中，要考虑好尽可能会出现的情况，想法与客户站在同一高度洽谈。只有这样才有可能避开分歧达成一致的意见。双方洽谈一旦愉快了，那么推销员就能很好地把产品推销出去。

47 华洛克的阿拉伯式摊位

华洛克是商业界的巨子，有一年他参加了在芝加哥举行的美国商品展览会。令华洛克感到不幸的是，展览会人员把他安排到了偏僻的角落。装饰摊位的工程师劝说他放弃这次展览。华洛克对他说："你认为机会是主动来找你呢，还是机会是由

你自己创造出来的呢？"工程师说："这还用说吗，机会当然是人创造出来的。"华洛克说："我们的摊位地处偏僻，这就是问题。但同时这也是促使我们创造机会的动力。希望你用心设计出一个既漂亮又具有东方色彩的摊位。"

工程师给华洛克设计了一个古阿拉伯宫殿式的摊位，又把摊位面前的大路设计成大沙漠的样式。人们只要走到这个摊位面前，就好像来到了阿拉伯世界一样。

华洛克对装饰工程师的设计非常满意。他嘱咐摊位工作人员打扮成阿拉伯人的模样，还派人去阿拉伯买了6只骆驼，专门用来驮运货物。此外，他还准备了一大批气球。

展览会开幕后，华洛克的摊位吸引了许多人来参观，就连报纸和电视台的记者也都纷纷报道这一奇特的摊位。过了一会儿，人们突然发现了许多气球，升空不久后自动爆裂，胶片慢慢地洒落下来。人们捡起胶片，见上面写着："女士们、先生们，你们能看到这小小的胶片，说明你们已经有了好运气。现在请你们拿着胶片到华洛克的摊位前换取一份纪念品。感谢大家光顾。"

营销小翘板

大家都被华洛克的摊位吸引，而那些占据优势的大摊位前却稀稀落落。展览会持续了45天，华洛克先生总共做成了2000多笔生意。其中有四分之一以上的生意是超过100万美元的大生意。

48 用贺卡传递温情

福特不仅是美国最顶尖的寿险推销员之一，也是美国百万圆桌会议议员。此外，他还曾获得"全球四位最佳寿险业务员之一"的荣誉。

有一个有趣的故事是关于福特的自我职业定位。他假定自己在逛商场，在一楼，一位小企业负责人问他："请问您是干哪一行的呢？"福特说："我的工作是保护企业主的现有资产，并指导他们通过何种途径获得更多的财富。"

在二楼，一位将要退休的女富商问福特："您从事哪个行业？"福特回答说："我是负责守护财富的专家。对房地产进行规划以及避税，是我最擅长的项目。

在三楼，一位有小孩儿的年轻母亲问："您从事什么职业？"福特说："我能帮助家庭减少债务，以及帮家庭规划未来。"

福特就是这样针对不同的人做出不同的职业定位，既吸引了顾客的注意力，也增加了他们的信任感。

不同的顾客要区别对待，多种方法都能行得通。有一种通用的方法，那就是为顾客送上一张贺卡。逢年过节，为顾客送上一张贺卡，其实就是提供一种情感上的服务。顾客一定会因此而惊喜万分。这份惊喜会让顾客将感情融于所购买的产品上。以后，他还需要此类产品时，定会选择你的产品。同时，顾客也减少了选择上的烦恼。

营销小翘板

感情是人与人之间交往的纽带，顾客与推销员之间也是如此。卡片虽然小，但"礼轻情意重"，它传递着浓浓的感情，顾客从中感受到的也是一份温情。

49 最好的推销就是服务

伯特从小就喜欢拆拆拼拼，他把家里的玩具拆掉，之后又把它们拼好。正是在这个过程中，伯特对机器维修产生了极为浓厚的兴趣。后来伯特在学校念书选择了机械专业。

毕业后，伯特进入了一家上市公司，当修理复印机的助理员。由于伯特对这项工作非常感兴趣，并且在学习过程中态度也非常认真，所以，他很快成为新员工之中维修技术最高的人，客户的复印机出了问题都找他解决。此外伯特对人非常和气，赢得了许多客户的好感。后来伯特荣升为公司的业务经理，专门负责复印机营销与服务部门。

老客户对伯特的服务十分满意，还帮他介绍了不少的新客户。而伯特也总是为客户争取最优的价格，客户只要一对比价格表就会发现伯特提供的价格是最合理的。于是，伯特的业绩逐渐扩展开来，并获得了"年度推销总冠军"的荣誉。伯特不但受到公司上司和同事的认可，而且也赢得了客户的肯定。

同事问他成功经验，他告诉同事说："最好的推销就是服务。"其实，伯特几乎没有主动去拜访客户，其大部分的业务都是客户介绍来的。虽然伯特的客户群还在不断增加，令他非常忙碌疲惫，但他心中却充满了成就感。因为他明白：每一个老客户如果能不间断地得到良好服务，将来都能给他带来新客户。如此这般，他的业绩才一直领先。

营销小翘板

伯特用良好的服务和信誉为自己赢得了许多客户，给自己带来了成功。现代社会的竞争除了商品价格竞争，还有服务上的竞争。推销员不但要推销好的产品，而且还要具备良好的服务态度和专业能力。这是扩展业务最为重要的一个环节。

50 史泰龙的1855次失败

国际功夫巨星史泰龙在成名之前虽然只是一个穷小子，然而他却一直没有放弃任何改变自己命运的机会。有一次，史泰龙带着自创的剧本《洛奇》拜访好莱坞各大电影公司的负责人，告诉他们说他要演这部戏，并且要演男一号。

在当时，好莱坞大大小小的电影公司约有500家，史泰龙总共被它们拒绝了1855次，甚至还受到某些公司的讥讽嘲笑。可是，史泰龙依旧没有放弃，他又从第一家电影公司开始继续推销自己。

史泰龙的努力没有白费，终于有一家电影公司被他的精神所感动，决定将他的剧本拍成电影，并让他演男一号。出乎大家意料的是，这家电影公司的举动，不仅让电影获得了很好的票房，而且更是让男一号史泰龙一举成名。

很多人只是看到了史泰龙的成功，但忽略了他成功背后的1855次失败。有多少人能像他一样，经历了多次失败依旧勇往直前，继续朝着目标努力呢？

营销小翘板

一个成功的推销员，必须具备这种百折不挠的勇气。只有有了这种勇气，才能把销售干好，才能成为一名优秀的推销员。

51 吉拉德的250定律

乔·吉拉德是世界上最伟大的推销员，他曾说过这样一句话："推销商品不是推销的要点，而推销自己才是。"这就是吉拉德成功的秘诀。在十多年的推销生涯中，吉拉德一直坚守250定律。他认为每一位顾客身后约有250位亲朋好友。如果赢得了其中一位的好感，那么就意味着同时赢得了250个人的好感；如果得罪了一位顾客，也就意味着得罪了250名顾客。因此，无论在什么情况下，都不能得罪任意一名顾客。

往四处递名片一直是吉拉德保持的习惯。在餐厅吃晚饭准备结账的时候，他就会把名片放在账单里；在运动场上，他会抛撒大把名片，让名片散落到运动场上的各个角落。

有的人对吉拉德的这种做法非常不理解，然而吉拉德却是这样理解自己的行为：我把名片给了别人，有的人可能觉得没有用，就会扔了它；可是也有的人会觉得有用，便留下来，之后他们就会知道我叫乔·吉拉德，还会知道我是干汽车销售这一行的。后来实践证明，正是乔·吉拉德的这一举动，给他带来了许多单生意。人们想要购买一辆汽车的时候，自然就会想到这个叫乔·吉拉德的推销员，之后拨打名片上的电话联系他。

营销小翘板

推销员一定要明白自己推销的不仅仅是产品，同时也是在推销自己。只有把自己推销给客户，才有机会接触到更多的客户。因为每一个人的身后都有相对稳定的、数量不小的群体。如此一来，你距离成功销售才会更近一步。

52　被人拒绝也是财富

黄华毕业没多久就去一家保险公司从事卖保险的工作。虽然只是刚进保险业两个月的新人，但她每个月的业绩一点也不输给有经验的老员工。在月初前几天，黄华就能打破零签单，到了月底能签下六七件保单。同事们猜想黄华要么有好的客户资源；要么就是每天都拜访大量的潜在客户。

事实上，黄华来自农村，并没有很好的客户资源。说她勤奋吧也不完全对，因为她每天都显得很轻松的样子。同事们为了解决心中的疑惑，纷纷要求黄华介绍一下她的成功秘诀。

黄华先是问了同事们一个问题："在销售过程中，你们有没有被客户拒绝过啊？"

同事们回应说："当然有了。""这种事情太常见了。""简直就是家常便饭。"

黄华又问："客户又都是以什么理由拒绝的呢？"

同事们七嘴八舌地说："有的说已经投保了。""有的说想跟家里人商量一下再做决定。""有的说我考虑考虑。"这些答案都在黄华的意料之中，因为她都经历过这样的拒绝。

待大家安静下来，黄华说出了自己成功的秘诀，如果被拒绝了，她会感到很高兴。客户要是说和老婆商量商量，黄华就会说："太好了，如果你老婆有时间的话，我们可以一起约个时间洽谈，可以吗？"黄华被拒绝一次，就知道自己将要拜访的下一个客户在哪儿了。于是黄华赢得了许多"老婆客户"、"妈妈客户"等。在黄华看来，被人拒绝是一笔不小的财富，应该学会享受拒绝。

与客户洽谈就像是在进行一场斗智斗勇的游戏。销售人员应该学会享受拒绝，找到机会调整自己的思路，真正走进顾客的内心，才能达到销售的目的。

53 DIY个性饰品

"DIY"是深受当前年轻人喜爱的一种时尚元素。随着DIY元素越来越被许多人认可，那些想要创业的人，都想抓住这个商机从而取得成功。浙江金华有一对姐妹，她们正是因为紧抓"DIY"商机，打造了自己的"O（only）O（one）个性饰品屋"，并在精心经营下，做大了自己的生意。

姐姐是一位外向、健談、机敏的大学生。在大学生活中，就积累下不少关于手工艺品制作方面的知识，还把所学的美学等知识运用到了小店的经营上来。妹妹对收集各种具有地方特色的小玩意儿非常感兴趣。只要有朋友去外地出行，她都会拜托朋友带一些当地的工艺饰品回来。就连逛街的时候，她也不会放过收集有创意饰品的机会。此外，妹妹还是一位心灵手巧的人，心里中意的玩意儿，只要经她稍微改装，就会成为新的饰品。

这对姐妹专注于个性饰品，并且提供热情周到的服务，其个性饰品吸引了很多人体验"DIY"。因而小店的生意越来越好。

营销小翘板

DIY体现了个性、时尚以及独特，消费者挑选材料和配件做一件喜欢的饰品，也能从中感受到制作的乐趣和成就感。这也正是吸引消费者的地方。

54 激励自己向陌生人销售

世界营销大师克里曼特·斯通出生在一个并不富裕的家庭。在他16岁那年，就开始帮助母亲推销保险。他的母亲指导他去一幢大楼里开拓业务，把注意的事项向他说了一遍。但是克里曼特·斯通心里有些害怕，想要打退堂鼓。

后来，克里曼特·斯通回忆说："我站在那幢大楼外边，不知道自己该怎么去销售保险，更不知道自己能不能销售成功。我边发抖，边为自己打气：'当你试着做一件能为自己带来收获，而没有损失的事情的时候，就应该勇敢去做，并且要马上行动起来。'"

　　于是克里曼特·斯通勇敢地迈进了大楼。他想，假若我被赶了出来，我还要激励自己进去，坚决不能退缩。幸运的是，克里曼特·斯通并没有被人赶出来。接下来，他挨个进入办公楼的房间，一间一间地推销保险。在一间遭到拒绝后，他立即敲开另一间的门，向大家介绍自己的产品。最后，只有两位职员购买了他的保险。

　　做成了两单生意虽然算不了成功，但这对克里曼特·斯通来说意义重大。这是他职业生涯的第一步，在这个过程中他学会了怎样克服心理的恐惧，激励自己向陌生人推销保险。通过这次销售，他总结出一个窍门：在这间失败后，应该立即走进另外一间，千万不要犹豫不决，这样能让自己更有勇气。他还说："一名成功的销售员，应该具备一种内动力，可以用来鞭策自己、激励自己。"

　　销售人员应该要时刻激励自己提高积极性，利用过人的胆识以及上进心、自信心激发出自己的内动力，克服恐惧感，才能不断大步向前，步入推销的最高境界。

55　奔驰的亲和力效应

　　早在1993年，奔驰就进入了中国，然而销量并不如意，一直打不开中国市场。十年之后，"砸奔驰"事件，更是让奔驰的公众形象一落千丈。当奔驰在中国遭遇突发事件的时候，奔驰总部采取了强硬的对抗方式，使得刚刚进入中国市场的奔驰遭受到了一场危机。

　　中国是一个人口大国，能成为奔驰的客户的数目也是不可估量的。如果奔驰公司能成功地将这些潜在客户发展成为真正的客户，其获得利润肯定丰厚。想通了这一点，奔驰开始了战略调整，一改奔驰昔日高高在上的高档车形象，让奔驰在大众看来更有人情味、亲和力，更加平易近人。于是，奔驰为了提高公众形象，参加了保护大熊猫、喀斯特地貌等与自然、生态有关的公益活动；还积极进行慈善捐款拉近与公众的距离。在每年的展销会上，奔驰还允许人们任意试驾奔驰在中国引进的任何一款车。

　　奔驰看到中国年轻一代的客户群在发展壮大，于是就把市场瞄准了年轻一代的客户，推出了低价的国产奔驰C级车。这种低价以及零手续费的政策，很快就获得了年轻客户的信赖。

　　奔驰实施一系列具有亲和力的政策之后，其在中国区的销量剧增。2009年6月，奔驰在中国销售出了5100辆车，同比增长50%，这已是连续6个月销量保持增

长的态势。

营销小翘板

奔驰公司正是采取提升自己形象的亲和力的途径，从而扭转了在中国市场不利的局面，并最终创造了一个奇迹。

56 猎豹汽车的诚信文化

在2002年，湖南长丰集团组织了一次"猎豹汽车品牌规划"招标会。金必德的领导沈青作为长丰集团的品牌顾问和首席评委，策划运作了"诚信湖南、诚信猎豹"的文化营销活动，实行了诚信营销服务年的营销新思路。沈青认为，企业的市场诚信度与竞争态势有很大关系，特别是竞争激烈的行业，产品面临同质化和同价化的问题，因而诚信文化对产品的销售所起的作用会越来越明显，而汽车、家电这两个行业是十分重要的面临如何提升诚信度问题的行业。

诚信文化能给企业品牌带来长久生命力，猎豹汽车就是高起点地选择服务投入、宣传投入、社会赞助等来打响诚信牌。它积极响应政府的"诚信湖南"政策，趁势开展了一系列诚信营销活动，率先在本行业打响了诚信文化品牌。这不仅展示了猎豹汽车的诚信形象，也使得猎豹汽车赢得了美誉、知名度以及拓展商业的机会。猎豹汽车对消费者负责，说到做到，其诚信品牌受到了更多消费者的信赖。

营销小翘板

品牌如果失去诚信，势必不能长久发展。长丰猎豹集团就是因为诚信，才能迅速成为湖南省的标杆企业。诚信是一个人必备的优良品格，一个人讲诚信，就代表了他是一个讲文明的人，能成为大家都喜欢的人。诚信也是销售人员必不可少的素质之一。

57 10元餐厅

如今越来越多的人们选择到餐馆就餐，有的人是为了图个省事，有的人是为了改换一下口味。正是因为这个原因，许多人瞄准了餐饮市场，开起了饭馆。然而，经营饭馆个人口味是需要考虑的一个方面，除了这个方面，合理的价格也是非常重要的因素。许多工薪阶层到餐馆消费，价格是他们必须考虑的一个因素。即使对那

第一章 基本素养——认可、热爱营销，为自己所从事的职业而骄傲

些倾向于高档消费的顾客来说也是如此。价格太高，消费不起；价格太低，又不够档次。因而，对于饭馆来说价格的定制是不可忽视的重要问题。

王明是四川人，经过长期的酝酿，终于在一个建筑工地附近开了一家川菜馆。建筑工地旁边还有一所小学，可是即便如此，他的生意最初也不是特别好。王先生为了能够让生意有起色，想了许多办法招揽顾客，然而生意还是不红火。后来，他发现在这里吃过饭的人，多是因为菜价高而不再光顾。于是，王先生决定改菜价。经过慎重考虑，王先生把所有的菜价一律定为10元，并且菜量大，味道正宗。对此，王明的朋友以及员工都不理解，心里都有一个疑问：这样做的话，餐厅还能赚钱吗？

最初，王先生也觉得心里没有底，可是将近一个月后，他就没有了这种担心。他发现虽然从每位客人身上赚得并不多，但每天的顾客量却是之前的十倍乃至几十倍。总的说来，王先生还是赚了。

王明以能够为双方都减少损失为出发点而改了菜价，实现了"双赢"，获得了大量的顾客，从而生意兴隆。推销人员要想成为受顾客欢迎的人，也要想法为顾客提供利益，让顾客从购买中获得预期的好处。

58 赫伯特与布什之间的互动

2001年5月20号对于推销员乔治·赫伯特而言，是十分不寻常的一天。这是因为他在这一天将一把斧子成功地推销给了总统布什。布鲁金斯学会知道这个消息后，为了奖励乔治·赫伯特，将一只刻有"最伟大推销员"的金靴子给了他。布鲁金斯学会成立于1972年，因培养伟大的推销员而闻名于世。这个学会一直有一个传统，那就是在每期学员毕业的时候，都会出一道实习题，让学员独立完成。由于这道题最能体现推销员的能力，所以每年都有学员为此感到头疼。到最后，许多学员都没能完成这道题。然而乔治·赫伯特却圆满地把它完成了。

接受记者采访的时候，乔治·赫伯特说："我觉得把一把斧子推销给布什总统不是完全没有可能的。布什总统在德克萨斯州有一处农场，里面栽了许多树。我给布什总统的信中提到我有一回参观了他的农场，发现里面种了很多矢菊树。其中有的已经木质变软，还有的已经死掉。为此，我猜测总统先生需要一把斧子处理矢菊树。可是从他的体质来看，小而轻的斧子不适合他。他需要一把不需要太锋利的老斧头，于是我向他推荐了一把我祖父留下来的斧头。在信的结尾处，我说：如果总统先生对这把斧头有兴趣，那么就请您按照这封信给的信息联系我。后来，布什总统真的寄给了我15美元。"

在表彰乔治·赫伯特的时候，布鲁金斯学会负责人说："这个金靴子奖已经26年没有人得到了。虽然在这期间，我们学会培养了不少推销员和百万富翁，但我们一直没有把金靴子奖颁给他们。我们之所以这样做就是为了寻找一位不因某件事难以办到而丧失自信的人。"

营销小翘板

将一把斧子推销给总统，这对于其他的推销人员来说是想都不敢想的事情。而乔治·赫伯特却能做成此事，是因为他有自信心，正是这种优越的自信心让他坚信自己能够把产品推销出去。

59 哈默准确抓住销售机会

亚蒙·哈默是西方石油公司的董事长兼总经理，其发家的过程就像是一部充满了传奇色彩的小说。在一次宴会上，有人问哈默是怎样取得成功的，哈默说："其实没什么好说的。在俄国革命爆发前储备大量的棉衣，等到革命发生的时候，你只需要到政府的各贸易部门去，就能稳赚一大笔钱。"也许有人觉得哈默在乱侃，其实这正是对哈默在苏联做的13次生意的概括。

十月革命之后没多久，苏联的救援物质尤其是粮食供应不足。当时的哈默是一位医学博士，可是他对每天坐在医院的日子很厌烦，心里想要出去干一番事业。于是他决定去苏联发展事业，这在当时的人看来是一个不可思议的决定。

当时苏联因为内战和实行经济封锁政策，导致经济崩溃，人民生活困苦，生命安全没有保障。哈默从中嗅出了商机："苏联当前遭受了灾荒，急需大量的粮食。而美国粮食市场上的粮价低廉，农民宁愿烧掉粮食也不愿出售。同时，苏联有皮毛、绿宝石、白金，这些正是美国所需要的。如果它们能够交换到自己所需的东西，真可谓一举两得。"于是哈默向苏联一方提了一个建议：用苏联的货物换美国的粮食。苏联官方立即采纳了这条建议，没多久就促成了这笔交易。

营销小翘板

哈默因为帮助苏维埃政府解决了难题，因而受到了苏联领袖列宁的接待。此外，哈默还得到了更大的特权，负责苏联对美国贸易的代理。后来，哈默逐渐成为美国橡胶公司、福特汽车公司等多家公司在苏联的代理，生意日益兴隆。哈默因此而成为巨富。

60 黑莓手机的煮蛙效应

2011年的"9·11"事件给世界带来了震惊，但却给黑莓手机提供了一个非常好的机会。随着通信的发展，人们越来越需要更好地了解信息，于是许多人都选择了黑莓手机。就连当时的美国副总统切尼也对黑莓手机青睐有加。

虽然黑莓手机的销售状况不错，但公司创始人、联席首席执行官拉扎里迪斯并没有因此而自满。他深知，用不了多久市场上就会出现许多竞争对手，如果不强化自己的销售的话，就很有可能会被其他公司超越。当时黑莓手机具有明显的功能优势和质量保证，这已经不是主要的问题。关键的是怎样才能让消费者接受这一新事物，并占有市场份额。

拉扎里迪斯意识到了竞争危机，于是决定和同事摸索一条新的出路，将黑莓手机的销量推向最高峰。在坚定的信念指导下，他终于找出了一条新的渠道。最终，拉扎里迪决定与电信运营商合作，授权电信运营商出售黑莓手机。这种销售模式不但节省了公司的销售人力和财力的成本，而且使得黑莓手机享用了电信商的巨大客户群。于是，电信销售人员也就成了黑莓手机的重要销售力量。

拉扎里迪斯不仅是一个具有战略眼光的实干家，而且还是一个勇敢的开拓者。他明白新产品即使再好也不一定能迅速占据市场，于是他走在了销售的最前沿。在手机销售初期，他无论走到哪里，或是参加会议，都会随身携带三部黑莓手机。遇到人就会问："你买黑莓手机了吗？"有时拉扎里迪斯会遭到冷遇，但他从不退缩，反而越挫越勇。

营销小翘板

拉扎里迪斯嗅到危机感，从中找到契机，进而跳出市场僵局。这不仅让黑莓手机的销量大幅上升，还为公司带来了巨额财富。

61 10块钱两张名片

只要有推销，就会有拒绝。拒绝是推销的开始，每一次成功都是在历经多次拒绝与失败之后取得的。

孙凌是一家公司的业务员，准备向一家大公司的董事长推销自己公司的产品。

他来到这家大公司，请董事长的秘书把自己的名片递进去。谁知当秘书递给董事长名片的时候，董事长连看都没看就把名片扔到了地上。秘书见状只好把名片捡起来还给孙凌。然而，孙凌并没有气恼，而是客气地说："谢谢你啊，我下次再来拜访董事长。不过还得麻烦你请董事长收下我的名片吧。"

秘书听了孙凌的话，又再次来到了董事长办公室。谁知这一次董事长竟把孙凌的名片撕成了两部分，再次丢到了地上。站在门口的秘书不知如何是好，只见董事长把十块钱扔在桌子上对秘书说："我用十块钱买他一张名片，这样总说得过去了吧。"秘书走出门外，向孙凌叙述了一遍情况。只听孙凌说："还得麻烦您跟董事长说一声，十块钱可以买两张名片。我应该再给他一张才对。"说完就从自己的包里掏出一张名片交给了秘书。这时，办公室传来董事长的笑声，说："请他进来吧。我愿意和这样的人才谈谈生意。"

营销小翘板

每个人都想干出一番成绩，在面对失败的时候，一定要有坦然自如的积极态度。如果不能容忍失败，就注定与成功无缘。

62　销售最大的障碍是自己

郭明是一个性格内向的人，是一家公司的销售员，虽然工作兢兢业业，但一个月之内没有签到一个单。在他看来销售就是在求别人买东西，每当被顾客拒绝的时候，他都认为是顾客的说话态度不好，侮辱了自己的人格。因此，郭明就不会再与顾客面谈，对顾客产生了恐惧感。郭明的上司让他在被拒绝之后与顾客再次洽谈，然而郭明却依旧没有取得业绩。

郭明向上司解释说："我刚参加工作没多久，销售方面的经验还非常不足，我的内向性格决定了我需要多磨练才能与客户很好地交流。推销的产品价格偏高，要想找到合适的消费对象是非常不容易的。对于同类产品而言，我们的产品没有鲜明的优点，不能一下子让消费者做出果断选择……

此后，郭明的销售业绩仍然一直没有起色。

营销小翘板

对于销售员来说，自身才是自己的最大障碍。如果推销失败了就找借口，总认为自己没错，那么就永远不能成为一名好的销售员。其实，作为销售员，最重要的是充分认识销售工作。虽然销售员的最终目的是推销出自己的产品，但顾客的最终目的不是购买产品，他们要用产品去解决生活、工作中的遇到的具体问题。假如顾客真的需要，即使再贵也会购买。销售员没有推销出产品，或是还没有见顾客就觉得自己的产品销售不出去，其实归根结底都是销售员自己的问题。

63 用墓地实现财富梦

张佳是一家珠宝商，继承父亲的事业从事珠宝生意。虽然其父的生意已经有了一定规模，但张佳对珠宝行业知之甚少，多次作出了错误判断，因而没几年就把父亲的珠宝生意给搞砸了，最后赔了个精光。

破产之后，张佳卖了一套父亲留下来的房子，用得来的钱做起了服装生意。然而由于张佳无法把握市场潮流趋势，以及顾客的喜好需求，最终他又赔了。之后，他把服装店卖给了别人，用得来的资金开了一家饭店，可是仍旧亏本。张佳又见化妆品生意一直很火，就又试着做化妆品生意，然而过了几个月的时间，他又失败了。再后来，张佳又做过印染生意、钟表生意，但没有一次取得成功。

经历过多次失败后，张佳已不再年轻，此时他估算了一下自己的资产，所有的家当加起来只够买一块墓地。他心想："自己已经无力在商场上角逐了，不如就给自己买块墓地吧。"

在离城市约有5公里的地方，那里是一片偏僻荒芜的土地。莫说是有钱人，就算是一般的人也不会在这里买墓地。然而，张佳却在这里买了墓地。幸运的是，就在他办完手续的半个月之后，城市开始了建设环城高速路的规划。张佳的墓地因为正好处在环城路内侧的一个十字路口，因此其价格一路猛涨。此后，张佳开始从事房地产生意，且一直坚持了下来，并由此而获得了大量的财富。

营销小翘板

张佳先后从事多种工作，但都没有坚持下来，都没有成功。假如他坚持其中一个行业一直做下去，失败了爬起来继续努力，最终也会实现自己的财富梦想。在现实中，有很多人就在创造奇迹的时候而放弃，于是就在成功面前失败了。

64 高登以推销工作为荣

伟大的推销员托尼·高登曾经说过，热爱自己的职业就是成功的起点。有一

天，托尼·高登遇到了一位神色非常差劲的人，问他："你是做什么工作的？"那个人说："推销员。"托尼·高登感到非常诧异，又说道："你是推销员，为什么状态会这么差呢？你要是一名医生的话，那你的病人肯定会杀了你的，因为你的这种状态非常不好。"

有人也曾问托尼·高登是从事哪一行工作的，他干脆地说道："我是一名汽车销售员。"对方听了嗤之以鼻，反问道："你是卖汽车的？"托尼·高登自信地点了点头，说："我就是一个销售员，我热爱自己的工作。"

托尼·高登认为，工作是通向健康和财富的道路，可以让人走向成功。既然你从事销售工作，那么就要热爱这份工作，并且踏踏实实地做好。因为任何工作都会有不同的问题，下一份工作也许并不如你之前的那份好。如果多次选择跳槽，那么情况就会更加令人不如意。托尼·高登还尤为强调，一次只做一件事情。这就好比是种树，栽上了树苗就要认真呵护，直到它慢慢长大。到了那时你就可以在树下乘凉，享受回报。推销员应该以推销为荣，因为推销工作是一份值得他人尊重的职业，也是一份能给你带来成就感的职业。

营销小翘板

托尼·高登说："每一个推销员都应该为自己从事的工作而感到自豪和骄傲。因为推销员推动了世界，如果推销员不把货物从货架上和仓库里面运出来，那么整个社会体系的钟就有可能因此而停摆。年轻人没有工作热情劲儿，而白发老人却能把事情做好，其中的差别就在于他没有将热情投入到自己从事的工作中去，没有打心底热爱自己的工作。假如你热爱自己的工作，那么你的成功几率也会高很多。"

65 仙人掌的专业知识

黄光在一家绿色食品销售公司当推销员，主要负责推销食用仙人掌。然而在最初推销的一段时光，黄光常常会遭到客户的拒绝。而黄光认为自己的推销技巧和口才都不错，到底问题出在哪里呢？

黄光的同事小艾与他从事一样的工作，可小艾的推销业绩却一直领先，每天都能推销出很多。不仅如此，小艾还与几个大酒店达成了协议，签订了长期订货合同。黄光心里不由得纳闷，为什么同样的工作，小艾就能做得比我好呢？

在一个公司聚餐会上，黄光找到小艾，向他请教成功销售食用仙人掌的秘诀。小艾是一个直爽的人，对黄光说："其实推销食用仙人掌的办法很简单。我只是把仙人掌的做法告诉了那些饭店的厨师，并让他们按照做法先试做了一下品尝。仙人掌毕竟是一道新菜式，许多人都没有吃过。因而在推销的时候，我就会让客户充分了解食用仙人掌的做法和吃法，打消他们的疑虑，如此一来他们就会购买了。"

黄光听完之后，感到非常诧异，问小艾："你就是这样做的吗？"小艾回答说："就是这么简单。在推销食用仙人掌之前，你一定要掌握仙人掌的特性，以及食用仙人掌的益处等基本知识。只有掌握了这些，你才能消除客户的顾虑，才能让客户信服你的产品。"

营销小翘板

聚餐结束后，黄光赶紧回去查找资料，将公司的绿色食用仙人掌的相关知识都了解了一遍。经过学习，黄光发现原来食用仙人掌有如此多的好处。黄光也因此明白，自己推销不出仙人掌，业绩一直不好，就是因为缺乏仙人掌的基本常识。

66 "超过凯迪拉克"

1952年，57岁的齐藤竹之助退休之后，正式成为朝日生命保险公司的一名推销员。齐藤竹之助第一次推销去的地方是东邦公司，他来到办公室里，心里是异常的紧张。在向助理和总务部长说明情况后，他就告辞离开了办公室。当齐藤竹之助路过收发室的时候，收发员告诉他第一生命保险公司的渡边幸吉来了，门口停放的"凯迪拉克"轿车就是他的。

渡边幸吉号称日本生命保险界第一推销高手。为了拿到订单，齐藤竹之助无论是睡觉，抑或是走路，脑海里都闪现着一个念头——"超过凯迪拉克"。在此基础上，齐藤竹之助还制定了一份非常详细的计划。

次日，齐藤竹之助带着计划书，再次拜访了东邦公司的总务部长。他递上计划书，说："同渡边幸吉先生比起来，我就是刚出茅庐的新手。不过，还是请部长先生能够抽时间审查、研究一下这份计划书，那将是我的荣幸。不管怎样，都请您多多关照。"

"超过凯迪拉克"这个念头一直激励着齐藤竹之助努力。功夫不负有心人，终于有一天，东邦公司的总务部长给齐藤竹之助打电话让他过去面谈。当齐藤竹之助来到总务部长办公室的时候，部长站起身来，对他说："齐藤先生，这一阵子让你奔波了许多次，真是辛苦你了。我们对你的计划书非常满意，所以我们决定和你签订一份约2000万元的合同。"

听完总务部长的话，齐藤竹之助激动得热泪盈眶。这一刻的到来，证明他的努力没有白费，证明他战胜了"凯迪拉克"。

营销场上竞争异常激烈，高手屡见不鲜。当你遇到强大的竞争对手的时候，如果你选择退缩或是放弃，那么就只能将市场份额拱手相让。从某种角度来看，这种态度无异于慢性自杀。相反地，如果能自我激励，再坚持一秒钟，也许成功就离你不远了。

67 精工表计时更准确

瑞士是世界有名的钟表王国，生产了许多品牌的名表。其中最为有名的品牌是欧米茄和劳力士。

1960年，国际奥委会宣布日本东京承办1964年的奥运会。日本国内的人得知这个消息，都异常兴奋。日本的钟表集团精工公司想要趁着奥运会这个契机，一举拿下奥运会计时器的生产资格，进而扩大自己的影响力，向欧米茄发起挑战。

欧米茄曾17次得到奥运会计时器的生产资格，可以说是权威。这一次，它也不想错过这个机会，输给其他的竞争对手。而精工集团深知欧米茄的打算，为了摸清对手的状况，悄悄组织了一支考察队，前往罗马搜集情报。

罗马奥运会上，无论是百米飞人大赛的计时表，还是马拉松长跑的计时表；无论是游泳池的秒表，还是新闻大厅的大钟，无一不是欧米茄的品牌。甚至不夸张地说，这次就是欧米茄的产品展览会。精工集团的考察队经过一番调查发现了欧米茄的弱点，原来奥运会所用的计时器多是机械式的，而计时更为精准的石英表却不多见。

精工公司决定以石英表为突破口，除了保留原来负责研制石英表的59A小组，还组织了另外的力量加紧石英表的研制工作，以及组织力量开展了高精度机械表和秒表的研制工作。没多久，精工公司就研制出了一部具有世界顶尖水平的石英表，它的日走误差仅有0.2秒，在当时是最为精准的计时器。

这款性能优异的钟表给国际奥委会的官员留下了深刻印象，最终击败了瑞士的欧米茄，成为奥委会计时专用表。精工表在奥运会上一鸣惊人，没多久就成为人们熟知的一个品牌。而欧米茄则在此次竞争中失利。

68 诚恳推销的比利

在美国有一位名叫比利的推销员，他的工作主要是推销各种窗户。但由于比利初出茅庐，没有推销经验，甚至向自己的祖父推销假牙都不会。反观他的竞争者，他们都有丰富的推销经验，并且口齿伶俐。

上班第一天，经理给比利安排了任务，让他向富人区的一位客户推销公司的双层玻璃窗。

比利站在客户门前，心里异常紧张，手脚都在哆嗦。然而，他还是敲响了客户的门。一位老妇人给他开了门，听他结结巴巴地自我介绍完毕后，让他进屋商谈。

比利在老妇人家里待了3个小时，喝了十几杯茶。最终那位老妇人答应在合同上签字，买下了价值1.1万美元的双层玻璃窗。

而就在这之前，那位老妇人家已经来过6名推销窗户的，并且他们的价格都低于比利。为什么毫无推销经验的比利能成功推销出玻璃窗呢？对此，那位老妇人说："我喜欢这个年轻人。"

营销小翘板

其实在那3个小时里，比利一直保持着谦虚、礼貌，用自己的真诚赢得了老妇人的信任，并拿下了单子。他靠的不是伶俐的口齿，而是自己的"人格"以及"印象"。这就是他成功的秘诀。

69　培训公司的导向式推销

约翰先生是某知名摩托车企业人力资源部的培训主管，有一天给多家培训公司打了电话，要求它们提供销售类课程清单，以便从中选取员工培训课程。

大多数培训公司非常重视这笔大单子，于是没多久就把课程清单用传真发给了约翰先生。有的培训公司还把本公司的一些概况以及师资水平等资料一并发了过去。之后就等待约翰先生回信了。

然而，有一家培训公司的销售代表，却没有急着把课程清单发给约翰先生。他先是打电话给约翰先生，告诉约翰先生说："您的要求我们非常理解。不过为了不浪费您的时间，我们有必要了解一下贵公司的具体需求。我先把一份《营销培训需求调查表》发给您，您填好之后，我们再让培训讲师跟您联系，最后您再做出决定。您觉得怎么样？"

约翰先生听了销售代表的话，认为他的话很有道理，于是就答应按照他说的办。之后，培训公司的讲师根据《营销培训需求调查表》的信息，进行了分析，并建议约翰先生与培训公司的人力资源主管电话交谈。约翰先生采纳了他的建议。交谈结束后，培训公司向约翰先生提交了一份《营销培训建议书》。没多久，约翰就选择了这家培训公司的课程。

营销小翘板

推销员要把意见正确地传达给对方，让对方听取你的建议。只有这样才能引导顾客购买你的产品。在购买之前，顾客并不了解你的产品，如果只是单纯地向顾客推销产品，无疑会使你的品牌形象受损。

70　孩子不是真正的客户

琼斯是一家保险公司的推销员，有一天她拜访了一位客户。这位客户有一个正在上高中的儿子，仿佛对保险很有兴趣。就在琼斯为他父亲介绍保险种类的时候，他连续问了琼斯好多问题。而琼斯也总是耐心解答他的问题。

然而，琼斯忙碌了一下午，却没有拿下这笔单子。客户的儿子对保险的兴趣很浓，而且琼斯也解答了他的疑惑，可是为什么却没有签成单子呢？

后来经过同事的提醒，琼斯才认识到自己犯了一个错误，把客户的儿子当成了中心。琼斯本以为客户不需要保险，而他的儿子需要，所以在介绍保险种类的时候，将客户的儿子当成了客户。如此一来，琼斯就忽略了孩子的父亲这个真正的客户。毕竟给孩子买保险的最终决定权在父亲手里。

营销小翘板

推销员与一群人进行洽谈的时候，如果目标锁定错误，那么不仅会浪费时间，而且还会让人轻视。这样的推销注定就是失败的。如果推销员通过仔细观察，能够确定哪些人是客户，那么就能提高推销效率，甚至拿下单子。琼斯的失败，就在于没有对客户进行观察，而把时间浪费在了他人身上。

71　借助成交顾客吸引潜在顾客

吴菲是一家化妆品公司的销售员，一天她来到一所大学的宿舍推销。她先是做了简单的自我介绍，之后又介绍了一番带来的产品。宿舍里的郭小兰深知平常上门销售的人不少，可是产品质量却不敢恭维。这一次，她不耐烦地说："推销员没有不夸自己的产品不好的，可是别人怎么知道你们的产品是好是坏呢？"吴菲听了并没有不高兴，反而笑着说："我非常理解你说的话，毕竟谁也不会相信一面之词。"

宿舍里的其他女孩，见吴菲的态度非常随和，于是就和她聊了起来。吴菲见状，抓住时机说："你们对系里的张老师不陌生吧，上个月她买了一套我的产品，不久之前她又买了一套。你们可以问问张老师效果怎么样。"

大家一听年轻又新潮的张老师都买了她的产品，顿时来了兴致，毕竟张老师的审美眼光得到了大家的一致认可。于是，宿舍的几位女同学每人都买了一套吴菲的化妆品。

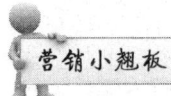

营销小翘板

顾客购买产品之前，对产品持有怀疑态度，其实是正常的事情。但如果有人使用过产品，并且认可产品，那么顾客就会信赖这款产品。推销员如果能有效利用这一点，无疑会提升自己的业务。

72 谈对方感兴趣的话题

杰克森是一家汽车公司的销售员，其销售业绩每年都是全公司第一。有一天，一位顾客来到杰克森的专柜，在一辆车面前驻足。杰克森见状，立即走上前对顾客说："这位先生的眼光非常好。现在这部车只售7.5万美元，可以分期付款，因而非常划算。"

顾客说："这部车不错，不知我能不能增加两个喇叭，再安装一个CD音响呢？"

杰克森说："如果您在汽车音像店买了喇叭和音响，我可以帮您安装。"

顾客又问："你们还赠送其他物品吗？"

杰克森说："这部车的价格已经很低了，况且还能分期付款。因而再也没有什么优惠的了。当然了，如果您想安装东西，我可以免费帮您。"

顾客说："其实我也不太懂，只是希望你们这些专业人士能给我提供相关资料，好让我做出决定。"

杰克森说："放心吧。为您服务是我的荣幸。"

最后，杰克森卖出了这部车。

营销小翘板

杰克森耐心听取顾客的意见，解决他们的需求，即使只是一个配件，也会帮助顾客弄好。他在与顾客交谈过程中，多谈论对方感兴趣的话题，让对方感到他的真诚和热情，使得双方的距离更近一步。

第三章

心理战术——抓住顾客的消费心理，
方能制定科学的营销策略

73 莱茵铂郡列出楼房的缺点

房地产行业竞争激烈，在其他商家还在天花乱坠地吹嘘自己的房产好的时候，江宁一家房产公司新开盘的莱茵铂郡却打出了一个令人匪夷所思的广告语：水电费用是商业性质，每月要比普通住宅多交40多元。首付百分之五十，贷款年限是十年。附近的高架轻轨有可能造成噪音污染。附近有药厂，可能会有气味。附近的齿轮厂可能产生粉尘污染……这则另类的广告很快传开，并收到了无数的赞扬。有的看房者表示这样的广告有利于消费者对楼盘有全方位的了解，有的则认为这家开发商很坦诚，值得信赖。还有人对这段广告语进行了深入的分析，认为开发商之所以会打出这样的广告，有两个可能：一是开发商对自己的楼盘有足够的信心，相信即使自己的楼盘有这么多缺点，还是会吸引消费者的购买；另一个就是开发商觉得自己楼盘的缺点太过明显，与其让消费者发现，还不如自己主动说出来。在种种猜测和肯定声中，到莱茵铂郡看房的人越来越多。

营销小翘板

莱茵铂郡的广告正是一种欲扬先抑的销售策略。莱茵铂郡的市场部负责人也知道现在客户买房之前会查很多资料，楼盘的很多缺陷已经很难再瞒住消费者，靠华美的说辞说服消费者去看房，有时候会适得其反。既然如此，还不如将楼盘所有的缺点都公布出来，一方面可以展示开发商的坦诚和诚信，博取消费者信任，另一方面降低购房者的心理预期，让消费者在看房的时候不再处心积虑地挑毛病。这样一来，消费者在看房时就很容易对楼盘产生好感。

74　让董事长加入到行动中来

　　几年前，美国一家最大的汽车公司准备购进一批蒙面材料，经过考察和筛选后定下三家有合作意向的企业，决定与这三家企业进行谈判后，从中选一家企业签订购买合同。谈判那天，三家企业都按时来到会场，汽车公司的董事长协同谈判小组入座。这时候，A企业的谈判代表却因喉炎突然发作，无法发声。他艰难地张开嘴，企图向大家问好，但是，还是不能发出声音。汽车公司的董事长看出了端倪，就站起来表示愿意代替A企业的代表向大家展示A企业的蒙面材料。A企业的谈判代表感激地看了汽车公司董事长一眼，将事先准备好的谈判材料和PPT交给汽车公司的董事长。董事长接过材料，打开PPT，开始流畅地向大家介绍A公司的产品，期间，这位汽车公司的董事长俨然已经忘记了自己的真实身份，而是处处为A公司说好话。而那位A公司的谈判代表，只是便听便微笑，有时候会点点头或做几个手势。谈判结束后，汽车公司毫不犹豫地和A企业签订了50万美元的合同。

营销小翘板

　　在谈判场，想要赢得那些经验老道、冷静持重的谈判代表的认同是一件多么不容易的事。A企业的谈判代表却用无言打赢了一场硬仗，归根究底，其取胜的关键就在于他适时地将对方的董事长拉入自己的战营，通过与其创造共同经验、共同面对障碍等，使其产生与自己的伙伴意识。一旦董事长对A企业的谈判代表产生这种伙伴意识，其亲密度就会加深，这样一来何愁拉不来订单？

75　"甲壳虫能丑得更久"

　　20世纪50年代，美国恒美DDB广告公司接到一个很棘手的广告策划案：一种德国产的小型汽车，大众旗下的甲壳虫，准备打入美国市场，希望DDB能做出一个有创意性的广告。因为当时美国人大多偏爱国产的大型汽车，对像甲壳虫这种小型汽车很是看不上眼，所以，想要通过一则广告让大众接受甲壳虫，其难度可想而知。

　　这个策划案虽说不好做，但是经验丰富的DDB公司还是拿出了一份令人满意的答卷。在其广告策划案中，并没有着力宣传甲壳虫的优点，比如经济适用、油耗小等，而是直接明了地暴露了甲壳虫最不受美国民众欢迎的特点，其广告语颇有一股自嘲般的美式幽默感："丑只是表面的，它能丑得更久。"就是这则略带调侃和戏谑的广告词，吸引了大家的注意，让甲壳虫一夜之间成为大众追捧的热门车型，在今后很长的一段时间内，甲壳虫的销量持续上涨。

大众旗下的甲壳虫汽车在美国民众眼中原本是一个滑稽可笑的形象，而甲壳虫的广告正是循着这个点，顺着民众的想法往深处挖掘。将民众眼中这个滑稽可笑的形象用更加直接更加有趣的方式再一次暴露在大家眼前，坦然承认甲壳虫的缺陷，并隐晦地告诉消费者世界上没有完美的产品。这反而增加了这则广告的可信度，也增加了大家对甲壳虫这款汽车的兴趣，使得这款本不受欢迎的小汽车能够迅速占领市场。所以，销售并不一定是一味的赞扬，有技巧地暴露自己产品的缺陷，反而能勾起消费者的购买欲，毕竟瑕不掩瑜。

76 青豆罐头的利润

一个美国人外出旅游时，在墨西哥一个边远山村的小店发现了五罐美国产的青豆罐头。罐头上落满了灰尘，看样子已经放了很长时间了。这个美国人很喜欢这种罐头，因为这种罐头已经很少有卖的，所以他决定买一些。其实他只需要一罐就够了，但是，如果价格能够再实惠一点的话，他并不介意将这五罐罐头全部买下。青豆罐头的进价是0.4美元，这位美国人的预期是最多出1.1美元购买罐头，店主也是一个不会做赔钱买卖的人，他的底线价格是0.5美元，也就是他不会在0.5美元以下出售青豆罐头。当然，如果取双方都相对满意的价格的话就是0.75美元，这样店主可以获利0.35美元，美国人比最高预期的1.1美元少花0.35美元。面对这个价格，美国人并不想全部买下这些青豆罐头，他跟店主说自己要买三罐，支付2.25美元。这样店主从这三罐青豆罐头中赚了1.05美元。但是，店主又想把五罐青豆罐头全部卖出去，他提议以2.75美元的价格将这五罐青豆罐头都卖给那个美国人，每罐罐头0.55美元，也就是说店主决定每罐只赚0.15美元，以每罐少赚0.1美元来消除剩余两罐罐头卖不出去的风险。这样的价格，美国人也愿意接受，他就花了2.75美元买下了全部的罐头。

店主最后给出的每罐0.55美元的价格，美国人感觉很划算，就买下了五罐罐头。而店主通过适当的降价促销，将滞销商品出售，也减少了商品无法销售的风险。

销售有时候就是一种谈判，如果在谈判的过程中双方的利益都得到维护，双方的要求都得到满足，那么这就是一次双赢的谈判，这场销售也是一场双赢的销售。美国人以最合理的价格买到了自己喜爱的罐头，他不会觉得吃亏，店主也以最合理的利润处理掉了滞销商品，他也觉得这生意做得很划算，所以，商家在出售产品的时候，不能单单看眼前的利润，还要考虑到滞销产品之后的风险，如果消费者都能做出让步，商家也应该展示风度，在适当的范围内做出合理的让步。

77　盗版碟与正版碟

张磊是一家品牌店的音响销售员，他从事销售时间不长但销售技巧很高，而且面对突发状况反应迅速，能够很好地扭转形势，销售产品。这天，店里来了一个黄先生，说是想买一套音响。根据黄先生的情况张磊向他推荐了一款音响，并拿出一张测试碟片，放入音响，让黄先生试听。黄先生听完后，皱着眉头说："这台音响不怎么好吧，一听这音质就存在明显缺陷，低音区力度不够，高音区太过单薄，而且老感觉背景音中有杂音。"听到这话，张磊赶紧暂停，将碟片取下来，看了一下说："黄先生真的很专业，一下子就听出来了。我刚刚为你测试的其实是一张盗版碟，为的就是做一个对比。我现在再给你放一张正版碟，你听一下其中的差异。"张磊说完，拿了一张内容相同的碟片放进去播放，边听边对黄先生说："你听，现在音质是不是就好了很多，没有杂音，低音区的力度也显得浑厚了不少……"听着张磊的介绍，黄先生也觉得音质显得干净了很多，对这款音响设备很满意，还感叹道："用正版碟片放出来的效果就是好，这款音响真的很不错。"最后，黄先生高兴地付了钱，买走了这款音响设备。

在这个过程中，其实张磊前后放的碟片是同样的，根本没有什么盗版和正版之分。他只不过通过语言引导来让黄先生认同自己的音响设备放出来的音质是很好的，这才让黄先生爽快地交了钱。

营销小翘板

张磊这次推销成功的关键就是他成功地揣摩出了客户的心理，并懂得随机应变，很好地因势利导，利用客户的惯性思维引导客户，相信自己的设备是好的，是值得购买的。这样一来，表面上看是客户自己认同这款产品，才购买的，实际上却是张磊引导客户认同自己的产品，促使其购买的。

78　肮脏牛排店的成功之道

美国德克萨斯州的达拉斯，有一家生意特别火爆的牛排店，叫"肮脏牛排店"。这家牛排店虽取名肮脏，但店内却是窗明几净，干净得很。不仅如此，店内装修风格也别具特色：肮脏牛排店内的照明工具是老式的煤油灯，而且抬头看屋顶的话，还能看到厚厚的灰尘，当然这不是真正的灰尘，而是通过设计创造出来的一种视觉效果。再看四周的墙壁，上面挂着几件破旧的木犁、锄头、牛绳，还有印第安人用的毡帽和木雕等，再加上上面贴的乱七八糟的纸片和纸条，整个墙壁都被塞得满满的。而且店里的桌椅也都是特意设计的仿古样式，椅子坐上去还能发出"吱呀吱呀"的声音，像是快要散架似的。晚上的时候，一盏盏昏黄的油灯，加上四周古朴的装饰和头顶厚厚的灰尘，让整个店给人一种古朴而温暖的感觉，像是一个热情好客的印第安人的家，又充满着自然和野性的味道。

肮脏牛排店之所以能如此受客户青睐，不光是因为其别具一格的装修，还因为店内的一条明文规定：凡是光顾本店的顾客一律不许戴领带，否则一律剪掉。有些顾客最初出于好奇或试探心理光顾这家店，进店之后会发现这家店的奇特之处，进而喜欢上这家店，所以它的生意十分好。

营销小翘板

肮脏牛排店的营销核心就是创意，不管是牛排店的名字、装修风格，还是其少见的店规，都是极具创意的。肮脏牛排店的店名会引起顾客的好奇心，让客户有想去一探究竟的冲动，当然这个另类的店名也容易传播。其装修风格很有西部牛仔的浪漫格调，温馨而且不失豪气，让人进去就能感到心情放松，即使因为好奇而一探究竟的顾客去了一次之后，也还会想去第二次。另外，肮脏牛排店的店规很奇怪，虽然不戴领带进店很符合其风格，但强行剪去顾客领带的店家的确少见。不过这条店规倒是着实引来了不少带有叛逆心理的顾客。

79 百事可乐"新一代的选择"

在可乐市场上，百事可乐与可口可乐可以说是宿敌。众所周知，百事可乐是在可口可乐之后才进军可乐市场的，尽管前辈在前，百事可乐却毫不落后，通过各种宣传，将百事打造成了青少年心中的一种个性饮品。在青少年心中，百事可乐不仅仅是一种饮品，更一种年轻化、叛逆、激情、创造的精神。正是百事可乐的这种市场定位和广告宣传，才使得它能够与老大哥可口可乐势均力敌。

早年间，百事可乐就在广告中对自己这样定位："现在，百事可乐是那些感觉年轻的人的选择。"后来，随着这条广告语的流行，大家都知道了百事这个品牌，它的广告语也演变为一句："来吧，加入百事一代。"后来，百事还高薪聘请了迈克尔·杰克逊和莱昂纳尔·里奇为他们做广告，这则广告让那些叛逆期崇拜偶像的青少年眼睛为之一亮。百事可乐彻底成了青少年的一个活力四射而又包容性强的朋友。百事可乐利用消费者渴望年轻活力的心态，打了一场心理战，并取得了巨大的成功，青少年甚至以喝百事可乐来彰显自己的个性。百事可乐以"新一代的选择"为自己的支点，成为青少年一代眼中可乐的"NO.1"，也成为与可口可乐实力相当的闻名于世的个性饮品。

营销小翘板

　　百事可乐的成功之处首先是在于其定位比较准确，而且这定位一旦确定就不去轻易更改，而是通过这个定位将百事可乐做成一个青少年喜爱的文化品牌。百事可乐虽说不上是可乐市场上最好的品牌，但是它却是青少年心中的"NO.1"。虽然这个第一的范围有限，但是百事并没有因此而改变定位，因为百事知道青少年不管在任何时代都是一个庞大的群体，只要能做到青少年市场上的"NO.1"，那么，百事就能在可乐市场上占据举足轻重的地位。贪心不足蛇吞象，有时候，某个特定位置上的第一要远远胜过所谓的"最好"，因为谁也不知道那个"最好"到底存不存在。

80　朱明抓住对方感兴趣的点

　　朱明从事销售行业有一定时日，也算是个销售能手。有一次他出公差，到所住的宾馆时才发现有一位男士已经在里面了。朱明看A先生正坐在沙发上看一档电视节目，朱明对这档电视节目并不感兴趣，便自己泡了一杯茶，边喝茶边和A先生闲聊了起来："这位先生，你来了很久了吗？""我也是刚来。""听口音你像是苏北人？""我是枣庄的。""哈哈哈，枣庄可是个好地方啊，在我念小学的时候，一篇《铁道游击队》让我知道了那个地方。两年前，我去过枣庄一趟，还在那里玩了一天呢。"一听这话，A先生来了兴致，电视也不看了，便与朱明聊了起来，从枣庄特产、铁道游击队一直聊到人生哲学，那场面就像两个久未重逢的知己。聊到最后，两人还相互交换了名片，一起外出就餐。睡觉前，朱明和A先生居然还做成了一桩生意，A先生从朱明那里购买了一批风桶，朱明则从A先生那里购买了一批物美价廉的大葱。朱明运用自己的沟通技巧做成了一笔大买卖，从中赚了不少。

营销小翘板

　　俗语道：上兵伐谋，攻心为上。谈判中的"攻心"就是要压倒对方的气势，消磨对方的意志。而营销上的"攻心"则是要求营销者消除客户对自己的抵触和怀疑，最好能让其对自己产生兴趣，并信任自己。不管是消除对方的抵触和怀疑，还是获得对方的信任，都需要营销者有一定的沟通技巧。而两个陌生人能够顺畅沟通的一条捷径，便是有共同的话题，或者推销者能找到对方的兴趣点，并沿着这个兴趣点展开与对方的沟通，在沟通中消除隔阂，取得信任。朱明正是深谙沟通之道的推销者，他首先找到了A先生的兴趣点，最后才通过进一步的深入沟通获得了对方的信任，做成了买卖。

81 机械公司看似无成效的谈判

一家食品机械生产公司想把一条新的食品生产线卖给一家食品厂，双方达成合作意愿后，约定在食品厂进行最后一次谈判。

因为机械公司的谈判人员十分细致，双方针对合同条款谈了四天，还没有敲定结果。谈判的最后阶段，食品公司找到机械厂的谈判代表，表示了自己的不满，希望尽快明确交易条件。对此，机械公司也表示会积极谈判。

这一番坦诚相见之后，谈判进度果然快了不少，双方的谈判代表居然还有了一定的默契。可是，后来双方还是在最重要的价格问题的交涉上出现了僵局。机械公司要求以最短的时间解决存在的分歧，这时已是周末，处于主场的食品厂认为这对自己有利，便同意继续谈判。虽然机械公司说是要求尽快解决价格僵局，但是在后来的价格谈判中他们却更加较真，一会儿评，一会儿议，一会儿调整某些设备的价格……这时，食品厂的代表已经疲惫不堪，听着机械公司的代表在那滔滔不绝地论述自己的观点，明显有点不耐烦。最后，他们不得不从机械公司的方案中选择了一个离自己期望值最近的方案，但是价格还是一点都没压下去。

营销小翘板

机械公司在持续紧张的谈判中丝毫没有放松，也没有马虎，通过拖延时间和反复的价格调整，令没有耐心的食品厂谈判代表不堪其烦，最终接受了有利于自己公司的谈判条件。谈判在某些情况下就是一场比拼耐力的马拉松。在谈判过程中，要的不仅是对全局的把握，不仅是谈判者的气势，更是一种耐力。如果一方在谈判过程中采取"马拉松"战术，攻其弱势，避其锋芒，在回避和周旋中消磨其锐气，那么没有耐心的另一方最后肯定只能不情不愿地接受别人的条件。

82 这套房子最大的优点

一个房地产销售员领着一对夫妻看房子，来到房子前，太太发现这栋房子后面有一棵非常漂亮的木棉树，她兴奋地对自己的丈夫说："哎呀，你看那棵木棉树，多漂亮啊！"在一旁的销售员注意到这位女士的表情，暗自记在心里。当这对夫妻进入房间，来到客厅时，看到地上的木地板是旧的，这令他们很不满意。销售员解释说："地板是陈旧了点，但这栋房子最大的特点是可以站在这里眺望到窗外的木棉树。"

当夫妻走进厨房时，太太看到里面的设施陈旧，又不满意。销售员又解释说："这厨房虽然旧了点，可当你煮菜时，能看到窗外的木棉树，多么惬意的生活啊！"

后来，销售员领着这对夫妻看完了所有的房间，无论他们怎么抱怨，销售员都会以"你可以从这里看到外面又高又大的木棉树"来应对。

尽管夫妻两人对这套房子有诸多不满意，但最后还是买下了这栋房子。

营销小翘板

在销售过程中，销售员抓住那位女士对木棉树的喜爱，不管他们怎么抱怨，都以木棉树为诱因，向他们陈述这栋房子的优点。购买诱因就是指客户在买某种产品时，导致购买行为发生的原因。在销售中，销售员通过与客户的接触，能否清楚地了解到客户想购买这种产品的动机，这对销售成功很有帮助。

83　一个生涩的女销售员

一个食品研究所研制出了一种即时海鲜产品，一名刚入行的女销售员带着这种新产品去一家大型食品公司推销。这位女销售员拿着两包样品来到这个公司的经理办公室，怯生生地说："您好，我是某某研究所的业务员，这是我们公司最新研制出的产品，请您看看是否有意愿购买。"

食品公司的经理并没有当面回绝，但是正好有一位同事叫他过去一下。这位经理走时，随口对女销售员说了一句："你等我一下。"等这位经理从同事那回来后，已经忘了女销售员等他的事。就这样，女销售员在候客厅里等了好几个小时。

下班的时候，经理看到女销售员还坐在候客厅等着。面对这样老实而又羞涩的女销售员，经理感觉比那些胡吹乱侃的人踏实多了，于是他当场决定买下她的产品。

营销小翘板

当人们第一次与某人接触时，通常会留下一个定性的印象，这就是第一印象。

研究表明，第一印象在人与人的交往过程中作用很大，持续时间也很长。心理学家认为，第一印象的形成跟年龄、性别、衣着、谈吐等因素有关。这些都能在一定程度上反映出人的素养和个性特征，并由此对彼此做出基本的评价和判断。

84 "海底捞"的成功之道

每个人去饭店吃饭，都想以轻松、愉悦的心情度过。因为到饭店吃饭就是图个省心、省力。如果在这个基础上获得一些快乐，当然更好了。

"海底捞"就是凭借"愉悦顾客"成为中国餐饮业中的佼佼者。"海底捞"里的每一位员工都努力用自己的职业精神来服务每一位顾客，让顾客满意，让顾客被快乐感染。在海底捞，每一位员工的脸上都洋溢着微笑，他们认为，客户最需要、最喜爱的就是微笑。

从迎宾小姐将顾客引进门的那一刻，顾客无论在等待、吃饭、去洗手间，甚至擦身而过，服务员的脸上都会洋溢着亲切的微笑。

普普通通的服务员能做到如此，这跟海底捞的管理制度密切相关。公司倡导每位员工都把企业看成自己的家，把自己当成这个家的主人，每位员工都觉得自己做的一切都是值得的，有意义的。所以每位员工都会诚心诚意地对顾客微笑，这种真诚的微笑也感染了顾客，使海底捞的销售业绩直线上升。

营销小翘板

销售人员可以在销售过程中，用快乐的心态去感染客户，把快乐传递下去。客户会因你的快乐而快乐，此时你做的就是快乐销售。

85 网络销售平台

现在，互联网已经成为人们生活中必不可少的工具之一，人们通过互联网浏览新闻、查找资料、购买物品。网购成为年轻一族最受欢迎的购物模式之一。

在这种时代背景下，王浩下海经商，在一家电脑城租了一个柜台专门销售电脑液晶显示器。创业之路并非一帆风顺，液晶显示器虽然是市场上的热门产品，但王浩所卖的品牌对大家来说还很陌生。再加上摊位小，关注的人自然不会多。

后来，王浩尝试着在网上开店做生意，他把液晶显示器的图片传到网上，让人们浏览。没想到生意一下子打开了渠道，订单越来越多。

王浩正是采用投其所好的方式，针对时下年轻人爱上网、爱网购的特征，把销路打开，最终获得了成功。

营销小翘板

投其所好，就是迎合别人的喜好，这是人与人沟通的一种方式。这种方式主要寻求的是不同行业、不同职位、不同经历的交易双方的利益共同点。一个懂得投其所好的销售人员，通过了解对方的爱好、兴趣，掌握对方的心理，就会向成功迈进了一大步。

86　一个微笑与一笔交易

在汽艇展销会上，一位来自中东的某产油区的大亨站在一条大船前，对销售人员说："我要买这艘价值2000万元的船。"销售员见这位中东客户穿得普普通通，心里很瞧不起，他态度冷冷地说："你去看看那边的小艇吧，小艇几十万就能买到。"

这位中东大亨见前面的销售员态度冷淡，于是转身走了。他来到另一个展厅前，迎面走来一位笑脸盈盈的销售员。这位石油大亨强调说："我要买一艘价值2000万元的船。"销售员笑着说："好的，没问题，请跟我来，我一会儿为您展示我们的产品。"

石油大亨看完产品后，付了定金，买了一艘大船。走的时候，他对这位销售员说："你是这里唯一让我感到自己是受欢迎的人，我喜欢这种感觉，也喜欢你真诚的微笑。谢谢你的服务。"就这样，一笔巨额交易完成了。

营销小翘板

微笑是赢得好感的重要途径之一。美国的查尔斯·史考勃说："真正值钱的是不花一分钱的微笑。"在销售过程中，有一种策略叫微笑表达，就是利用微笑所具有的特殊效应，即亲切、和蔼、友善、礼貌，来引起客户美好的联想和愉悦的心情，赢得信任和好感。

87　"禁止"中的销售学问

有一座很大的女神像，因年久失修，破损很严重，政府决定将它推倒。可推

倒后广场上堆积了几百吨废料，如果装运到垃圾场，会花费一大笔运输费。有一个叫斯塔克的犹太人主动把这件事揽到自己身上，并要求政府给他一笔比运输费略少的资金。合同很快签了下来，斯塔克还得到一份书面保证：不管他如何处理这批废物，政府都不会干涉。

接下来，斯塔克请人将大块的废料切成小块，并对其分类：铜质的废料制成纪念币；水泥雕刻成小石碑；神像的各个器官被完好地装在精美的盒子里……

最后，他雇来一批军人，将神像的废品围起来，不许人们窥看。这一举动引起人们强烈的好奇心，报纸电视的记者纷纷来采访斯塔克。斯塔克趁此机会说道："美丽的女神已经离我们远去，我希望用这些纪念品让人们缅怀过去的岁月。"

结果斯塔克制做的所有纪念品很快销售一空，他从一堆废品中狠赚了一笔。

营销小翘板

通常，人们在面对"不可知"的事物时，都带有一种好奇感。越是被禁止的东西，人们的这种好奇感就越强烈。销售人员可以利用这一点，把自己的产品装扮得神秘莫测，引起别人的好奇，这样就能吸引更多的客户。

88 "专家推荐"的玩具店

在我们的生活中，无论在报纸上或者电视上，随处可以看到一些由大明星代言或者被权威机构认证的产品，这些产品因给了人们一种安全感，所以受到众多消费者的追捧。

王珊珊自己开了一间批发毛绒玩具的店铺。开张第一天，只有一个客人光临。不过王珊珊还是很热情地向这位客人介绍自己的产品。客人觉得她的店铺才开张，因此还有些顾虑。

为了消除客人的顾虑，王珊珊立刻拿出品牌认证书和质量认证书，并告诉客户，自己的毛绒玩具是某知名人士代言的，在报纸、电视台上都做过广告，而且这种玩具还得到很多权威人士的推荐。这位客户听了王珊珊的介绍后，之前的疑虑也消除了，而且在王珊珊的店铺里批发了一些玩具。

营销小翘板

权威效应又称权威暗示效应，是指一个人如果有了高的地位、高的威信，就会受人尊敬，那他所说的话及所做的事就容易引起人们的重视，并相信其正确性。这就是人们常说的"人微言轻，人贵言重"。权威效应普遍存在，首先是由于人们有"安全心理"，即人们总认为权威人物往往是正确的楷模，跟从他们会使自己有安全感，提高了保险系数；其次，由于人们有"赞许心理"，即人们总认为权威人物的要求是和社会规范相一致的，只要按照权威人士的要求去做，就会得到社会各方面的赞许。

89 房产经纪人的报价

小张是一个房地产公司的经济人，专门做高级别墅的营销。最近他手上有四套未出售的房子，有一个客户想要向他购买一套别墅。小张领着这位客户看了一下其中的一栋，客人对别墅的基本条件，包括装潢等等都比较满意，于是开始向小张询价。小张拿出一份不动产的鉴定报告，认真地念到："土地XX万，房屋XX万，装潢费经折旧后值XX万，所以总价650万元，其中含贷款270万元。"念完后，小张抬头看了看这位顾客，发现他眉头紧锁，有些不满意。于是小张补充说："这栋房子的主人生意失败，想急着出手，所以这个价格相对于市场价格是很低了。"

接着，小张又带领这位客人来到另一栋房子里。领着客户参观完后，小张给出房子的价格，大约在750万元左右，对于买家而言，这价位明显高了。客户又问销售员还有没有其他房子。于是小张又给他推荐了两套，一套是620万元，另一套是550万元。最后，这位顾客选择了620万元的那套。

开始小张提供的两套房子，一栋价格偏低，一栋价格偏高，而后面的房子价格适中。小张在销售过程中，恰当地运用了顾客在购买产品时折中的心理，成功地将房子销售了出去。

营销小翘板

折中现象是指顾客在购买产品时，容易选择价格折中的产品，这样既能符合最低限度的使用要求，又不会超过最高心理价位。在销售过程中，销售人员可以利用这种心理现象，对产品进行推荐，用高级产品带动低级产品。

90 路易·威登限量销售

法国的路易·威登公司主要经营皮箱。在很长一段时间内，公司的销售量停滞不前，公司经理为此忧心忡忡。一天，销售部经理路易斯向董事会提出建议，希望

采用限量销售法。董事会仔细研究后，通过了他的这项决议。其做法是：严格控制销售数量，即使客户的订货量再大，也一律执行限量销售。这样一来，在市场上制造出一种"供不应求"的现象。

一位日本顾客，在3天的时间里上门10次，每次都提出要买50只手提箱。尽管仓库里有大量的存货，但销售人员却声称货源紧缺，每人只能限购两只。很多人闻讯后，纷纷登门抢购。

公司通过"限量销售"这种方法，把自己的产品打造成市场上紧缺的产品，从而调动了人们购买的积极性。

营销小翘板

在销售过程中，人们常常"以稀为贵"，这种现象被称为"稀缺效应"。在生活中，人们经常用这种方式来吸引顾客，让顾客对产品产生购买欲望。

91　ZARA的成功之法

西班牙的撒拉（ZARA）公司在上海设立了分公司，据他们研究发现，中国女性有着一个普遍的购买习惯：当她们走进一家服装店时，首先是东看看西摸摸，好不容易看上一件衣服，拿到试衣间试穿后，又不买，还是东看看西摸摸。

撒拉公司针对中国女性的这种习惯，采取了一种策略。他们将衣服分为大号、中号、小号。虽然中号的衣服买的人最多，却在货架上放很少的货。如果有20个人要买，那就放10件，只让10个人买到。

过了一段时间后，有趣的事情发生了：一些女性顾客由于经常买不到自己想要的衣服，心里产生一种失落感，当她们再次光临时，不再像先前那样左顾右盼犹豫不决了，而是直接翻看衣领，见到号码合适就赶快去付账，拿回家再试穿，如果不合适，第二天再来换。

撒拉的这种做法，不但改变了顾客的购买习惯，还让公司的服装销量大增。

营销小翘板

不同类型的人有不同的购买习惯，这是在长期的经济和社会活动中形成的。消费者的性别、年龄、职业、文化素养、个人爱好、经济条件等等，与购买习惯密切相关。企业在市场营销活动中，应该认真分析研究消费者的购买习惯，制定出商品的销售计划，这样就可以增加商品销售数量。

92 克洛里给足对方面子

一天，木材销售员克洛里的电话响了，电话里传来客户愤怒的声音，原来克洛里公司送去的一车木材不合格。那车木材已经卸下了四分之一，木材检验员的检验报告指出有一半不合格，要求全部退回去。克洛里接完电话，马上乘车赶往对方工厂。

到了客户工厂后，克洛里找到检验员，一起去看了看那车木材，并让工人们继续卸货，让检验员把不合格的木材挑出来，单独放在一边。

克洛里看着检验员挑选，发现检验员的要求太严格了，他把杂木的检验标准基于白松检验。克洛里细声慢语地询问不合格木材的不合格之处，一再强调是向检验员请教问题，并表示以后再送货时尽量满足他们的质量要求。

由于克洛里的和颜悦色，木材检验员对整个事情的态度也改变了。由于对白松检验经验不足，检验员反过来问了克洛里一些检验技术问题。克洛里这时才开始解释为什么说自己运来的木材合格，一边解释还一边强调，只要对方还认为木材不合格，可以进行调换。

检验员听了克洛里的话，发现自己确实把检验标准搞错了，并说按合同要求，这批木材全部合格，可以全额付款。

营销小翘板

面子在中国人的社交活动中尤为重要，丢了面子就会有损尊严，给人面子就是尊敬对方。作为销售人员，一定要尽量克制自己的情绪，给客户留足面子，这样才能顺利地进行交易。

93 丽凡的促销新招

丽凡是一家刚开业的化妆品店，虽然投入很大，但销售量却不容乐观。由于店里的产品大多是新研发出的，即便有人来店里看了，也会因没用过而选择放弃。如果进行降价促销，丽凡就要承担促销失败的风险，不但赔了钱，还有可能因促销不成功而导致销量依旧上不去。经过深思熟虑，丽凡决定不采用促销方案，而是采用"对比"和"激将"引诱消费者购买。

为了能吸引更多的客户，丽凡为广大女性朋友们专门制作了精美的小礼品，并张贴海报进行宣传，只要光临丽凡，就有机会获得一份精美的小礼物。采用这种方法，丽凡店吸引了大批的顾客。接下来要做的是如何进行"对比"和"激将"。丽凡用了一个非常奇特的方法，给顾客设定一个对比目标，这个目标就是店内漂亮的女性员工。

来来往往的顾客看到经过专业化妆貌若天仙的员工，都感到自愧不如。人们纷纷来到柜台咨询并购买丽凡的产品。

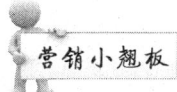

营销小翘板

人在社会生活中，总喜欢把自己同他人作比较，跟别人攀比。攀比效应用在销售中，实际上就是引导跟风式的消费，在一小部分人的带动下，会有更多的人加入到消费队伍中，从而让更多的人关注自己的产品，短时间内提高自己品牌的知名度。

94　打情感牌

雕牌洗衣粉有一则很感人的广告：满脸泡沫的小女孩对妈妈喊道："妈妈，我能帮你洗衣服了！"这则广告效果很好，人们因听到这则温暖人心的广告而纷纷购买雕牌洗衣粉。先不讨论产品的实际效果如何，单单从这则广告上，雕牌就比同行类的竞争对手略胜一筹。

"天天清"的广告更有意思，一位漂亮的中年妇女对老公说："老公，以后别再忏悔了！"酒精肝、脂肪肝是中年男性常遇到的疾病，也是最容易被忽略的疾病。"天天清"保健养生护肝茶的消费人群是中年男子。妻子是这种保健茶的主要购买者，因为她们担心在外劳累的老公的身体。广告从妻子的视角出发，广告词也很具有普遍性，比如"太累了，看电视时不知不觉睡着了"、"外面应酬，回来后在厕所吐"、"将军肚越来越大"、"脾气喜怒无常"等等，这些都表现出妻子对丈夫身体的担忧之情。广告一出，立刻引起强烈的反响，销量大增。

营销小翘板

顾客在购买商品过程中，情感因素对其购买决策很关键。但是，引发消费者的情感冲动一定要把握好分寸，不能凭主观想象滥打情感牌，不然会遭到消费者强烈的反感。

95　千金难买心头好

一位年轻的女士很喜欢宝马车，她来到宝马车行选购汽车。销售人员与她沟通了近一个小时后，发现她对其中一款车非常有兴趣并打算购买。这款车的价格是711

万元，需要预付10%的定金。在即将签合同时，这位女士突然问销售人员："我这么快签合同，是不是显得太冲动了？我想我应该再考虑下，毕竟是一款宝马车啊！"

销售人员陷入两难境地，如果承认客户冲动，那就意味着让客户再深思熟虑下，如果告诉客户这不是冲动，那不明显与事实相矛盾吗？好在这位销售员有经验，他巧妙地回答说："宝马就是有这么大的魅力，当然能打动人心了。您是在为您喜欢的车买单，有多少人有这个冲动却没有支付能力。俗话说，千金难买心头好，喜欢才是真的。"

客户听了销售员的话，频频点头，连连说对，毫不犹豫地在购买合同上签下了自己的名字，支付了订金。

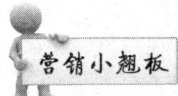
营销小翘板

人们在购买物品的时候，对自己喜欢的物品总是爱不释手，而对自己不喜欢的物品就算打折、派送礼品也不会多看一眼。客户的个人喜好，对是否做出购买决策有着重要的作用。

96 利用好奇心成功吸引客户

小王是某品牌服饰的销售员，最近她想把该品牌服饰成功打入某大型百货商场。尽管做了很多的努力和准备，但还是被商店的老板拒绝了。经过调查，她才明白，原来该商场的服饰品一直是另一家公司的货，老板认为没有必要再进别家的了。

后来她决定对该商场老板做一次推销访问。一天，她早早地来到该商场管理人员的办公室，见到老板后，很直接地切入主题："麻烦您给我十分钟的时间，我给您讲一下我们公司的新产品，一定是您商场从未有过的款式，可以吗？"商店老板听后很好奇，于是请小王坐下，希望和她慢慢谈一下。小王从包里拿出一条新式领带给老板看。那位商场老板对这款新产品也很满意，于是他详细询问了一下领带的价格。小王趁机很详细地给他讲了一遍。

最后老板根据小王的报价，订购了一批领带。

营销小翘板

人们往往对自己不了解或者了解不多的事物会产生很大的好奇心理，并愿意为此花时间和精力进行关注。在销售过程中，销售员可以利用这一点去吸引客户，充分调动客户的好奇心。

97　"聆听"的销售艺术

乔·吉拉德是世界上最伟大的推销员之一，但他也曾有过失败的案例。有一次，一位客户想从乔·吉拉德这里买一辆车。这位客户除了询问有关车的资料讯息外，还谈及了自己的儿子吉米。但乔·吉拉德对此并不感兴趣，他故意把话题转移到同事们的笑话中。客户对乔·吉拉德相当不满意。

当乔·吉拉德把笔和订购单递到客户手里时，客户犹豫了，最后也没在订购单上签字，还把已经支付的一万美金要了回去。

乔·吉拉德怎么也想不明白为什么这位客户的态度有如此大的转变，到了最后一刻竟选择了拒签。这个疑惑让他夜不能寐，辗转反侧。半夜11点，他果断起床给那位客户打了一个电话。客户接了电话，但很不耐烦。乔·吉拉德表明自己的身份后说道："很抱歉深夜给您打电话，但是我恳求您指正我今天到底错在哪里，因为我想成为一名优秀的推销员。"听完乔·吉拉德的话，那位客户不耐烦的程度降低了，他在电话另一头问道："你是认真的吗？"乔·吉拉德立刻表示自己是很诚恳的。客户用遗憾的口吻说："你今天下午一直没有专心听我的讲话。"

营销小翘板

一个优秀的推销员，除了善于说，更要善于聆听。善于聆听的人，是真正懂得尊重别人的人。总是打断别人的话语权，或者不专心、三心二意的人，注定是一个失败的推销者。

98　让顾客觉得自己占了便宜

二战后，日本陷入了贫困的深渊，人们最渴望的是能吃饱饭，脱离贫困。坪内寿夫刚刚从苏联西伯利亚的日军战俘营里被释放出来，跟着父母经营一家很小的电影院。可那时的人们饥肠辘辘，谁还有心思看电影？

经过一番深思熟虑，坪内寿夫终于想出了一个好办法，别的电影院一场电影放一部片子，而坪内寿夫的电影院放两部，观众们觉得占了便宜，就纷纷来到电影院看电影，就连平常不爱看电影的人也进了电影院。不久，坪内寿夫的电影院就有了一笔很可观的收入。

随着日本经济的好转，文化业也逐渐恢复生机。坪内寿夫决定趁这股东风干一番大事业。他把自己所有的积蓄都拿了出来，修建了一栋电影大厦。这座电影大厦有四个放射状的影厅，可以同时放不同的四部电影，影厅里用红、绿、橙、蓝四种颜色来区别。四个影厅只有一个入口，只有一个放映室。这样不仅减少了雇员，还给不同兴趣的观众提供了选择不同影片的机会。他还在电影大厦内开设了咖啡店、冷饮店、快餐店等。

经过5年的奋斗，坪内寿夫就成了当地赫赫有名的"电影皇帝"。

营销小翘板

在销售过程中，谁都想占便宜，占便宜是所有消费者的愿望。聪明的商家会利用客户的这种心理，促成交易的完成，既让顾客感觉占了便宜，又让自己不受损失。

99 让客户痛苦

汤姆是一家制冰公司的销售员，他打算把公司的冰卖给在北极生活的爱斯基摩人。下面是汤姆和爱斯基摩人的谈话。

汤姆："您好，我叫汤姆，是北极冰公司的销售员。我想向您介绍一下北极冰给您和您的家人带来的种种好处和方便。"

爱斯基摩人："真是搞笑，我们这儿到处是冰，连我们走的路都是冰造的。"

汤姆："是的，先生。但您的冰不花钱就可以使用，能解释一下为什么您目前使用的冰不花钱吗？"

爱斯基摩人："很简单，因为这里遍地都是。"

汤姆："您说得非常正确！您看，您的邻居正在冰山清理鱼的内脏呢！海豹慵懒地在冰上留下粪便！多不卫生啊！"

爱斯基摩人："对不起，我突然感觉不大舒服。"

汤姆："我明白。给您家人的饮料中放入这种无人保护的冰块，如果您想真正感觉舒服必须得先消毒，不是吗？那您如何消毒呢？"

爱斯基摩人："煮沸吧，我想。"

汤姆："是的，先生。煮过以后您又能剩下什么呢？"

爱斯基摩人："水。"

汤姆："您这样折腾一番，又耗时又耗力的。但如果您愿意在我这份协议上签上您的名字，今天晚上您的家人就能享受到加有干净、卫生的北极冰块的饮料了。"

爱斯基摩人最终被这位销售员打动了，他爽快地在协议书上签下了自己的名字。

营销小翘板

让客户痛苦其实就是让客户对自己的现状产生不满感，激发其摆脱现状的热忱。只要客户痛苦就会有强烈的改变意识，对销售的成功起到促进作用。

100　急顾客之所急，想顾客之所想

法国著名的福雄食品商店从前是一个濒临倒闭的杂货店，是现任老板波里从一个叫福雄的人手中买下来的。过了十几年，"福雄"已经成为在国际上都响当当的知名企业。老板波里把一个濒临倒闭的店发展成一个大企业，这与他的别具匠心的经营方式分不开。

在30年前波里接手该店后，先把破旧的店铺门面装修一新，然后亲自到全国各地采集吸引人的稀有货品。因为波里认为传统的杂货店已经不符合现代人追求高质量生活的需求，必须用新的方式突破传统杂货店的瓶颈。波里从全国搜罗来的冰桶、胡桃磨子、香料瓶架子等等稀有货品，很快就受到人们的欢迎。初步的成功，让波里对自己的经营理念更加充满了信心。他组织了一批精明的采购团，从世界各地搜罗稀奇的食品和杂货。生活富庶的欧洲人频频进出于波里的商场，一些有钱人甚至坐着飞机千里迢迢来购货。

营销小翘板

在事业创立之初，一定要摸清顾客想要获得什么，然后再根据其需要开展下一步。"急顾客之所急，想顾客之所想"，这才是经商之道。

101　食品行的烟熏火腿

"美味香食品行"是一家在台北经营了50多年的老店，生意十分好。该店中的食品除了质量好、口味好、具有特色之外，还有一个重要的原因，就是宁缺勿滥，也是该店奉行的经营原则之一。食品行的当家食品是烟熏火腿，其中的佐料、卤汁、火候等非常有讲究，如果一道工序出现问题，就不会做出地道的烟熏火腿来。

美味食品行对烟熏火腿的每一道工序都十分细心，从选购、加工、制作以及接待顾客，所有的员工都满怀强烈的责任感从心底里做到周全、精心，确保食品的万无一失。食品行所制作的烟熏食品，不求数量多，而是注重质量优良。顾客买到的

食品都是严格按照工序要求制作出来的，即便生意再好，也不会把火候不够的熏制品拿出来卖。食品行每天只能熏制300条左右的火腿，正因为如此，想要吃火腿的人必须早早地排队，不然就会被购买一空。

营销小翘板

越是得不到的东西就越想要得到，这是人们的普遍心理。美味食品行注重食品质量，严格控制数量，让那些吃不到烟熏火腿的顾客吊足了胃口，自然而然地激发了顾客内心的需求。

102 尊重对方的名字

安德鲁·卡内基是美国著名的钢铁大王，但他步入行业之前对钢铁可是一窍不通。你如果问他成功的秘诀，他会告诉你：尊重对方的名字。

卡内基有一次为了竞标太平洋铁路公司的卧车合约，与竞争对手布尔门铁路公司针锋相对。双方为了中标，一再降低价格，最后弄得无利可图。后来卡内基参加太平洋铁路公司的董事会时，在饭店门口遇到了对手布尔门，他说道："咱们这样下去，对双方都不利，简直是在作践自己！"

布尔门说："你这句话是什么意思？"

卡内基便把因竞争产生的坏处跟布尔门详细说了下，并提议彼此和好，摒弃前嫌，共同承接太平洋铁路公司的卧车项目。布尔门也同意了，不过他有个疑问："如果合作的话，那新公司起什么名字好呢？"卡内基果断地回答说："当然是'卡尔门卧车公司'。"布尔门听后很欢喜，便很爽快地同卡内基签订了合约。

卡内基在美国宾州匹兹堡开办了一家钢铁厂，名字叫"汤姆生钢铁厂"。你一定很纳闷，为什么不叫"卡内基钢铁厂"？其实"汤姆生"是美国宾夕法尼亚铁路公司董事长的名字，该公司是卡内基的主要客户。卡内基这样做的目的就是为了让客户明白"我很重视你"，所以汤姆生董事长要采购铁轨时，优先考虑的自然是"汤姆生钢铁厂"。

营销小翘板

尊重一个人首先要尊重他的名字，如果销售人员碰到客户时能清楚地叫出对方的名字，那么客户一定会觉得这位销售员很重视他，自然会拉近彼此的距离。

103　斯堪的那维亚航空公司的优质服务

在1980年左右，受第二次石油危机影响，全球经济陷入萎靡不振的境地。瑞典的斯堪的那维亚航空公司连续两年亏损，名誉也江河日下，为了扭转残局，公司任命卡尔崇为公司的新总裁。卡尔崇上任后，推出了一系列的改革措施，这些措施都对局面产生了积极的作用，其中一项就是在空中、地面推行新的服务标准。

这项新服务标准推行的目的是为了用优质的服务来吸引顾客。卡尔崇对出差人员的心理很清楚，机票价格的高低他们不会在乎，因为这些钱都会由公司报销，但这些人对服务质量很重视。为了满足顾客，卡尔崇决定将原来的头等舱改建为欧洲舱。欧洲舱在飞机前部，皮座椅，空间宽敞，环境舒适。这种舱很快吸引了出差人员，机票的销量也有所增加。

不仅如此，斯堪的那维亚航空公司对公司雇员进行了多轮的服务培训，多次强调公司服务的重要性，并在"关键环节"做到细致入微。"关键环节"包括顾客办理登记手续时、登机出现问题时等等。在"关键环节"的优质服务，给乘客带来一种深刻的美好印象。

卡尔崇通过这种方式，使斯堪的那维亚航空公司走出了亏损的泥潭，并发展成全球有名的航空公司。

营销小翘板

优质的服务能给顾客带来深刻的印象，还能招揽更多的回头客。卡尔崇正是利用这一点，成功地让公司由亏损转为盈利。

104　销售离不开创意

日本三洋公司创立之初，推出一种低成本的收音机，以便让更多的人购买。这种收音机虽受到人们的青睐，但一些零售商店却不喜欢。因为当时日本的零售店产品的利润大概是售价的20%，三洋的收音机太便宜，如果销售量少，就赚不了钱。零售店为了确保盈利，不敢经销这种低成本的收音机。

为了转变零售店老板的观念，三洋公司出台了一个很巧妙的策略。他们派销售人员到东京的电器零售商店，焦急地在商店里四处寻找，然后急匆匆地问商店的老板："有三洋牌的收音机吗？就是那种塑料外壳的……"当老板告诉他没有时，他会深叹一口气，失望地离开了。

第二天，另一个人来到该电器商店，像第一个人一样问老板有没有三洋牌的收

音机，同样失望地离开。

大部分东京电器零售店都遇到了这种情况，那些商店老板们意识到三洋牌收音机一定会给他们带来不小的利润，于是纷纷到三洋公司批发收音机。经过三洋公司的努力，经过一年时间，收音机的销售量足足增加了20倍。

三洋公司采用的这种另类的销售方法，其实是抓住顾客的心理，通过一些诱导和刺激，成功地拓展了销售渠道，使公司的销售额直线上升。所以，销售不乏方法，只是缺乏创新。一个小小的创意足可以对公司整体产生深刻的影响。

105 用利益诱惑对方

杜维诺先生开办了一家面包加工厂，为了把自己工厂生产的面包卖给纽约的某家饭店，他连续好几年天天打电话联络饭店的经理，并多次登门拜访，为的就是促成这笔生意，但一直没有成功。

杜维诺先生静下来思考了一番，研究这几年所做的努力为何付之东流的原因。他决心改变策略。杜维诺打探到饭店的经理是"美国旅馆招待者"协会的成员，因这位经理做事诚恳，还被推选为协会主席。饭店经理以此为豪，协会只要举行会议，他都会参加。杜维诺了解到这些后，他觉得自己已经找到了突破口。他拜访饭店经理时重点谈了谈招待者协会的事，谈话时间足足有一个小时。那位饭店经理一反常态，对杜维诺的语气不再像以前那么强硬，而是充满了客气和热情。

过了几天，饭店的采购人员打电话通知杜维诺，希望他能够把面包样品和价目表送过去。采购人员再次见到杜维诺，很好奇地问他通过什么方法让那位固执的经理改变了看法，并同意让他的工厂长期向饭店供应面包。杜维诺笑笑说："我没有采用什么特殊的方法，只是和你们经理谈论了招待者协会的事，就这么简单。"

对于销售人员来说，了解了对方的喜好，就等于完成了一半的销售。

106　顶级玻璃业务员

一家玻璃制品公司每年都会评选"顶级业务员"，并予以重额奖金。有一个叫汤姆的年轻业务员，每年都会夺得第一名。主持人要求汤姆把销售经验给大伙分享一下。汤姆也毫不吝啬，他说每次拜访客户时都会在皮箱里放许多15公分见方的玻璃，还有一个锤子。当着客户的面，他问道："你相不相信这是安全玻璃？"如果客户说不相信，他就直接用锤子砸玻璃，玻璃果然没有碎掉。客户会惊讶地说："真不敢相信这是真的。"这时候，他就顺势问客户："你想买多少？"

汤姆讲完自己的销售经验后，所有的业务员都模仿汤波的做法，拜访客户时会随身带着一个锤子和几块玻璃。

到了第二年的评选"顶级业务员"大会上，汤姆的业务量又是全公司最高。主持人很好奇，问汤姆："你的销售方法大家都在用，为什么你还是第一名？"

汤姆笑笑说："我也知道别人会用我的方法，所以今年我的销售方法改变了。当我拜访客户时，我会把玻璃样品放到客户面前，问他：'你相信这是安全玻璃吗？'如果客户摇头说不相信，我就把锤子递给他，让他亲自砸砸看。"

营销小翘板

拜访客户过程中，最重要的是要在有限的时间内，通过最有效的方法，给客户留下一个深刻的印象。

107　儿童购物车

美国印第安纳州的某个超级市场里，儿童购物车的数量很多，几乎是成人购物车的一半。按常理来说，这种比例显然不合理，却给超市带来了更多的收益。

超市的经理很聪明，他明白孩子跟着大人来超市购物时，常常看到自己喜欢的物品，但碍于大人的制止，那些物品始终没有放进购物车。有了儿童购物车，孩子们就会乖乖地推着自己的车跟随在大人后面，并模仿大人的动作，将自己喜欢的物品放到小购物车里。孩子挑选商品时不会考虑太多，只要喜欢就会随手拿起来扔进车里，比如糖果、点心、玩具等等。当大人们带着孩子结账时，纠纷产生了。大人们会从孩子的购物车里剔除一部分物品，但对于糖果、冰激凌等这些受孩子们欢迎的东西，孩子们常会大哭大闹，不允许大人拿出购物车，最终孩子们会占据上风。

配备大量儿童购物车的另一个好处是方便成人，让孩子乖乖地跟在后面，不让其成为大人们的累赘。这一点也吸引了许多纯粹想带着孩子散步的家长们，使得超市的顾客量也增加了不少。

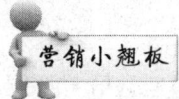

营销小翘板

孩子在超市里总是最活跃的，他们对新鲜的商品充满了好奇，脑子里也不会考虑价格、用途等等因素，只要喜欢就想据为己有。聪明的商家利用这一点，在孩子身上做文章，获得了丰厚的回报。

108 保险柜商店前的罪犯照片

有个叫摩斯的年轻人，他在纽约市开了一家店铺，专门卖保险柜。虽然所处的地段人来人往，热闹非凡，但人们很少光顾他的店铺。店铺生意惨淡，店里的保险柜整整齐齐地放在地上，都落满了灰尘。

摩斯苦思冥想，终于想出了一个走出困境的方法。他跑到警察局，把通缉的重大罪犯照片放大贴在自己的店前，还在下面附上罪犯所犯的罪行。人们经过他的店铺，首先被巨大的罪犯照片吸引住了，纷纷前来观看。这些人看过后，心里不免产生一种担忧感，便会在摩斯的店里买一台保险柜。

摩斯的生意终于开始兴隆起来，第一个月卖出了30台，第二个月卖出了57台，以后每个月平均卖出60台。

后来，有人在他的店前看到罪犯的照片，便给警察局提供了线索。罪犯被抓住后，警察局特意向摩斯颁发表彰证书。摩斯的保险柜店也被登上了报纸，他的生意更加红火起来。

营销小翘板

"攻城为下，攻心为上"，这句经典策略不但适用于军事上，也适用于销售过程中。人们的消费心理往往是通过外部刺激产生的，广告界的"眼球效应"也就是这个道理。摩斯把罪犯的照片贴到门前，让人们观看，其实就是让顾客提高安全意识，顾客收到这种刺激信号，自然会考虑是否买个保险柜。

第四章

客户关系——经常性地与顾客交流，
了解顾客在哪方面有需求

109 海尔"真诚到永远"

随着市场经济的不断发展，冰箱、冰柜、洗衣机、空调等家电用品不断涌入市场，家电产业迅速从卖方市场变为买方市场。为了占有更多的市场，商家竞争日趋激烈，通过降价促销、绑定销售等销售策略，商家拼个你死我活，许多商家在这场激烈市场竞争中频临破产。其实，家电的质量和功能大同小异，其价格也是相差无几，在这种情况下要想赢得消费者，就要另辟蹊径。有些有眼光的企业家，看出市场竞争的玄机，果断放弃了最初的价格战，从客户满意度出发，不断提高产品质量，主攻售后服务。海尔集团的张瑞敏就是一个有眼光有魄力的企业家，不管是他为保证产品质量砸冰箱的举措，还是后来他将竞争重点转向售后服务的举措，对海尔来说都是很具战略性的胜利。海尔通过过硬的产品质量和完善的售后服务赢得了消费者的信赖，让其宣扬的"真诚到永远"不再是一句口号，而是一种实实在在的行动。海尔对客户的真诚，赢得了客户对海尔产品的拥护和信赖，也提高了客户对海尔品牌的终身贡献率。海尔真诚服务客户的理念，不仅赢得了眼前的市场，也赢得了更长远的市场。

营销小翘板

海尔集团通过不断加强与顾客之间的交流，不断了解客户需求，不断改善产品质量与服务来满足客户的需求，并与客户建立良好的信任关系。不管是价格战还是质量战，其核心都是为了取得顾客的认可。不同时期客户对产品有不同的需求，海尔正是抓住了当今市场客户对服务和质量的要求提升这个信息，来获得客户认可的。

110　把握客户心理成功推销儿童家具

王芳是家具商场的销售员，有一天下班，王芳没事干就跟着司机给一位顾客去送货了。到了顾客家里，王芳发现很多儿童玩具，便与顾客闲聊了起来："这会儿孩子该放学了吧，有人去接吗？"顾客道："她奶奶去接了。""现在养个孩子挺辛苦的，你家孩子几岁了？"听了王芳的话，顾客欣慰地笑着说道："我女儿七岁了，特别懂事，相比别的家长我们省了不少心。"听了这话王芳也由衷地高兴："是啊，女儿就是好，让人省心。"停了一会儿，王芳笑着问道："对了，你给你女儿买儿童家具了吗？"顾客说道："我也看了不少，但是还是拿不定主意到底要不要买。孩子这么小，我担心家具环保存在问题。"听了这话王芳底气十足地说道："你有时间去我们商场看看吧，我们那里有专门为儿童设计的儿童家具，板料和油漆都是外国进口的，绝对环保。而且颜色和款式有很多，女孩子看了肯定喜欢。""啊？你们那里有儿童家具吗？在几楼啊？我怎么没见过呢？"王芳把儿童家具的具体位置告诉了顾客，又和顾客看了一下孩子的房间，向顾客建议了一下家具的摆放位置，并向顾客推荐了一套儿童家具。顾客听了王芳的设计想法，很是高兴，连连道谢。第二天，那位顾客就找到王芳，购买了一套价值五千多元的儿童家具。

营销小翘板

消费者在购买某件商品之前，会有寻找、选择、购买等一系列的行为产生，在这一过程中，广告宣传、推销人员的引导等都会影响到消费者的购买行为。王芳通过观察及时了解了消费者的消费需求，顺势而为，循着顾客的要求介绍自己的产品，这样无意间的一次上门营销就得以成功。

111　运用二选一定律成功营销

张伟是一家汽车销售公司的店员，他销售经验丰富，面对犹豫不决的客户，总是能想办法让买卖铁板钉钉。这天，店里来了一位顾客，张伟热情地为他介绍了几款车的性能价位等，但是这位顾客却左挑右选，迟迟拿不定主意。这样的顾客张伟也见多了，他不慌不忙地问道："先生，请问您是喜欢四个门的还是喜欢两个门的？""四个门的比较合我意。""那您再看看，这几个颜色当中，您更喜欢哪一种？""我看着黑色的汽车挺好的。""那您喜欢带调幅式还是调频式的收音机呢？""我比较喜欢调幅式的。""您觉得汽车底部需要涂防锈层

吗？""这个当然是必须的。""那车窗玻璃要染色吗？""这个我倒是没什么特别的要求。""汽车胎要白圈的吗？""这个不用的。""嗯，好的。先生，我们可以在5月1日最迟晚上七点钟将您喜欢的车交到您手上。""真的吗？真是太好了。""那麻烦先生，您在这儿签个名，我们会立即将符合您要求的这款车投入生产。"就这样没几个问题，张伟就将一个犹豫不决的客户成功拿下了。

营销小翘板

张伟的这个客户明显有点选择强迫症，但是张伟为他设定问题，让他二选一，这对于顾客来讲就容易很多。几个问题下来，顾客喜欢的车的类型就大致出来了。张伟记下客户喜欢的车的特点，然后趁热打铁，让客户签下订单，一笔买卖就这样做成了。当然，在这个为顾客设定二选一问题的过程中，销售员必须礼貌有加，不急不躁，但凡客户从你的口气中听出半点不耐烦，他都不会有兴趣去买你的车。

112　CISCO的信任成本

CISCO是美国的一家知名企业，"所有的库存在路上"的神话，便是由这家企业创造的。钱伯斯带领CISCO提倡的诚信文化深深影响了一个时代。虽然诚信文化在今天依旧受到众多企业的追捧，但是钱伯斯却曾因为过度信任客户而支付过高达22.5亿美元的信任成本。

CISCO和许多客户都保持着高度的信任，正因如此，为了节省成本，并取得更多的客户信任，CISCO和很多生意伙伴建立的协议都是采取非书面形式。当网络泡沫覆灭之后，客户的订购计划一个个被取消，由于CISCO之前与很多客户没有书面协议，当这些客户因网络泡沫崩溃而停产或减产时，CISCO也没有资格要求对方履行所谓的"协议"，更谈不上什么毁约赔偿了。因此，CISCO亏损了近22.5亿美元，钱伯斯形象地将其称为"信任成本"。

CISCO的信任成本是值得思考的，一方面，企业应该想方设法地获得客户的信任，另一方面，怎样才能减少信任成本，规避信任风险也是企业必须面对的问题。CISCO乐观地将如此巨大的损失当成信任成本，说明了CISCO对信任的重视。

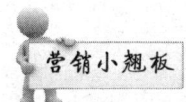

营销小翘板

CISCO将因不签书面协议而损失的22.5亿美元当成是信任成本，即一种企业投入，这说明了CISCO对信任的重视，也说明取得客户信任并不是那么简单的事情，而是需要投入一定的成本。由此也可以看出，对企业来讲信任是有价值，也是可以创造价值的。虽说投入一定的信任成本对企业来讲很重要，但是企业还是要谨慎行事，严格衡量"欺骗发生的可能"和"被欺骗所带来的损失"，从而计算出投入的信任成本的风险。只有理性地投入信任成本，才能减少不必要的损失。

113 可以测量温度的汤匙

温州有一种特殊的汤匙，叫"温度匙"，这种"温度匙"是一种可以测量温度的汤匙，给孩子喂食的时候使用。说起这种"温度匙"的发明，还要提到一个人，阿西。阿西是一个典型的温州商人，精明能干，会做生意。他自己办了一个专门生产汤匙和小勺的工厂。创业之初，阿西工厂的生意并不好，因为自己资金少，没有能力和大厂家竞争，只能这样硬撑着。有一天，阿西去逛街，看到一个妇女正在用一个小勺子给怀里的小孩喂饭吃。只见那名妇女一边朝着勺子吹气，一边不断地用嘴抿勺子上的食物以测试温度。见此情景，一个大胆的想法从阿西的脑海里蹦出来：为什么不能生产出一种能测量温度的汤匙呢？有了想法，阿西马上就去实施，他找到设计师和生产人员，将自己的想法告诉他们，让他们设计出一款专门供母亲喂婴儿用的"温度匙"。"温度匙"一经上市，便收到了很好的市场反响，阿西的生意马上火爆起来，不到一年时间，阿西工厂的规模就扩大了一倍。

营销小翘板

温州人有"中国犹太人"之称，他们之所以很会做生意，一方面是因为他们勤劳能干，另一方面则是因为他们头脑灵活，能够把握市场需求。阿西从一个最常见的生活场景中就能看到顾客的需求，这便是一种商业头脑。所以，温州人的聪明在于他们能够站在顾客的立场上想问题，发现问题，并想办法解决问题。你能够想顾客所想，做顾客所需，顾客当然就会支持你，购买你的产品。

114　给客户一个台阶

地处成都商业街的金泰黄金行，在当地很有名气。这天，大堂里忽然进来一位女士，一进门这位女士就开始大声叫嚷："你们金泰黄金行是不是店大欺客啊，卖假货。你们看看，这刚买的黄金就出现一层灰蒙蒙的雾，你们也太坑人了吧。"值班经理小王赶忙走过去，客气地将这位女士领到了休息区，看着女士气消得差不多了，便开始耐心地询问事情的始末。原来这位女士在化学制剂厂工作，因为她上班的时候也带着金饰，这些金饰很容易在其工作过程中被腐蚀，所以出现所谓的一层灰蒙蒙的雾。小王一边向那位女士介绍保养金饰的方法，一边让技术人员将那位女士在这里买的黄金饰品拿到实验室进行清洁处理，使之恢复原样。谈话过程中，那位女士也明白了自己的饰品被雾化的原因，十分不好意思，连连道歉。看到那位女士如此不好意思，小王也略带歉意地说："都怪我们工作做得不细致，要是当初我们就将保养金饰的注意事项告诉你，也不会出现今天的问题了。"听到这话，那位女士也一下子放松了下来。她踱步走到大堂，扬声说："对不起，刚刚打扰大家了，之前是我不了解金饰，才弄错了。金泰黄金行没有假货，服务也好，请大家放心购买。"经过女士这么一说，刚刚犹豫着要不要买的顾客，也都爽快地下单了。

营销小翘板

"顾客就是上帝"，这是商界人士的共识。但是，"上帝"也是凡人，也难免会犯错误。这个时候，那些能够真正体谅客户的商家，就会善意地不着痕迹地给客户找一个台阶下。只有这样顾客才能感受到商家的真诚和善意，才能从内心开始信任和接受这个商家，并成为其忠实的顾客，甚至成为其宣传口碑的媒介。

115　让顾客有意外之喜

乔·吉拉德是美国的一个老牌营销高手，他的成功之道就在于懂得如何始终保持与客户之间的友好关系。为此，乔·吉拉德给自己制定了一个每月都要给每个顾客写信的任务，有些顾客甚至开玩笑说："当你从乔·吉拉德手中买回一辆汽车，你必须在出国之后才能'摆脱'他。"乔·吉拉德每个月都会给客户寄一封信，都装在一个普通的信封里，但是信封的颜色和风格经常变化。而且乔·吉拉德还会随心送出一张卡片，每张卡片后面都会写上：我爱你。乔·吉拉德就是通过这些信件，保证自己的名字每年都会出现在客户生活中至少14次。尽管这些客户一生可能只会买一次乔·吉拉德的东西，但他还是以这样一种诚恳的方式告诉自己的消费者，自己对他们的尊重和关怀。就这样在越积越多的消费者中，乔·吉拉德登上了营销的巅峰。

 **营销小翘板**

乔·吉拉德的成功之处就在于他关注客户关系，而且懂得用自己的真诚去打动客户，让客户感受到自己的真诚，即使他们不买乔·吉拉德的东西，也会在频繁的书信中拉近与乔·吉拉德的关系，与他成为好朋友。据说，在乔·吉拉德后期的销售生涯中，他每个月要寄出15000张卡片。正是这些卡片，载着乔·吉拉德的真诚与感恩，走到了千家万户，打开了乔·吉拉德成功之门。

116 有创意的赠品

美国布兰希保险公司在推销保险业务时，采取了一种很别致的方法：布兰希公司先将各种保险说明书、一张简单的调查表和一张优惠券一起寄给客户。优惠券上写道：请您把调查表填好，并将调查表和优惠券一起寄给我们，我们收到后会寄给您希腊、罗马、中国等国的仿制硬币。这只是答谢您协助我们填写调查表，并不是要求您非要加入我们的保险。这个方法果然很奏效，发出去的3万份调查表，有效收回的有28000多份。然后，销售人员带着各种古色古香的外国仿制货币按信上的地址到各家登门拜访。一进门推销员就会告诉户主："我给您带来了各种稀奇的古代货币，请您从中挑选几个。"顾客看着这些各式各样的货币，心情豁然开朗，忙不迭地进行挑选。顾客边挑选边和推销员谈话，就这样彼此之间的距离拉近了很多。当然推销员肯定不会错过这个推销保险的好机会。这时双方毕竟有了一定的感情基础，在这种情况下推销成功率是很高的，即使有些顾客并不想参加保险，但是碍于面子也会参加，或是非常客气地告诉销售员自己要再考虑一下。通过这个营销活动，布兰希公司招揽了六千多笔保险生意。

 **营销小翘板**

布兰希公司之所以能够成功推销出去那么多保险，与其赠出去的稀有古币有很大关系。这些货币古色古香，无疑是很受欢迎的，在顾客收到赠品的时候，就很快建立了对布兰希公司的好感，这时候推销员再去推销自己的保险，顾客就很少会产生反感，即使不愿意购买也会很客气地拒绝，当然做成买卖更是情理之中的事。

117 营销的最高智慧是赢得客户的心

一位日本学者在美国考察工作期间，在一家照相机店看上了一款相机。在经过深思熟虑之后，这位学者决定买下这款相机。当他准备付款的时候，店内的销售员却劝他说："先生，这款相机是柯达公司在日本的一家工厂生产的，既然你在这里是短暂的逗留，所以，如果没有必要的话，我建议您现在先不要买这款相机，回国之后在日本买的话，会节约不少钱。"说完，那名销售员就将相机标签上的生产地给日本学者看。那位学者虽然很喜欢那款相机的外观和性能，想买下它，但是觉得那个销售员说得很有道理，而且现在他也用不着相机。所以，他就没有购买。但是，对于这次经历，那位日本学者很是不解，一般的销售员，不都是希望将自己的产品卖出去吗，这位店员为什么还劝自己不要买呢？后来，他从一位朋友那里知道，大多数美国人经商时，相比于从客户口袋里掏钱，他们更注重赢得客户的心。

营销小翘板

"赢得客户的心"无疑是最上乘的营销之道。有些推销员只看到眼前利益，想方设法从客户口袋里掏钱，夸大产品的优点，掩饰产品的缺点，甚至用其他手段强制客户购买，要知道客户并不是傻子，就算购买了你的产品，也会对你、你的产品、你所在公司或店面产生畏惧或厌恶心理，以后肯定不会再次光顾你的店。所以，营销的至高之道是赢心，只有客户相信你的产品，相信你的为人，才会从内心接受这个品牌，成为这个品牌或你所在的店最忠实的顾客。

118 可以办公的理发店

在理发店里可以办公甚至处理外贸订单，这听起来让人觉得不可思议，但是，在某市确实存在这样一家理发店。有如此周到细致的服务，这家理发店的生意当然十分兴隆。说起能在理发店办公这个创意，还得从这家店的老板说起。有一天，老板正在给一个顾客理发，理着理着这位顾客接到一个电话。挂了电话后，这位顾客一脸的无奈，老板询问后才得知，原来这位顾客的上司要让他现在去打印一份协议给客户送去。而外面还下着大雨，更重要的是，他的头发才理到一半。但是上司都下命令了，这位顾客只能戴上帽子顶着大雨出去打印材料。

这次事件之后，理发店老板萌生一个念头，因为前来理发的大多是商务人士，他们工作都很繁忙，何不在理发店里弄一个小型的办公室呢？有了想法之后，理发店老板便购置了电脑、打印机等办公设备，还专门招聘了一位打字员和一名翻译。这一服务一经推出，就受到了顾客的欢迎。因为店里的迷你办公区，理发店就这样火起来了。

营销小翘板

这家理发店之所以能够受到大家的欢迎，是因为店老板能想顾客之所想，急顾客之所急，从一件小事中就能发现客户需求，并即时满足客户需求。这样的店家当然能吸引顾客，赢得顾客的心，生意兴隆也是意料之中的事。

119　小季服装店的忠实顾客

小季是一家服装店的老板，虽说他的服装店不是品牌店，但是由于服装店里的服装风格独特，所以店里有一批忠实的顾客经常光顾。小季服装店里的服装风格都是统一的，而且都透露着小季的独特审美视角。这些别具一格的服装，让小季的店也显得很是特别。因为在这个县城里再找不到第二家店能买到这种风格的衣服，所以，与小季审美相似的人，想买衣服的时候都会想到小季的店。

当然，小季服装店之所以能培养出很多忠实顾客，不仅因为小季进服装的眼光，而且因为小季也有自己的一套生意经。原来，到小季店里买衣服的，只要对小季店里服装风格感兴趣的，小季都会为其建一个顾客档案，什么时候新货上架了，小季会用短信的形式通知这些顾客。在这种长期的接触和沟通中，越来越多的人成了小季服装店的忠实顾客，小季的生意也越来越红火。

营销小翘板

小季服装店的生意之所以好就是因为他培养了一批忠实的顾客。要培养忠实的顾客并不是那么容易，除了要在产品上下功夫，还要在服务上够周到。只有产品新颖独特，质量有保证，价格合理，需要这类产品的顾客就会光顾你的店；只要你的服务够细致，能够创造机会和这些客户多接触，那么这些喜欢你的产品或服务风格的顾客自然会慢慢成为你的忠实顾客。所以，要培养忠诚顾客，特色很重要，服务也不能落后。

120　菲菲店里的随机采购者

菲菲在电脑城开了一家专门出售电脑方面的小器材、小配件的店面，电脑城里人来人往，很少有人会注意这家不起眼的小店。但是菲菲店里的生意并不差，甚至比很多大的电脑配件店生意都好。电脑小配件本来就杂乱，而且品种很多，为了能够让店里的商品样式更丰富，菲菲店内的商品没有统一的供货商，店里的商品都是她自己一件一件地从批发市场买来的，所以，菲菲的店虽小，却是五脏俱全，这样，菲菲就很少因为商品不全流失客户，只要进店的顾客，基本都能买到自己想要的商品，所以，菲菲的店虽小，但生意一直都不错。

营销小翘板

菲菲的销售诀窍就在于她十分了解自己的商品特点，电器小商品类多品杂，如果能够铺货全面，确保不因商品品类不全而流失客户，那么就算成功了。菲菲深谙其道，不辞辛苦地自己一件一件地从批发市场挑货，这样既能保证货品的质量，又能保证货品的全面性。如此一来，菲菲的小商店就像一个哆啦a梦的藏宝袋一样，只要顾客进来问，菲菲就能拿出他想要的商品。

121 园艺花卉市场的最佳交易采购者

王希大学学的是园艺技术专业，毕业之后他就在老家开了一个园艺花卉店。随着经验的积累，王希除了有一些散客外，还有了一些经常保持业务往来的大客户，如奥月酒店。说到奥月酒店，那是王希的一个最重要的客户，奥月酒店的采购部经理说王希的店里植物种类比较齐全，价格也很合理，所以，隔三差五就到王希的店里采购一些花卉做装饰。但是，好景不长，不久奥月酒店就不再在王希的店里采购了。这样王希的园艺店一下子冷清了许多，为了弄清楚状况，王希到奥月酒店询问了相关负责人，这才知道奥月酒店已经和新开的另一家花卉店建立了合作关系。原来，这家新开的花卉店植物品种和价格与王希都差不多，但是，他们店里每周都会指派一名园林师到奥月酒店帮忙护理植物，这样一来，奥月酒店发现经过保养，植物的寿命能延长，酒店也不用像以前那么频繁地更换植卉，这样既能节约成本，又能通过对植物的养护让植物看起来更加光鲜。所以，奥月酒店当然更愿意订购这家新开的花卉店的产品。

营销小翘板

可以看出，奥月酒店其实是一个最佳交易采购者，它不会和任何一家供应商保持稳定长期的关系，除非这家供应商始终能够给出别的供应商无法给予的交易条件。王希虽然和奥月酒店有过长期的合作关系，但是，这并未影响奥月酒店的趋利倾向。所以，与奥月酒店这类客户合作时，要时刻关注市场变化，随时调整营销策略和交易条件，只有这样才能维护住这类顾客。

122 营销的成败在细节

卡尼是一位优秀的房产销售人员，他在公司的销售业绩年年都是前三。卡尼之所以能如此成功，并不是他的销售技巧多么好，而是因为他为人心细热心。原来，卡尼是个万事通，有些来看房的客户，不仅可以从他这里知道详细的房产信息，在与客户交流的过程中，他还能帮助客户提供很多其他生活信息，例如有关教育制度、残疾儿童学校、养狗场、教堂、能干可靠的看门人等等，只要客户提到这些，卡尼都能根据自己的知识给予客户一个很好的解决方案。卡尼不仅热心而且很细心大度，只要是客户有房产上的问题找他，不管是不是他的问题，卡尼都会尽自己所能帮助客户解决。曾经，卡尼的一个客户搬进新居时才发现车库大门没有遥控器，因为当时提供遥控器的商家已经搬到别的城市了，卡尼得知此事之后，二话没说，自己掏钱给这位客户买了一个遥控器。

营销小翘板

卡尼之所以能够成为公司销售业绩最高的人，关键在于他懂得如何搞好与客户的关系，能够用自己的现有知识帮助客户，并细心地为客户提供自己力所能及的帮助。这样的销售者当然是很受消费者欢迎和喜爱的，而且这种销售者在消费者周围会形成一种口碑，只要消费者周围有想买房的亲戚朋友，他们肯定会推荐卡尼这样一个热心的销售者。

123 尊重创造性采购者

赵刚是一家专业生产法兰的机械公司的销售人员。有一天，他接到一个求购电话，对方将法兰的规格和材质要求发给赵刚，让他提供一个报价。赵刚根据对方发来的要求，提供了一个满意的报价。之后，对方发来一张表格让赵刚将报价填上，可是表格上面只标注了法兰的直径和材质，其他信息一概没有。赵刚猜想可能是对方大意忘记将法兰的具体规格填上了，便打电话询问具体要求。谁知，对方要求赵高根据已经提供的这两个条件，报出不同规格的法兰价格，然后自己再根据赵刚的报价决定选用哪个规格的法兰。赵刚之前没有遇到过这种情况，也没有想过这样报价，便告诉对方这样不能报价，但是对方执意要求赵刚这样报价，双方僵持不下，你一言我一语，就这样争吵了起来，这一吵不要紧，这次销售谈判也彻底宣告失败。

营销小翘板

其实，按照常理讲，对方提出的报价要求虽然不合常理，却是可以满足的。但是赵刚却不知变通，执意要求对方按照平常的方式提供表格，然后自己再根据对方的具体要求给出一个报价。显然，赵刚的拒绝不仅让谈判陷入僵局，也使得对方感受不到销售者的尊重。如此一来，生意当然很难谈成。案例中提到的客户是一种创造性采购者，他们不按常理出牌，能够在交易中提出新的交易方式，也能在决策的时候最大限度地运用自己的权限，按照自己的方式去完成交易。面对这种采购者，销售者首先要给予其应有的尊重和理解，不但要尽全力地配合其方案，还要适时地给予鼓励，尽可能多地接受他们的意见。只有这样才能被这种富有创造精神的采购者更好更快地接受和认可，这样一来，双方的交易也比较容易达成。

124　万县医院采购的彩超机

重庆万县人民医院有一台与众不同的彩超机，之所以这样说，就在于这台彩超机是一名采购员通过政府公开招标的方式采购的，比市场上同样型号、同样规格、同样性能、同样质量的彩超机便宜了近21万元。相比于其他政府部门的采购者，这台彩超机的采购者确实算得上一个"斤斤计较"的采购者。

营销小翘板

案例中的这个斤斤计较的采购者非常精明，一点蝇头小利都不会放过，每笔交易都会反复地讨价还价，力图得到最大优惠，跟这类采购者做交易是十分困难的。面对此类采购者时，销售者要有足够的耐心和宽容，要以大量的数据和最充分的事实说服采购者你已经做出了最大程度的让步，争取达成交易。

125 以周到的服务应对采购者

王庆是一家公司的代理商，进货品类多，但是每种品类数量都不多，而且他所在的区域铺货状况很乱，公司大部分销售人员都不愿意接管王庆所在的区域。经过严格的培训后，刚刚入职的张明被领导安排到了王庆所在的区域。

接到任务之后第二天，张明便去了自己负责的区域，约见王庆面谈工作事宜。王庆向张明详细地介绍了自己公司的各项规章制度，又让人带他熟悉了一下公司情况，去市场看了一下铺货情况。经过这次考察张明发现，这个区域所有的商场的铺货都太过全面，不管销量如何，每个品类都有铺货，但是每个品类铺货的数量有限。针对这个情况，张明向王庆要了这个区域每个商场的销售报表，展开了调查。根据调查结果，张明建议针对每家商场的销售情况，去掉销量不好的产品品类。最后，张明还提出了一个建设性的意见：将市场分级，高档产品走一级市场，中低档产品走二级市场。按照张明的建议实施之后，王庆店里该产品的销量竟然翻倍增长。王庆盈利不少，从张明公司进的货品类还是很多，但是每个品类的数量都很大，张明也从中获利不少。

营销小翘板

王庆是一个典型的琐碎的采购者，他采购的品类很多，但是每个品类的数量都很少。如此琐碎的采购，无疑会给销售者带来很大的工作量，算账、开账单、包装、送货等，每种品类都需要特别注意，不能出差错。所以，面对这类采购者，销售员除了要有足够的耐心之外，还要开动脑筋，通过自己的方式帮助采购商提高产品销量。这样一来，采购商的进货量增加，自己也能从中获利不少。

126 机场超市的阴影

因为公事，小张要从成都飞往香港，小张到机场的时候离登机还有很长时间，所以他便来到机场的超市里，看有没有什么要买的东西。当他刚走入超市，一下子出来三个柜台销售员，将他围起来，七嘴八舌地问他想要什么东西。虽然这些销售员看起来笑容可掬，可是在小张看来，像是想要把自己吃了似的，看这架势自己要是不买东西就不能走出这家超市了。小张赶紧买了一个小东西匆匆离开了。离开超市之后，小张心想，以后在机场超市购物，首先要确认不是自己要买什么东西，而是要看有没有如狼似虎围上来的销售人员。

柜台销售其实是一种顾客比较接受的销售方式。在进行柜台销售时，只要销售员了解自己的产品和服务，能向客户答疑解惑就行，并不需要销售员像案例中提到的柜台销售员那样热情过度。很显然，一个优秀的柜台销售员首先要做的是礼貌待客，专业解惑，只有给客户营造一个舒适、轻松的购物环境，顾客才会愿意购买你的商品。

127 原一平先于人前发展客户

原一平是日本保险推销行业的"全国之冠"，他之所以能做出如此成绩，关键就在于他能够"先于人前，发展客户"。原一平曾给大家分享过这样一个故事：

一天，眼见天黑了，他的工作还是毫无进展，原一平只能沮丧地往家走。途中，他经过一个坟场，看见一座坟墓前面有几支香正在燃烧，旁边的几束鲜花还很娇艳。原一平想这大概就是刚刚在门前遇到的几个穿丧服的人祭拜时留下的。原一平起身要走的时候，瞄到了墓碑上刻着的字"某某之墓"。看着这几个字，原一平之前的沮丧一扫而光，取而代之的是一股子前所未有的工作热情。趁着天还未全黑下来，他走到管理这块墓地的寺庙，"请问里面有人吗？""谁啊？""我想问一下您知道'某某'的墓地吗？""当然知道啊，'某某'生前可是大名人啊。""嗯，在他生前，我和他有些交情，不过后来断了联系。请问您知道他家人的联系方式吗？我想去探望一下。""你稍等一下，我帮你查查。""好的，谢谢！"很快原一平从寺庙负责人那里拿到了那座坟墓主人的家属的联系方式和家庭住址。原一平认真地记下住址，第二天就去了这家人的住处。

原一平有没有成功向这户人家推销出自己的保险产品我们暂且不论，不管怎么说，他获得了一个客户资源，而所有的成功都隐藏在这些看似毫无意义的客户资源中。随着经济的飞速发展，市场竞争越来越激烈，客户之所以会买你的产品，很大一部分原因是你把发展客户做到了别人的前面，客户只知道你有这样产品，只知道你的这种产品，当有需要的时候，首先想到的当然是你和你的产品。所以，原一平推销的成功之道，就在于他能够发现客户，并及时地积极地去发展客户。

128 "多看效应"中蕴含的成功之道

张明和王志同时应聘上了一家保险公司的销售员，虽说同时进公司，但两人的性格却是截然相反。张明活泼开朗，整天有说有笑，见到领导还特会讨好逢迎，深受公司同事的喜爱。而王志则是一个稳重持成的人，虽然善于思考，但话太少，大家都觉得王志不太适合干保险这行。这天，老板给张明和王志派下了任务，让他们分别去两个团队推销团队保险。张明一接到任务，便热火朝天地干了起来，他查好团队的详细资料之后，便采用围追堵截的方式和团队的领导进行了两次"促膝长谈"。但是，团队的领导好像对张明的保险并不感兴趣，张明觉得根本没戏，后来也就放弃了。王志就不同了，他查询了团队的相关资料和团队领导的喜好等，然后趁着团队领导有空当的时候多次约见领导进行谈话，每次谈话结束之前还预约下次见面的时间。就这样王志和那个团队的负责人前前后后见了不下十次面，后来，那个领导再见王志的时候，直接就把王志当成自己人，丝毫没有之前几次的那种距离感。两个月后，王志将一份团队保险卖给了这个团队，而张明却还在那里自怨自艾，抱怨自己主攻的那个团队领导一点都不给人机会。

营销小翘板

营销学，在很大程度上是一种心理学。心理学上有一种"多看效应"，就是那种善于制造双方接触机会的人，往往能获得很好的人缘，也更能吸引人。王志正是在有意无意间运用了"多看效应"，尽可能多地与团队领导见面，消除陌生感，增加彼此的熟悉度，从而获得团队领导的好感和信任。只有销售员获得客户的信任，客户才愿意掏钱购买销售员推销的东西。

129 与客户保持适当的距离也是营销诀窍

王楠是一家食品包装材料印刷公司的业务员，虽然从事这一行业多年，但是因为自己毛毛躁躁的性子，王楠并没有在这一行业取得多好的成绩。这天他去参加一个大型的食品展销会，刚一走进会场，看着到处都是食品公司的展位，王楠觉得自己的机会来了。冲过去抓住一个公司的负责人就向人推销自己的印刷服务。但是，因为展销会刚刚开始，而且人特别多，所以基本上每家参加展销的食品公司都忙得不可开交，哪有工夫听王楠介绍自己的服务。对于食品公司的抗拒和排斥，王楠竟然毫无感觉，他东奔西走，马不停蹄地跑了一天，将会展中每一个参加展销的食品公司都跑了一遍，名片要了一大堆，业务却没做成一单。看着眼前的一块块肥肉，王楠眼馋却怎么也吃不到嘴里，辛苦了一天，竟然毫无所获，王楠纳闷了，我这么积极主动推销自己的产品和服务，怎么就没有一家企业感兴趣呢？

营销小翘板

作为销售人员，都有一个共性，那便是一旦认准目标客户就会想方设法地达成交易目的。为了尽快达成这个目标，很多销售人员总是会显得很急迫地去接近客户，很急切去向客户介绍自己产品或服务的特点和优势，希望客户产生购买欲望。在推销的过程中，不分场合，过于急迫，会让客户对自己和自己的产品产生厌烦情绪。所以，不管是与人交往还是推销，都要注意与客户保持一定的比较友好的距离，既不会太疏离，又不会表现得太过于想与客户达成亲密关系，只有这样客户才不会有压迫感，才能有一定的思考空间和时间，这样一旦合作成功，双方的合作才能长期稳定。

130 销售时学会察言观色

小高是一家电信营业厅的服务员，一天一个客户过来办业务，小高热情地走上去询问："先生您好，请问有什么需要帮忙的吗？""你们这里不是有个'一号双机'业务吗？我想了解了解。"听了这话，小高立马兴高采烈地将"一号双机"业务的卖点一一介绍给客户，期间，客户几次想插话，都被小高打断。等小高气喘吁吁地介绍完毕，客户才无奈地说道："我想说，你介绍的是电信业务，我们家的网通的固话，能用'一号双机'吗？"听了这话小高像泄了气的皮球，只能抱歉地说："不可以。"他这样费劲地介绍了一大段，到最后还是白忙了一场。

营销小翘板

小高的勇气和态度都是值得肯定的，但是他却犯了一个致命的错误，并没有明确客户的具体需求。客户在他介绍的过程中几次想插话，这就表明对于小高介绍的业务，客户是存在疑问或有急需要表达的情况，但是小高不懂得察言观色，只是一味地推荐自己的产品，忽视了客户需求的真实内容。这才导致其营销活动吃力不讨好，白忙活一场。面对这种情况，小高在介绍"一号双机"的时候就应该向客户明确，这项业务只适用于电信的固话。然后，再根据客户的情况决定需不需要继续介绍，或者应该从哪方面入手介绍。一个不懂得察言观色的销售员，注定要错失很多机会，也注定要白白浪费许多时间和精力。

131　美容店迎合客户收获成功

　　某市有一家美容店在当地很受女性青睐，单从价格和品牌上来说这家美容店并没有什么优势，但是本市的很多女士都在这家美容店办了会员卡，老会员基本很少流失，新会员源源不断地涌入，这个美容店生意的火爆程度不亚于一个大城市的品牌店。要论这家美容店的成功之道，要从其装修开始说起，为了吸引和留住顾客，这家美容店装修特别温馨：舒缓的音乐、适宜的温度、清新的氛围……这些都让进来的客人，尤其是工作压力大的白领阶层，不由地感到轻松惬意，他们甚至在做美容的时候，都会不自觉地进入梦乡。当然，美容院规定，不管顾客消费多少，是否是会员，只要顾客在休息的时候，任何店员都不能吵醒或打扰客户。因为这里氛围很好，所以很多上班族在身心疲惫的时候都习惯来这里休息，然后再去上班或回家。时间一长，很多顾客竟对这里产生了感情，有什么不好意思向家人说的烦心事有时甚至会向美容师倾吐，说出来也就不会那么压抑，这么一来，她们就更加喜欢这个地方，美容店的生意也越做越好。

营销小翘板

　　这家美容店的成功之道就是懂得如何去迎合客户的需求，现在生活节奏快，工作压力大，这家美容店就针对这个现实去定位自己。从装修、服务等方面入手，让客户感到美容店的确是很舒适的，在这里做美容是一种享受。在服务行业，能给客户这种感受是不容易的，这家美容店做到了，它当然就受欢迎。所以，服务业做好服务的关键就是在立足自己本职行业的同时，要懂得如何迎合客户，如何讨好客户，只有这样你的服务才算是合格的，令客户满意的。

132　客户跟踪曲线的秘密

　　陈晨刚进入销售行业，为了让他多接触客户，公司便安排陈晨开发新客户，回访潜在客户。刚接到任务的时候，陈晨满腔热情地投入到工作中去，每天都给客户打电话，打得客户都不耐烦了。陈晨觉得这样不行，便隔一段时间再联系客户，但是如果时间隔得太长，客户根本就忘记了他是谁。左也不是右也不是，陈晨很苦恼，不知道该怎么办。

　　这天，陈晨无意间在杂志上看到一篇文章，文章附带了一个根据人类记忆储能曲线设计的客户跟踪曲线图。这篇文章上讲到，销售员要想通过回访与客户建立良好的关系，必须讲究方法，在最必要的时刻，最好能用最少的电话联系次数联系客户，当然，在与客户沟通的过程中也要注意沟通的效率。按照这篇文章中讲到的方法，陈晨回到公司马上实施。在第一次给一个陌生用户打过电话之后，第二天，也就是在二十四小时之内，陈晨再次拨通了这个客户电话进行沟通。第三次电话回访，陈晨是在三天之后进行的，当然，客户还记得他是某某公司的陈晨以及他发给客户的资料。七天之后，陈晨又对这个客户进行了第四次回访，在这次回访之后，这位原本的陌生客户彻底记住了陈晨，与他发展成了一种比较亲密的关系。

营销小翘板

　　客户回访是商家用来进行满意度调查、客户消费行为调查、维系客户等常用的方法。电话回访听起来是一件很简单的事，但是要想做好，要想通过回访达到开发新客户的目的并不是一件容易的事。陈晨运用一种科学的方法，根据客户跟踪曲线来进行客户回访，是一种很明智的做法。

133　齐藤的寿险推销之道

　　齐藤是日本寿险推销行业的大师级人物。说到齐藤的寿险推销秘诀，那就要从一个例子讲起了。那时齐藤刚刚加入保险推销的行业，有一次他参加公司组织的旅游，在熊谷车站上车后，他看到旁边坐着一个带着两个孩子的三十多岁的女士。齐藤看出这位女士是一个家庭妇女，便琢磨着向她推销保险。在列车临时停站时，齐藤下车买了两份小礼物，送给旁边那位女士的两个孩子。孩子们很开心，那位女士也对齐藤表示感谢。齐藤便顺势和这位女士攀谈起来。在谈话的过程中齐藤知道了这位女士孩子的学费情况，也知道了她丈夫的工作内容、范围、收入等情况。最后，那位女士告诉齐藤，她计划在轻井车站住一宿，第二天坐快车去草津。齐藤先生便主动要求帮那位女士在轻井找旅馆。由于轻井是避暑胜地，所以盛夏季节很难现订到旅馆。对于齐藤先生的热心，那位女士是打心眼儿里感激。当然，他们分别的时候，齐藤先生将自己的名片给了她。后来，这位女士的先生找到齐藤，齐藤当场就推销出一份寿险。

营销小翘板

　　在这次所谓的寿险推销中，齐藤自始至终都没有去真正地推销自己的保险。但是，他却用一种最有效的手段，取得了最佳的营销效果。推销，也是一种商家与市场接轨的过程，所以，要想赢得市场，就要与客户建立良好的关系。与客户建立良好关系的前提，是找到潜在客户，然后通过取得潜在客户的信任来扩大市场渠道。齐藤正是因为懂得如何与客户建立良好的关系，所以他在寿险推销行业取得了巨大成功。

134　相宜本草的差异理念

护肤品行业作为日用消费品行业的一个领域，其产品同质化程度较高，新产品层出不穷，使得消费者对品牌的忠诚度很低。因此，在这一领域，满足客户的个性化需求成为商家抢占市场的主要手段。在满足消费者个性化需求这一点上，中国的本土化妆品品牌相宜本草就做得很好。

在强大的国际护肤品品牌面前，相宜本草没有自乱阵脚。相反地，它利用自己的本土优势，将中国"本草"的养生元素作为产品卖点，令消费者本能地将此品牌与自然、健康、无害等概念联系起来。仅这一点，相宜本草就抓住了现代消费的主流思想：健康消费。此外，相宜本草还创造了一个优美的品牌故事：相宜本草的创始人封帅是中医名家之后，她的外祖父杨继田医术高明，医德高尚，曾是冯玉祥将军的专属医生。封帅从小就受中医文化的熏陶，她将传承汉方养颜视为己任，创建了"相宜本草"的品牌。相宜本草，诠释"本草养肤"的概念，结合中医治本的理念，将汉方与现代科技结合，形成了"内在力，外在美"的养肤之道。在抢占市场时，相宜本草将"更安全，更贴近人体"的本草概念作为宣传点，以自己的独特的个性化和与市场其他化妆品品牌的差异化赢得了市场。

营销小翘板

相宜本草凭借自己独特的产品特征和品牌理念取得了消费者的关注，并占领了市场。虽说化妆品效果和质量大同小异，但是，作为这个行业的一个个体，每一个品牌都应该有自己的特征，有区别于其他品牌的个性。如果同一行业中的产品趋同化严重，那么那些与其他品牌差异明显的产品便能更多地勾起消费者的购买欲望。

135　百货公司降低顾客购买总成本

深圳岁宝百货位于深圳福田区，是一家集大型综合超市、购物中心、仓储式商场、专卖店以及各色便利店等为一体的大型百货商场。岁宝自成立之日起便建立了

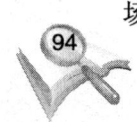

提高客户让渡价值的营销机制。为了实现市场目标，岁宝公司将"全心全意为顾客服务"的宗旨落实到每个工作细节中。1996年，岁宝成为深圳首家开通免费顾客购物接送班车的零售商家；2002年1月开业的岁宝百货景田店更是成为深圳乃至全国首家"手机支付"和"无线POS"示范店。也就是说，在岁宝景田店，消费者可以不使用银行卡或现金，只需一部开通了"手机支付"业务的全球通手机，就可以轻松购物、轻松结账。

岁宝百货从客户角度出发，为客户提供便捷的服务，节省了客户购物的时间、精力，也从中获得了巨大的客户让渡价值和客户忠诚度。

营销小翘板

客户消费的时候，除了对现金有预期，对购物时间、体力、精神的消耗，也会有一个消费预期。每个消费者都希望以最小的消耗，获得最大的满足。岁宝百货正是看到了消费者的这个需求，千方百计为客户"行方便"，减少客户消费时的一些时间、体力、精神等成本的消耗。这样便捷亲民的服务，不仅让岁宝百货获得了消费者的信赖，也从中获得了客户的让渡价值。

136 一位汽车销售员的关怀

乔安娜是一家汽车公司的销售员。一天，乔安娜上班的时候，展销室走进来一位微胖的妇女。这位妇女告诉乔安娜，她想买一辆白色的福特汽车，刚在对面展销室看车的时候，那里的销售员让她等一个小时，她就转到乔安娜这边顺便来看看车。乔安娜热情接待了这位女士，并与其攀谈了起来。通过谈话乔安娜才知道今天是这位女士的生日，她想买一辆车来庆祝自己的生日。她们聊了一会儿，乔安娜的助理捧着一大束玫瑰过来，乔安娜接过玫瑰，用双手递给那位女士，笑着说道："生日快乐。"那位女士拿过玫瑰，激动得热泪盈眶，说自己已经很多年没收到过生日礼物了。乔安娜接着对那位女士说："我们这边也有几款白色的轿车，你现在反正有时间，有兴趣的话我可以带你看看，还可以多了解了解。"那位女士欣然地跟着乔安娜去看车了。不一会儿她就看上了一款白色的雪弗莱，并当场付全额将这辆车买下了。

营销小翘板

意大利经济学家帕累托提出过一个重要的经济学理论叫"二八定律"。他指出，在任何特定群体中，重要的因子只占少数，而不重要的因子则占多数。因此，如果你无法掌控那少数重要的因子，只要能把握好不重要的因子，你就能掌控全局。企业的利润20%来源于重要客户，80%来源于普通消费者。重要客户是靠信任来维护即可，那么普通客户则需要商家通过获取其信任来争取。当然，获取信任的方法有很多，质量、价格、服务等都是平常意义上的销售技巧。通过让客户获得尊重和关怀来感动客户，这是取得客户信任最有效也是最直接的方法。

137 老牌服装店起死回生

民国时期，上海有家老牌服装店叫瑞祥服装店，生意一直不好。老板看着服装店的生意持续走下坡路，整日愁眉不展。当时，广告还不是很流行，但是上海的报纸上已经出现了类似广告宣传语的文字。瑞祥服装店的老板便想看能不能借助这样的文字为服装店打开一条生路。但是改用怎么样的手段才能让报纸上的"广告语"引起人们的注意呢？这时瑞祥服装店的账房先生就给老板出了个主意："商业广告，就像是打仗一样，策略很重要。我们不妨在本市最大的报纸上刊登三天的广告。第一天，我们只在版面上打一个大大的问号，再在下面写上：欲知详情，请看明日本报。第二天照旧，第三天我们再打出我们的广告语：三人行必有我师，三人行必有我衣——瑞祥服装。这样一来，肯定会有很多人关注我们的店，我们的生意也会越来越好。"老板一听，连连拍手称赞，然后按照账房先生说的去报社刊登广告去了。广告一经刊登，果然引起了不少人的关注，三天过后，瑞祥服装店已经家喻户晓。就这样，因为这一则创意广告，瑞祥服装店的生意开始红火起来，营业额不断增加，老板乐得合不拢嘴，其他商家也来找他取经，争相效仿。

营销小翘板

经济学中有一个伯内特定律，即要想占领市场，就要先占领顾客的头脑。市场上充斥着太多的商品，媒体中也充斥着大量的概念，对于这些商品和概念，消费者不可能全都记得住。要想让消费者知道你的产品，知道你的品牌，就要靠出其不意，独树一帜。这就是瑞祥服装店广告能够产生如此大的效果的关键：创意。站在消费者立场去宣传品牌，以消费者为基点去寻找创意。让消费者记住自己的品牌，记住自己的产品，对于广告营销来说这就是成功。

138　卡特皮勒为顾客负责

卡特皮勒公司是世界上最大的基建和矿山设备制造商，同时，其制造的农用机械以及重型运输机械在行业内也是小有名气。卡特皮勒公司之所以能发展成如此大的规模，与其对客户负责到底的经营理念不无关系。

20世纪80年代初，卡特皮勒公司推出了一款D9L式履带拖拉机。因为该款拖拉机采用了最新型的设计方案，所以比普通拖拉机的价格高出好几倍。这款拖拉机销售几百台之后，一场浩劫悄然而至。原来，由于设计不够成熟，这款拖拉机在运行2500个小时之后，开始出现故障。这一打击对举世闻名的机械制造商卡特皮勒来说无疑是致命的。他们即将失去的不仅是购买这款拖拉机的消费者的信任，而且是卡特皮勒公司多年建立起来的品牌声誉。为了挽救损失，各地经销商协同合作，积极配合，用了一年的时间将所有销售出去的D9L式拖拉机进行了全面的维修和检查。用户停工待修的时间被压缩到最短，将其经济损失降到最低。后来，设计人员将D9L的设计方案进行了修改和完善，这批拖拉机重新投入市场之后，成为大受欢迎的产品。

营销小翘板

卡特皮勒公司之所以能成功平息这场不小的市场风波，与其以客户为中心的理念有很大关系。将客户当成上帝，抓住客户的心，获得客户的满意，始终坚持"以客户利益为先，追求利润次之"的原则。当客户利益与企业利润发生冲突时，要以客户利益为重。这一点说起来容易，做起来难。但是，卡特皮勒公司做到了，所以它才赢得了客户的信任和支持，才赢得了市场。

139　利普顿的崛起

利普顿在成为美国知名企业家之前，曾经营过一家食品店。为了吸引顾客，他还特意邀请当时著名的漫画大师罗宾哈特为他的食品店画装饰画，并约定每周对墙上的装饰漫画进行一次更换。利普顿的想法是好的，但是墙上的装饰画好像并没有起到什么作用，他的食品店一直都是生意惨淡，甚至可以用"门可罗雀"来形容。这样下去的话，食品店肯定要关门了，利普顿懊恼万分，却又不知如何是好。罗宾哈特知道这个情况后，便突发奇想，在利普顿食品店的外墙上画了一幅有趣的诙谐漫画：一个爱尔兰人背着一头痛哭流涕的小猪，边走边对旁边的人说："这头小猪真可怜啊！它所有的亲戚都被送到利普顿食品加工厂做成火腿了。"

这幅漫画画完之后，引来了无数路人驻足观看，慢慢地店里的生意也被带动着红火起来。颇具生意头脑的利普顿抓住机会，赶紧去市场上买回了两只又肥又壮的小猪仔，并用装饰品将这两只小猪仔打扮了一番，将其放在橱窗里。还在橱窗上挂了一幅醒目的横幅：利普顿孤儿。橱窗里两只肥嫩的小猪仔和外墙漫画中的小猪相映成趣，前来观看漫画和"利普顿孤儿"的人越来越多，利普顿食品店的生意也越来越好了。

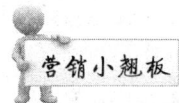

营销小翘板

利普顿食品店的成功说白了是成功运用了沟通的艺术。他知道外墙漫画引起了人们的兴趣，便趁热打铁买了两头与漫画相映成趣的小猪仔。不管是外壁漫画还是又肥又壮的小猪仔都引发了人们在审美情趣、思想情感、理想愿望等方面的共鸣。与利普顿食品店的情感共鸣，使得消费者喜欢上这个温暖的食品店，并开始对其产生信任或忠诚的情感。找到与消费者的情感共鸣是利普顿食品店营销成功的关键。

140 春天药业的春天

春天药业是我国蜂蜜制品行业的龙头企业，尤其是其生产的蜂王浆冻干粉市场竞争力很强，在江苏省蜂蜜制品市场所占份额高达80%。春天药业依靠自身实力在市场上成功运营了20年，1998年销售额高达2亿元人民币。但是，并不是所有的上升都会一直持续的。1998年之后，由于经营模式不能很好地适应企业自身的发展，春天药业的发展遇到无法突破的瓶颈。为了打破瓶颈，春天药业改变以往的销售模式，采用会议营销的模式走出了瓶颈，迎来了公司发展的又一个春天。

2004年之前，春天药业主要的营销方式是直营，即通过在社区、中老年团体、单位举办讲座进行直接销售。这种"农田灌溉式"的销售方法，取得了很好的效果。但是，好景不长，为了决胜终端市场，2004年春天药业在未进行严格核算的情况下，贸然开发终端市场，匆忙铺货连锁卖场。但是，这场规模浩大的改革并没有给春天药业带来新的生机。2007年，春天药业在整合资源、调整价格之后，再次将目标定在了会议销售，这一次春天药业终于逆袭成功，以全新的姿态重新占领了市场。

营销小翘板

春天药业之所以能够逆袭成功，关键是它能够重新找回自己的产品定位，并

根据产品定位找回了适合自己的营销模式：会议销售。会议销售是一种直接针对目标人群进行的营销模式，成功的会议销售不仅能减少广告宣传投入，提高资源利用率，提高销售量，而且能让越来越多的消费者了解并记住自己的产品，建立起消费者对品牌的信任和忠诚。尤其是保健品行业，品牌众多，功能众多，而且鱼龙混杂，这种情况通过直接的会议的形式，让目标人群更多地了解产品，了解品牌，才能为后续的产品销售和占领保健品市场打好基础。

141 "小康之家"区别对待客户

"小康之家"是一个曾在北师大进修中文的美国人康保乐在中国开的一家邮购公司。一个外国人在中国创立的一家邮购公司之所以能够做大做好，关键是其区别对待客户的营销策略。"小康之家"经过调查研究发现，即使有明确的客户分类，但同一类客户的需求也存在明显的差异化。为了不流失最有价值的客户，赢得更多客户对小康之家的忠诚度，"小康之家"对最有价值的客户会给予额外的优惠政策，除了打折或附送赠品之外，还会提供专属邮购目录。在"小康之家"的客服中心，所有的客户来电显示都会显示出客户的类别，以便提示服务人员怎样更好地跟客户沟通。当然，这种区别对待并不是一种歧视，因为"小康之家"不会在乎短期内的客户购买行为，也不会怠慢任何一个客户，只是会给自己最忠诚的客户以额外的优惠。"小康之家"的发展之道正是他的"待客之道"，只有赢得了客户的信任和忠诚，一个企业才能走得更稳更远。

营销小翘板

小康之家"待客之道"的关键是对客户进行分类，在秉持公平交易、真诚待客的前提下，对不同类型的顾客进行区别对待。对高价值的客户提供高价值的服务，对低价值的客户提供相对来说价值对等的服务。对长期用户采取优惠政策，以维护其对企业的忠诚和信任，对短期用户采取宣传为主的政策，以获取其对企业的认同和信任。

142 150毫升装的酸奶

1991年10月，上海与广州之间的"酸奶大战"拉开帷幕，当时上海市场上的酸奶包装都是统一的100毫升装。尽管当地有些经销商对此也进行过调查，但从未想过改变这种包装，甚至认为100毫升装的牛奶包装是理所当然。广州某酸奶品牌的酸奶公司也对此进行了调查。他们安排调查人员进入随机抽取的小学和幼儿园，为学生发放免费的酸奶，不过领取酸奶的学生喝完酸奶后，要填写一份反馈表。根据这些反馈表，市场部发现100毫升的容量包装确实不符合消费者的需求。公司高层对此进行了一番研究和考量之后，决定在上海率先推出150毫升装的酸奶。这种容量包装的酸奶一经上市，就大受欢迎，迅速占领了市场。

营销小翘板

海尔公司董事会主席张瑞敏说过，说到底营销不是"卖"，而是"买"，买客户对公司的忠诚度。为此，海尔公司不惜花费大量人力、物力进行市场调查，广泛买进客户意见，培养用户的忠诚度。当然买进的客户意见只是一种客观的数据或市场信息，只能为制定营销策略提供参考。只有决策者看透这些数据和信息背后的玄机，开动脑筋，在周全的思考和判断之后，才能有效地利用这些客户意见，使其发挥应有的作用。

143　固铂轮胎的顾客定位

固铂轮胎是全球十大轮胎制造商之一，也是其中唯一一家只做替换胎的企业，有"替换胎专家"的美誉。

2006年初，固铂轮胎进军中国市场，依旧秉承其只做替换胎的一贯作风。虽说这个大方向没有变，但是为了适应中国的市场，固铂轮胎并没有像对待北美市场那样，将自己的目标顾客定位在四十多岁的消费群体。针对中国市场，固铂轮胎调查研究后发现，相比于北美，中国顾客群更为年轻化、个性化。在固铂轮胎的调查结果中显示，固铂用户中60%年龄在25到35岁之间，35岁以上的只占到40%。根据这个详细的调查结果，固铂在上海设立了主要针对中国市场的它在全球的第三大研发中心。为了让研发人员研制出真正适合中国顾客需求的轮胎，公司让每一个研发者都坐到车里亲自感受轮胎的性能，感受在刹车、漂移、绕桩等不同情况和不同路况条件下，什么样的轮胎抓地力更强。功夫不负有心人，固铂轮胎这种针对中国市场生产中国需求轮胎的策略果然收到了理想的效果。

营销小翘板

在进军中国市场后，固铂轮胎立足中国市场，对中国消费者的特点进行了细心

的调查研究，将中国固铂轮胎消费者的年龄段定位在年轻人一辈，并根据这个定位对市场营销策略进行调整。另外，固铂轮胎还注意中国特有的情况，让研发者在研发的过程中亲自体验轮胎的性能，这样才研制出了适合中国市场需求的轮胎，使得固铂轮胎迅速占领了中国的市场。

144 玩笑话赢取顾客好感

小霞是一名美体内衣公司的销售人员，为了提高自己的销售业绩，她决定主动出击，进行上门推销。俗话说万事开头难，一开始小霞的确拉不下脸敲门，敲开门也只能是小心翼翼，略带心虚地问一句："请问您需不需要美体内衣？"虽然她也卖出了一些产品，但是相比于她受的打击，这些成交量显得寥寥无几。这天，小霞又敲开了一个客户的门，这个客户比之前的客户还要凶，小霞话未落音，他就吼道："不要！不要！你给我马上滚出去！"小霞一下子被骂懵了，呆立了一秒才反应过来，微笑着对那位客户说："老板，我刚从别的地方滚过来，你让我往哪滚呀？"老板听到这话，居然哈哈大笑道："小姑娘说话还有一套，进来吧，咱们聊聊。"小霞走进店里，跟这个老板聊了起来，这位老板对小霞带来的美体内衣的质量和价格都做了肯定。因为赞许小霞的勇气和智慧，他还向小霞介绍了几单业务。

营销小翘板

上门推销要的不仅是技巧，更是勇气和智慧。小霞上门推销时并没有被那位老板的粗暴或不礼貌吓倒，而是用自己的一句玩笑话消除了老板的抗拒心理，赢得了他的好感。小霞这才有机会将自己的产品介绍给老板，才有机会做成几单生意。上门推销的第一步就是消除客户的抵触心理或厌烦心理，只有客户愿意接受你的宣传，你才有机会推销出自己的产品。所以，在上门推销时，一方面要勇敢，另一方面还要有智慧，能够用自己的幽默或真诚打破与用户之间的隔阂。

第五章

订单管理——做好销售过程中的后续环节，
提升客户满意度

145 **7.8中式快餐的迅猛发展**

7.8中式快餐连锁有限公司是快餐业异军突起的一家企业，在短短不到一年的时间里，该公司的经营结构发生了质的变化。

以前该公司的采购和配送分别由各个分店负责，而现在则是由新成立的配送中心统一管理。配送中心每天将采购的蔬菜供应给各连锁店，这样的确发挥出了统一采购的优势，效率比以前有所提升。但随着公司业务的扩张，中式快餐连锁当中隐藏的企业管理方面的问题逐渐暴露出来。配送中心、分店和财务部门三者之间信息不能有效和快速地传递，这就影响了公司对于市场变化的响应速度，如何更好地协调三方关系就成了很大的问题。

为了进一步完善公司的经营体制，公司高层最后决定引入信息化管理工具，努力实现办公自动化。该系统具有订单管理、生产管理、协同办公三大功能板块。安装客户端，实现无纸化远程协同办公，各级领导可以随时通过网络进行办公。所有的程序都在维谷e+系统中完成，7.8快餐遇到的管理问题迎刃而解。

营销小翘板

随着企业的扩大，传统的管理系统必然会进入瓶颈状态。网络系统的引进，不但可以提高办公效率，还能填补一些传统管理方式中的不足。

146 QQ空间花样引发的侵权纠纷

在浙江绍兴发生过这样一起案件，甲乙双方同为中国轻纺业的经营户，甲方起诉乙方盗用了自己之前在版权局注册过的设计花样，并将其制成产品销售，绍兴市人民法院及时受理了这一案件。

面对甲方的指控，乙方丝毫不退缩，认为该设计花样并非甲方所创，而是绍兴某制版公司设计完成的，著作权应该由该公司所有，甲方并不具备起诉资格。并且他还指出该设计花样已经在2011年6月10日保存在了某人的QQ空间中，而甲方的注册时间为当年的8月15日，所以甲方存在恶意注册的嫌疑。

法律中规定著作权是自动产生的，著作权按其作品的持有时间判定，因此，既然在甲方注册版权之前，在QQ空间中已有了相同的设计花样，那么甲方就不具备该花样的著作权，也就无权起诉他人。而法院需要做的就是判定QQ空间内花样的上传时间是否有效，然后以此为依据进行判决。

营销小翘板

版权就是著作权，是指文学、艺术、科学作品的作者对其作品享有的权利。在我国目前市场法律体系还不健全的情况下，难免会有人钻了空子，所以经营者既要严守法律，又要增强自我保护意识。

147 福特公司推出的T型车

1908年，福特公司生产了一种专门为普通消费者打造的车型——T车型轿车，一经问世就以其低廉的价格赢得了美国大众的喜爱，它改变了美国民众日常的出行方式，引发了汽车行业的一场革命，美国也因此成为了"车轮上的国度"。

T型车虽然价格低，但却结实耐用，该车采用了四汽缸发动机，动力十足。T型车还采用"行星齿轮式"传动系统，该系统由脚控制，比起之前的车型来说就更容易驾驶了。825美元的销售价格让许多人都具有购买的能力，T型车在上市的第一年中销量即突破了一万辆，创下了当时汽车界的销量纪录。到了20世纪20年代，该款车风靡全球，销量占到了世界汽车总销量的一半以上。

福特公司还建立了一条流动的生产线，从零件生产到整车的组装，都在这条流水线上完成，这种生产方式大大提高了生产效率，一直沿用到了今日。同时他们还将许多电子产品装配到汽车上，给驾驶者提供丰富的驾驶乐趣。为了提高工人的生产积极性，福特公司大幅度提高了工人的工资，这让公司的员工首先具有了购买福特汽车的能力。

营销小翘板

创新精神永远是一家企业的核心竞争力。福特公司正是通过创新，降低了汽车的成本，开拓了更广阔的市场。

148 "双星"鞋品牌的内涵意义

1984年，双星集团的创始人汪海对双星品牌做了解释："一颗星是物质文明，一颗星是精神文明"。

1988年汪海带领自己的双星品牌参加了一个在美国召开的国际鞋业博览会。有位鞋商对于这个来自中国的陌生品牌很好奇，就指着双星的产品标识向在场的汪海问道："这个标识有什么特殊含义吗？"汪海说道："地球是圆的，两颗星中一颗在东边，一颗在西边，东边这颗星已经亮起来了，西边这颗也即将会亮起来，我们双星的目标就是走向世界。"汪海知道中美两国存在着不同的文化背景，"两个文明"的解释只能在中国才适合，在美国双星要塑造出一个国际化品牌的形象，所以就很智慧地做了这样的解释。

几年之后，汪海又来到美国出席一次新闻发布会，会上有一位记者问汪海，作为企业的掌舵者，他脚上穿的是不是双星品牌的皮鞋。汪海把自己的鞋子脱了下来，展示给现场的记者，他脚上穿的正是双星牌皮鞋，并且告诉那位记者不仅自己穿的是双星鞋，而且自己企业里的每一位员工也都是穿的双星鞋。

营销小翘板

品牌是一家企业或公司的无形资产，产品要想在市场上获得成功，离不开它背后积极的品牌效应。有时候生产出一件好的产品来很容易，但是塑造起一个好的品牌形象却很难，品牌的塑造是一个不断积累的过程。

149 广州本田新雅阁代替旧雅阁

1976年，雅阁出产了一款新型轿车，既环保又节能，在能源危机和排气受限制的情况下，一举成为市场上的抢手货。此后雅阁每隔几年都会更新换代，将最新的

技术应用到车身上，以保持自己在汽车市场上的竞争力。

1998年，广州本田正式成立，广本引进最新换代的北美版第六代雅阁，雅阁成为了当时中国汽车市场引进生产的第一款与国际接轨的车型。由于实现了本土化生产，生产成本大大降低，这使雅阁相对于其他车型来说极具价格优势，很快就成了中国市场上的畅销车型，投产后的第三年雅阁在中国市场上的销量就突破了三万辆，这样的销售数据是之前中国市场上的其他中高级轿车销售所从未达到的。到2002年，雅阁在中国市场上的销量累计将近达到14万辆。

可是2002年底，在第六代雅阁热销的情况下，广州本田却决定停止生产，在次年推出了性能更为卓越的第七代雅阁，第七代雅阁以其国际化的销售价格引起了中国中高档汽车市场的震荡，很快第七代雅阁就受到了中国消费者的青睐，销售量达到了新的高峰。

营销小翘板

企业能够对自己的产品果断更新本身就体现出企业追求卓越的态度，只有不断地主动更新和完善自己的产品，才能真正获得消费者的长期认可，避免在激烈的市场竞争中被淘汰。

150　"咸亨"商标的争夺战

鲁迅先生在小说《孔乙己》等作品中屡次将"咸亨酒店"作为背景，这使得"咸亨酒店"名声大噪，"咸亨"这两个字背后的品牌价值我们可想而知。在上世纪八十年代曾爆发了一场对于"咸亨"商标的争夺战。

在绍兴县有一家咸亨酿酒厂，1986年该厂向国家商标局申请注册"咸亨"牌商标，国家商标局经过一些审核工作后，最终决定同意该厂注册"咸亨"牌商标。但是这却引起了绍兴市酿酒总公司的不满，该厂的办厂规模要比咸亨酿酒厂大得多，不仅是绍兴当地最大的酿酒企业，而且还经营着许多以"咸亨"命名的酒店，如今却听说有家企业要注册"咸亨"商标，他们马上向国家商标局提出了异议。

最后国家商标评审委员会的审查认为"咸亨"和"咸亨酒店"都非自创名称，二者都是借用了鲁迅小说中的酒店名称，根据申请在先的原则，"咸亨酒店"无权干涉绍兴咸亨酿酒厂的"咸亨"商标申请，这样咸亨酿酒厂就获得了"咸亨"商标的使用权。

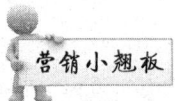

营销小翘板

一个企业的成功离不开品牌，如果某个品牌和文化联系在一起，那么这个品牌就被赋予了更大的价值。所以拥有故事的品牌，往往更能得到消费者的青睐。

151 不断创新的百威啤酒

百威啤酒创立于1876年，采用纯天然材料，通过自然发酵，低温储藏酿制而成。整个酿制流程不使用任何人造成份。在发酵过程中，运用独特的榉木发酵工艺，生产出来的啤酒格外的清爽可口，深受世界各地人们的喜爱，现在百威啤酒已经成为了世界上最畅销的啤酒品牌之一。

百威啤酒受到人们的欢迎不仅是在于它的高品质，而且还在于它在包装上的创新。百威十分重视通过产品的包装来树立品牌形象，在产品的包装上不断推陈出新。1997年百威啤酒推出压花玻璃小瓶装百威啤酒，1999年推出大口盖拉环罐装百威啤酒，2000年市场上又出现了四罐便携装的百威啤酒，之后又推出了700毫升装和500毫升装的产品，每一次在产品包装上的创新都会给百威的消费者很大的惊喜。

百威啤酒还特别注意包装上的细节，1998年百威推出了可以显示啤酒最佳饮用温度的锡箔标签，并且之后还对标签进行了设计，用金色的叶片加以装饰。2000年百威对瓶身标签的文字进行了修改，方便饮用者阅读。

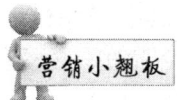

营销小翘板

改进后的产品，在功能上更加多样化，在结构上更加合理，在品质上更加优良，会更多地满足消费者的要求。由于改进型产品是基于老产品，本身在市场上就已经占有份额，所以这种产品上市后风险也小。

152 华龙方便面

华龙集团是一家以生产方便面为主的集团企业，经过几十年的发展，已经由原来的地方性小企业发展成为了国内食品类的龙头企业，华龙集团的成功是与它的正确的市场定位和销售策略分不开的。

华龙集团旗下有六大产品线，涵盖了方便面、面粉、调料、彩页等产品。方便

面是华龙最主要的产品，为了更好地适应市场需求，华龙集团利用现有的资源，向市场推出了丰富的产品组合。针对不同的市场，华龙会推出不同的方便面产品，华龙方便面一共有17个产品系列、10多种口味、上百种产品规格。这样华龙迅速占领了城乡不同层次的市场，华龙牌方便面走进了千家万户。

华龙在全国设立了11个营业部和60万个营业网点，生产的产品并不只是专注于某一单一市场，只做底端，或是只做高端。华龙的产品是以高、中、低三个档次相结合在全国展开销售的，高档的"今麦郎"，中档的"甲一麦"，低档的"大众"系列。并且华龙还在不同区域推出不同的产品系列，比如在东北华龙销售的是"东三福130"产品，而在河南则主要销售"六丁目"系列产品，在每个地区都要投放高中低档产品来满足不同消费群体的需求。

营销小翘板

一个企业能够做好，必须对市场有透彻的了解，针对不同的人群推出不同的产品，这就是"产品的各色品种集合"，简称"产品组合"。产品该怎么组合才是最佳组合？数量、产品类型等等都是需要厂家慎重考虑的因素。

153 抢占日本市场的炒饭

美国有一家生产冷冻食品的公司，它的营销重点一直放在欧美地区。为了扩大市场，该公司决定把方向转移到亚洲，而日本是他们打开亚洲市场的第一站。

但日本人在饮食上的"挑剔"让这家美国食品公司很难打开局面。经过一段时期的观察后，他们决定从日本人最为普遍的"炒饭"做起，为了能烹制出日本人喜欢吃的炒饭，这家公司专门派人到日本当地的餐厅品尝不同的炒饭，从中他们研究出了做出美味炒饭的方法。

美味可口的炒饭做出来了，但是炒饭的营销又成了问题。这家公司别出心裁地引入了一套"感官营销体系"，营销人员带着装有炒饭的微波炉去拜访商场内采购的负责人，闲聊一会儿后便偷偷把微波炉的门打开，这样炒饭就会散发出诱人的香味，引起采购负责人员的注意，当他们询问是什么味道的时候，营销人员再向其进行推荐，当他们拿出炒饭的时候，对方就会注意到炒饭的包装十分具有日本风格，上面印有日本传统的图案纹理，在很短的时间里给对方嗅觉、味觉、听觉、视觉、触觉五种感官享受。通过这种方法这家公司的炒饭得到了许多商场的采购，令许多外国餐饮公司头疼的日本市场就这样被他们打开了。

营销小翘板

营销者全方位、立体式地经营产品，并让自己的产品具有全方位的卖点，就能轻松地赢得市场。

154 宝洁公司"尿不湿"产品

"尿不湿"是宝洁公司旗下的重要产品，在市场零售中数量也一直很稳定，但是分销中心的销售数量却时常会出现很大的波动，这引起了宝洁公司管理人员的注意，并对这种现象进行了细致的调查和研究。

通过考察他们发现，零售商在订货之前往往会对今后的销售情况做一个简单的预测，为了保证自己的货物充足，满足顾客的需求，他们总会增大一些订货量。而批发商也会出于同样的心理，在满足零售商订货的基础上向销售中心增加一些订货量。这样一来，虽然消费者对于"尿不湿"的需求没有什么波动，但是零售商和批发商层层地增加订货，订货量在一段时期内就会出现高峰，零售商订的货物高于他在一段时期内的销售能力，造成货物的积压，从而销售中心所接到的订货量就会回落，造成市场上"尿不湿"销售不稳定的假象。

营销小翘板

牛鞭效应又被称为长鞭效应，它是商品供应链中出现的一种需求信息扭曲的现象。在商品供应链中，企业得到的需求信息一般只是来于自己的下一级企业，这时它所得到的销售信息就会出现一些假象，需求信息的虚假会逐级地被放大，当这些需求信息被反馈到最源头的供应商时，他所获得的信息便与真实的销售情况发生了很大的偏差。

155 艺术搬家公司的艺术

在日本有一家很有名气的"艺术搬家公司"，这家公司的创始人是寺田千代乃，她是一名贤惠的家庭主妇。

"艺术搬家公司'不同于其他一般的搬家公司，它提供的是更为周到和人性化的服务。寺田千代乃打破常规的经营方式，突破固有的观念，赋予了搬家公司独特的"艺术"，经过多年的发展，"艺术搬家公司"在日本设立了55个办事处，另外

还设立了5个海外办事机构，影响力辐射到了周边的国家。

寺田千代乃扩大自己搬家公司的工作的广度和深度，给客户提供全方位的服务，这就使"艺术搬家公司"不只是提供搬家的服务，而且还负责新居的清洁和家具的除虫工作，如果客户需要，搬家公司的工作人员还可以替他向旧邻居道别、向新邻居问好，总之他们会让你的搬家过程变得简单、轻松，许多琐碎的事情都不用客户亲自操劳。

营销小翘板

"艺术家搬家公司"向客户提供了超值服务，就是在满足客户正常的需求外，还有超过正常需求以外的服务，服务的广度和质量超过了客户的预期。这既是一种"心理战"，也是一种"价格战"，超值服务会让客户觉得花同样的价钱却可以享受到更多的服务，这实际上就是变相地降价，并且搬家公司细致周到的服务也展示出了他们对客户的诚意和对于工作负责任的态度，让顾客在心理上也会得到满足。

156 亚细亚商场的细致服务

1992年亚细亚商场成立了"售后服务公司"，值得注意的是商场成立这家公司的目的并不是为了通过这家公司盈利，相反，考核该公司的指标却是看它一年中赔了多少，赔得越多，商场越满意，在这家公司成立的五年时间中一共赔了1000万元，平均每年都要赔200多万元。

当然亚细亚成立这家公司的真正目的并不是为了赔钱，而是让它保障前来购物的顾客能够得到最好的服务。当时亚细亚每天售出的商品很多，前来购物的人不仅是郑州本地人，而且还有很多来自于周边省市，每天的成交次数不计其数。在成立不到一年的时间中，该售后服务中心就成功解决了几百件顾客的投诉。

有一位从外地来的顾客在这里买了两件衣服，售货员不小心将挑剩的商品卖给了他，这位顾客回到家后才发现自己买的新衣服存在问题，于是就在第二天及时返回了商场进行投诉，服务中心的人员向其表达了歉意，并将买衣服的钱退还给了他，还报销了这位顾客往来的路费。对于这样的结果，这位顾客表示很满意，并且以后经常来到这里购物。

以后的几年中，售后服务中心巨额的赔偿换来的是商场整体销售额的增长，通过设置售后服务中心，前来购物的消费者的权益就有了保障，所以越来越多的人愿意选择来这里购物了。

营销小翘板

售后服务是指商品出售后公司提供的各种服务活动。其实，售后服务业也是一种促销手段，可以提高企业的信誉，扩大产品的市场占有率，提高销售工作的效率和效益。

157 杜邦公司注重产品生命周期

杜邦公司是美国一家大型的化工公司，在美国本土和世界其他50多个国家分设200多家子公司和分支机构，生产石油化工、医药、农药等近2000个门类，销售额位居世界同类公司之首。

杜邦公司在经营过程中注重搜集产品生命周期当中的信息，并有专门的人员将这些信息与市场的竞争情况变化的预测相结合，形成一套竞争生命周期的模型。在市场经济中，如果某一行业长期被一家行业巨头所垄断，并成为市场上某种商品的唯一生产商，那么同该企业所提供的产品相比，他们在功能方面存在着很强的竞争力。但是随着市场越来越多的企业生产同类的产品，市场激烈的竞争就不可避免了，这些新加入到该行业的企业为了对抗行业巨头，往往会采取一些特别的营销措施。在经历了一个阶段的激烈竞争之后，各企业的市场份额就会变得相对的稳定，这段时期内各竞争产品的差异会变小，接下来就进入了一般商品竞争阶段。

无论市场环境出现怎样的变化，杜邦公司都将顾客的需求放在首位。在市场竞争激烈时，杜邦公司还会运用"竞争对手反应"分析，了解自己主要竞争对手的情况。

营销小翘板

杜邦公司作为行业巨头，为了保持自己的竞争优势，特别注重市场竞争环境的变化，一种产品一定会经历一个由弱到强，然后再由强到弱的过程，最终都不可避免地在市场中被淘汰，谁若是能够掌握产品生命周期的规律，谁就能在市场上掌握主动权。

158 电视机的颜色

随着泰国经济的发展，国内电器产品急缺，具有很广阔的市场。中国有两家大的电视机厂都想在泰国争得一席之地，纷纷将本公司的产品销往泰国。

第一家公司供给泰国的电视机基本上都是红颜色。这是根据中国人的传统喜好，以红色象征吉祥、喜庆，希望这种颜色能给本公司带来好运。但这种红色外壳的电视机不但没有得到泰国人的认可，反而受到抵制。泰国人认为红色象征着血，是不吉利的，只能用在消防车上，而且泰国处于热带，气温本来就高，红色看上去又让人心情烦躁。这家公司意识到这种情况后，马上生产了一批灰色外壳的电视机运往泰国。灰色是东南亚国家比较流行的颜色，然而泰国人又不买账。因为灰色与锡箔颜色相近，当地常常焚烧锡箔来超度亡灵，所以灰色是不吉利的颜色。这一次该公司又错过了机会，再想弥补为时已晚。

而另一家电视机公司，在进军泰国市场前就已经派人到泰国实地考察，根据泰国人的习惯，该公司销往泰国的电视机外壳颜色定为孔雀绿。这种颜色的电视机一进入泰国市场就受到人们的欢迎，很快畅销起来。

营销小翘板

对于公司的策划者，千万不要忽视当地的风土人情。没有经过详细的调查，单凭自己的思维去认识别人的生活习惯，这是销售的大忌。

159　大田百货挽救信誉

史密斯是美国某公司派驻到东京办事处的职员，前不久他在大田百货公司买了一款CD唱机，但是等他把CD唱机拿回住处之后才发现唱机根本就无法启用，这让他感到很气愤，新买的唱机怎么能出现这样的情况，于是他决定明天再次前往大田百货公司，让他们赔偿自己。

不过在第二天他还没来得及前往百货公司的时候，却接到了百货公司经理打来的电话，经理的语气热情且诚恳，他告诉史密斯自己正朝他家赶来，要给他退换唱机。这让史密斯感到很奇怪，不知道为什么百货公司的经理知道自己的CD唱机出了问题，并且还亲自上门给他退换。

没过一会儿，百货公司的经理带着一名职员便来到了史密斯家，然后解释了为什么上门给他退换唱机。原来在史密斯结账离开后，售货员才发现售出了一部有问题的唱机，于是就通知守卫将史密斯拦住，可是守卫接到通知之后，史密斯已经离开了百货公司。

上门来给史密斯退换唱机的经理不仅带来了一部新唱机，而且还给他准备了礼物，面对着他们诚恳的道歉，史密斯深受感动，最终原谅了他们工作中的过失。以后史密斯和他的妻子就经常到大田百货公司去购买生活用品，他们还专门就此事写了一篇文章在美国杂志上发表，大田百货公司不仅挽回了信誉，而且还因此受到了免费的宣传。

营销小翘板

在企业的经营过程中总会犯一些错误，给消费者造成不便，所以企业要不断地提高自己产品或服务的质量，为自己树立起一个良好的形象。

160 用出假价的方式打击竞争对手

曾经有一家美国公司想要出售一台数字式电视标准信号源及其检测组合设备，他们的底价是5万美元到6万美元之间，但是为了能够卖出一个较高的价格，他们将设备的标价定为了12万美元。

这条消息一经发布，便吸引了韩国、马来西亚等国家的商家，因为这设备是开发数字电视所必需的，在市场上购买一款新设备至少需要25万美元，对他们来说这是一个很好的减少自己支出的机会。

许多商家对这款设备进行了报价，最终这家企业选择了一家来自马来西亚的商家，因为他给出了10万美元的报价，在诸多报价者中是最高的。这个价格大大出乎了他们的意料，超过了他们的底价近一倍，于是他们随即决定同马来西亚购买商签署协议，拒绝了韩国等其他国家的报价。

但是在购买框架协议签署不久，马来西亚买主却反悔了，提出10万美元的报价实在太高，自己只能支付6万美元。由于马来西亚之前只是进行了一个口头报价，所以就没有法律效力，这让美方感到措手不及，之前他们早已拒绝了其他国家购买商的报价，不可能再把他们找回来重新议价，所以只能同马来西亚购买商在价位上进行商讨，最终双方以6.5万美元的价格成交，而之前的一家韩国公司的报价要远远高过这个数字。

营销小翘板

在产品或项目的竞价过程中，买方会利用出高价的手段将其他竞争对手击退，获得同卖方的交易权。但是在实际的交易过程中，买方却突然大幅度压价，以达到自己真正所能承受的成交价格。出假价虽然显得有些不讲诚信，但是对于在日趋激烈的竞争环境中生存的企业来说，也不失为一个有效削减价格的谈判策略。

161 沃尔沃斯店的启示

在美国发展很好的沃尔沃斯店走向了国外，在英国、法国、加拿大等国家开设了许多分店，并受到当地人的欢迎。店内销售的商品应有尽有，他们想出了许多方法去吸引消费者，比如在店门口摆上各式各样的糖果，吸引过往的孩子，而孩子每次前来购买时都会有父母的跟随，这样父母也会顺便在店内购买些物品。

但是销售行业的竞争也是非常激烈的，上世纪六十年代沃尔沃斯就受到了同行的挑战，市场上出现了许多类似的廉价店，他们可以给消费者提供更为丰富的产品和更加周到的服务，很快他们就从沃尔沃斯那里抢去了不少的顾客。而且消费者的消费观念也在改变，人们不再只是注重商品的价格低廉，沃尔沃斯店已经不能满足他们的消费需要了。

可是沃尔沃斯面对着已经改变了的市场环境，却没有积极地去调整，依然坚持过去的廉价路线，出售一些已经过时的商品，前来购物的顾客逐年递减，营业额也逐年地下降，最终沃尔沃斯不得不靠关闭分店和裁减店员来维持自己的经营，到1998年已经有120年历史的沃尔沃斯店宣布关门倒闭。

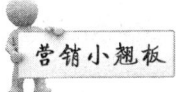

营销小翘板

对于经营者来说，应该主动去适应消费者的消费习惯，而不是等着消费者来适应你的企业理念，要知道消费者才是经营活动的中心。

162 LV抓住顾客的炫耀性心理

LV是世界上著名的奢侈品牌，在进入我国之后深受中国消费者的喜爱，这两个英文字母已经超越了一个品牌的范畴，成为了奢侈品的代名词，能够拥有一个LV的提包成为很多年轻人的梦想。

LV在进入中国市场之后，准确地把握了中国人的消费心理，他们认为随着中国经济的发展，中国已经形成了一个稳定的奢侈品市场，奢侈品文化已被中国的一些年轻人所接受。不仅中国的上层社会追求奢侈品，而且普通的年轻人也有很强的购买奢侈品的欲望，认为奢侈等同于时尚。

针对中国人的这种消费心理，LV专门为中国市场制定了一套经营策略。首先，由于中国社会中追求奢侈品已经成为了一种非常普遍的消费心理，所以LV就在中国市场上推出了许多定价不是太高的小商品，这样许多年轻人就有了购买"奢侈品"的能力，这些小LV商品深受他们的喜爱。其次，由于当季的奢侈品数量的增加，奢侈品的货架期就相应地缩短了，LV在奢侈品领域推出的时尚商品的频率也会不断地提高，数量也随之增加，满足更多人的购买需要。

营销小翘板

LV准确把握了中国人购买奢侈品的动机，主动迎合中国人炫耀性的消费心理，让自己在中国市场上有了万千的追捧者。

163 "陈记"的汤水豆腐

"陈记"和"邓记"是在同一天开张的两家老豆腐店，"邓记"的生意一开始就要比"陈记"的生意好很多，他家的豆腐做得很扎实，口感也很好，给的量也很大，每天门外都要排很长的队等候。

一天有位"邓记"家的常客起晚了，没能赶上吃"邓记"家的老豆腐，所以只能来"陈记"凑合一顿，吃完之后他告诉老板做的味道还可以，不过就是豆腐太软了，并让他学学"邓记"怎么做豆腐。老板听了后，没有反驳他，只是让他两个月后再来这里。

两个月过去了，这位顾客又来到了"陈记"家的老豆腐店前，惊奇地发现这里竟然排起了长队。他以为老板真的听了他的建议改变了豆腐的做法，于是他就上前买了一碗，可是喝完之后他却发现和之前的味道没什么两样。

这位顾客就找到了老板问为什么这里的顾客比原来多了这么多，老板告诉他其实"邓记"的老板是自己的师兄，自己的豆腐虽然比不上师兄做得好，但是自己的汤却是加入了好几种骨头和许多调料做成的，味道要比师兄做的好。

老板还说师父传给自己和师兄的手艺并不一样，做生意的要有自己的特长，师兄的特长是他的豆腐，自己的特长是汤。人们到他那里吃老豆腐，时间长了就会吃腻，于是就会来到他这里喝汤，在这里喝汤喝久了，顾客们又会回到师兄那里吃豆腐，就这样自己和师兄反而形成了一种互补的关系，生意能持久地做下去。

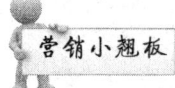
营销小翘板

企业想要做好一件产品，必须要有自己的特色，用自己的长处同别人竞争。

164　皮鞋厂的定价策略

美琪是一家专业的制鞋公司，2001年公司专门为中老年人设计了一种由松软猪皮制成的皮鞋，这种鞋穿在脚上非常的舒适。在这款鞋上市之前，负责销售的部门经理开会商议了这款鞋的定价，这与以往产品的定价不同，一直以来产品的定价都是由公司直接决定的，现在让销售部门来定价，销售部门的员工感到很诧异。

由于以前没有定价的经验，所以在讨论过程中员工之间就定价问题出现了争议，经理提出应该把价格定在100元左右，但是有人却认为100元的价位过高，恐怕会卖不出去，还有的员工认为100元的定价太低了，这款鞋子应该能在市场上热销。

大家争论来争论去，却没能达成统一的意见，最后经理决定拿出100双鞋子送给100名目标用户试穿，一周之后再问他们愿不愿意把这双鞋子用100元买下来，如果他们愿意，那100元的定价就可行，如果他们不愿意，100元的定价就是有些高了。

第二天他们便联系了100名目标用户，送给了他们每人一双新款的鞋子试穿一周。一周之后，他们便又找到那些用户，问他们愿不愿出100元买下这鞋子。结果让所有人都欣喜万分，只有两个试穿用户退回了鞋子，也就是说有98个人对鞋子100元的销售价格是满意的，他们完全可以在此基础上再把价位上调一些。

最终他们将鞋子的定价调为了110元，而在市场上的销售实际情况也证明了这个定价是非常合理的，这款鞋子一经上市就成了畅销品。

营销小翘板

企业每生产出一种新的产品都要对产品进行定价，这个定价的过程既要考虑消费者是否能够接受，又要考虑企业的利润空间。企业不能为了追求较高的利润，而把价格定得过高，这样的结果往往会适得其反，产品价格如果不能得到消费者的认同，产品的销量会很惨淡。因此企业在定价之前要充分考虑消费者的价格心理，价格直接影响着消费者的需求量，一个合理的价格是一件商品得以畅销的重要因素。

165　关于物流的四种不同学说

物流学说产生在上世纪60年代，当时的美国人为了降低企业产品的成本，开始对物流进行关注。后来人们又提出了一些关于物流方面的学说。下面我们列举几种。

1. 物流冰山说

"物流冰山说"是由日本早稻田大学的西泽修教授提出的。他对物流成本做了深度的调查，发现现行的财务会计制度和会计核算方法不能掌握物流费用的实际情况，于是他把这种现象称为"物流冰山"。

2. 黑大陆说

"黑大陆说"是由美国著名管理大师彼得·德鲁克提出的。1962年4月，他在《财富》杂志上指出物流是当时美国"降低成本的最后边疆"，也是市场营销"最后的黑暗大陆"。

3. 第三利润源说

"第三利润源说"是指人类历史上曾经有三个可以大量提供利润的领域，第一个是物质资源领域，被称为"第一利润源"，第二个是人力资源领域，被称为"第二利润源"，最后一个是由物流领域提供的利润，被称为"第三利润源"。

4. 效益背反说

"效益背反说"是指在物流领域中，常常出现经济不经济、不经济经济的悖论。比如，销往香港的苏州产檀香扇，在没有包装时，每支只卖65元，后来用了5元钱的锦盒包装后，售价提升到160元，而且销量也大幅度增加。

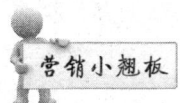

营销小翘板

企业通过包装、送货、配送等一系列的服务，来完善销售的后续工作，给消费者带来方便的同时，也必然会带来销售量的增加。

166 乐百氏饮用水

在2000年，广东乐百氏集团下属的饮用水公司准备向桶装水领域发展。那时国内的桶装水市场正处于初期发展阶段，门槛较低，许多不具备卫生设备条件的小企业、小作坊纷纷涌入，导致桶装水的质量普遍不合格。市场很快陷入混乱之中，顾客投诉商家的事件频频发生，最终被电视台和其他媒体曝光，指出桶装水存在着不卫生、粗制滥造等问题。

面对这一系列的混乱局面，许多饮用水公司不敢触及桶装水，然而乐百氏集团却认为这是一个不能错过的机会。公司决定从桶装水各个层面凸显自己高品质产品的形象。

首先在水源地选择上，乐百氏选择优质水源进行水采集；在制水设备上，引进欧洲先进的制水设备，制桶机也是从日本进口的，制水桶用的材料选用符合欧洲卫生标准的食品级PV材料。

乐百氏虽然在质量上下了功夫，但公司最终的产品和市场上的桶装水在外观上

差不多，很难让消费者分辨出哪种是优质水，哪种是劣质水。为了弥补这一缺陷，乐百氏决定对本公司的水桶申请专利权，并按CL使用规范在水桶上刻上乐百氏标准字体。

这一小小的举动让乐百氏的桶装水形象明显领先于其他品牌，即使那些小品牌的桶装水降价也难以维持原有的市场。乐百氏的桶装水在消费者的心目中被确认为高品质，自己的品牌形象也自然得到提升。

营销小翘板

要想使自己的产品在同类中出类拔萃，就要大力投资于开发工作，努力使自己的产品在质量、样式、造型等各方面独领风骚，不断推出新产品，只有这样才能让企业立于不败之地。

167 利益驱使下的恶性窜货

A市的王经理代理某家知名品牌的电风扇，最近他发现一批外来产品开始流入他的地盘。经过调查，王经理才知道这次窜货源来自B市的经销商处，老板姓张。由于王经理只是厂家一个很小的经销商，若向厂家寻求解决方法，有点不现实，于是他想和B市的张老板好好谈一谈。

一天晚上，王经理拨通了张老板的电话。电话里，王经理好好地吹捧了对方一番，并诚心地表达了向张老板学习的念头，希望第二天能登门拜访。在王经理一番吹捧下，张老板答应与其见面，进行交流。第二天，王经理与张老板在一家茶楼见面。二人在市场营销这一方面做了很多的交流，王经理秉着学习的态度对张老板的做法给予了肯定，这让张老板很是得意。后来二人又共进晚餐，喝了一通酒后，王经理敞开心扉，说A市场的销售额很少，有点艰难，张老板听后连问为何。

王经理趁机道出心中苦水，对张老板说B市的产品流入A市，出现了窜货，导致A市产品价格秩序大乱，请张老板出面解决这件事。张老板听后，立即表态说回去后一定调查，保证以后不会出现这种现象。

之后，A市场上再也没有出现B市场的产品。王经理通过自己的沟通技巧，圆满地解决了这个问题。

营销小翘板

恶性窜货给企业带来很大的危害，扰乱了企业整个经销网络的价格体系，容易

引发价格战。混乱的价格将导致企业品牌失去消费者的信任和支持。所以企业应该管理好各个分销商，避免恶性审货的发生。

168 五粮液集团精益求精

20世纪90年代，ISO9000质量管理体系开始在中国迅速推广。五粮液集团在荣获"国家质量管理奖"的同时，又制定出一套经营方针，即"质量管理向国际化标准靠拢，有控制地扩大生产规模，在全厂大力推行贯彻达标工作"。1994年，五粮液集团成为国内同行业首家获取ISO9000国际质量管理体系认证的企业。

五粮液集团意识到能否树立质量创优的企业精神，与严峻的竞争环境、企业自身的产品生产特点以及企业发展的需要密切相关。所以五粮液集团努力提高产品质量，用质量管理手段来保证企业技术进步，这也是时代的要求。

在此之前，曲酒已经非常普及。随着人们生活质量的提高，对曲酒的风格和质量的要求也越来越高。为了满足市场的需求，五粮液集团在制定质量标准的时候，先后开发了好几种风格的酒，以满足不同的消费阶层，最终赢得了市场和顾客的青睐。

五粮液集团审时度势，把提高质量作为首要战略任务，加快了向国际标准靠拢的进程，建立了质量创优的企业精神，使企业走向名牌之旅。

营销小翘板

对于企业来说，质量管理是必不可少的，而且是各级管理者的职责，必须由最高领导者来推动。质量管理就是要确定质量方针、目标和职责，让企业的产品得到消费者青睐。当然在质量管理活动中，必须考虑经济因素。

169 利用服务拉订单

罗伯特是来自纽约的服装制作商，最近他在资金周转上出现了问题。他想了很多办法，都未能解决问题。

罗伯特想起他刚买了一份一万美元的保险，于是他给保险公司打电话，说自己要立即退保，并要求保险公司退款。可保险公司说这样做不划算，如果非要退款，只能拿到五千美金。罗伯特为了让公司的资金周转起来，还是要求保险公司退款。保险公司的一名业务员了解到情况后，马上给罗伯特打了一个电话，想劝说他不要申请退款。不过罗伯特很坚持，要求把支票立刻寄给他。这名业务员打算跟罗伯特见上一面，当面跟他谈一下。

业务员见到罗伯特时，说："您能不能给我五分钟，咱们谈一谈。"罗伯特听了很生气，说道："你们这些人整天就知道谈，你知道我等这一笔钱多着急吗？我告诉你，我已经等了三个星期了，我可没有太多时间跟你耗着。"

这位业务员说道："如果您用保单做抵押向公司借五千美元，这样您既能得到周转资金，又能使保单继续有效。不过，要付5%的利息。如果发生什么意外，公司仍然付五千美元的赔偿金给您。"

罗伯特听后，觉得这个服务很好，于是要求面前的这位业务员帮他办理手续。就这样，业务员利用良好的服务挽回了一万美金的保单。

营销小翘板

现在社会，服务的优劣已经成为衡量企业的一个重要指标。优质的服务能带动产品的销量，能使企业在消费者心中留下良好的形象。

170　白毛猪与黑毛猪

辽东一带的猪都长着黑毛，当地人对此早就习以为常。有户人家的的猪生了一窝白毛猪，大家都很好奇，围着这窝白毛猪左看右看。

有人过来给主人出了个主意："还不如把这窝白毛猪拉到山东市场上去，肯定能卖个好价钱。况且，物以稀为贵，错过了这个机会你后悔都来不及了，还是卖钱实在。"

辽东商人听了，果然动了心。经过一番盘算，他觉得把猪运到山东市场去卖个大价钱比较合算。白毛小猪就这样被他给装上了车，向山东进发了。经过3个月的艰苦跋涉，等到了山东的时候，他的小猪基本上都长大了。他高兴得不得了，心想这一回不知道要发多大一笔财。

这天，当他把白毛猪运到市场上的时候，简直吓傻了。原来山东市场上卖的猪都是白色的，白毛猪在这里根本不足为奇，而且价钱还不如辽东的黑猪。辽东商人眼看着猪卖不出去，空欢喜一场，心中十分懊悔，心想还不如在当地卖了，也总比现在这样强啊。

胡思乱想了一阵子后，他想：既然辽东没有白毛猪，而这里的白毛猪的价格也不贵，那么我为什么不从山东贩些白毛猪回辽东呢？那才是真正的物以稀为贵啊，肯定能大赚一笔。

于是，他从山东贩了几十头白毛猪回辽东，很快就卖了出去。接着他又贩黑毛猪来山东，从中又获得了不少利润。

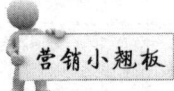

营销小翘板

在竞争如此激烈的社会，要想跻身于强者的行列，除了坚持之外，在必要的时候更要懂得灵活变通。

171 开往渔村的公交车

在距离县城大约15公里之外，有一个小渔村。由于地方偏僻，县客运公司在这一线路上只开设了1号线和2号线，两辆公交车来回对开。

承包1号公交车的是一对年轻的夫妇，首班车是从渔村开往县城；而承包2号线的是年纪较长的一对夫妇，首班车是从县城开往渔村。

坐这条线的乘客大多是一些渔民，长期生活在海边，远离城市，所以一旦进城往往是一群人结伴而行。年轻夫妇很少让渔民为孩子买票，就算一对夫妇带着好几个孩子，她也只会收渔民两张票钱。有些渔民对此过意不去。年轻夫妇笑着对渔民说："下次给带个小河蚌好吗？这次就让你免费坐车。"

但是，年龄稍大的夫妇的做法却恰恰相反。只要有带孩子的，大一点的要全票，小一点的也得买半票。

一年后，渔民发现2号公交车停运了。后来才知道是因为渔民们搭她车的越来越少，每天的运营收入还不够付承包费用，只能停运。此后，从渔村到县城的线路上只剩下一辆公交车。但1号公交车并没有因此涨价，这对年轻的夫妇后来把2号线也承包下来，生意越来越好。

营销小翘板

市场竞争激烈，要想在市场中获胜，必须要有贴心的服务。

172 永和大王的好豆浆

"永和豆浆"是一家台湾的餐饮连锁企业，凭借对品质的坚持，成为两岸三地中式餐饮连锁企业中的知名品牌，在五十多个城市都有销售网点。同时，企业积极拓展国际市场，参与到国际化竞争，连锁店遍布东南亚、北美洲、南美洲等20多个国家和地区。永和豆浆让全世界人喝到了健康的豆浆。

鉴于大陆市场所蕴藏的巨大潜力，20世纪90年代，永和在上海设立了永和豆浆加盟总部及直营店，确定以中国大陆为战略中心地位，为永和豆浆连锁店拓展全球网络奠定了更为坚实的基础。

一个好的连锁企业必须要有一个好的直营店，让直营店引导加盟店，树立起自己企业所独有的气质，这样才能使企业健康发展，才能使品牌深入人心。

永和豆浆每年的经营业绩已经有好几个亿，其经营模式也通过市场的考验，获得了很高的成就。如今，永和豆浆已成为中式快餐中的领头羊，带领着中式快餐业前行。

营销小翘板

连锁销售是中国商业经济中的一次重大改革，给城市无业人士提供了工作岗位。连锁销售不但给企业带来更广阔的市场，还通过加盟者的投资，在某种程度上减轻了企业的资金问题，可谓一举多得。

173 水泥球磨机推销员

有个水泥球磨机推销员来到某市，他通过调查发现该市有许多水泥厂，对水泥球磨机的需求量一定很大。

恰好该市有一家外资企业刚好在此地建厂，他们拥有世界上最先进的水泥生产线。这个销售员心想：如果这家企业能购买我的水泥球磨机，那么该市的其他企业一定也会纷纷来找我购买。

做好充足准备后，这位销售员来到外资企业的大门口，正想进去，却被门卫拦了下来。这位销售员有点不甘心，他祈求门卫能通融下。可不管他好说歹说，门卫始终无动于衷，说道："不管怎么样，我是不会让你进去的。"

推销员很无奈，但没有灰心，他对门卫说："大哥，我是从千里之外的城市开车过来，就是为了拜访你们公司的总经理。我这工作和你一样，来之不易啊。就这么回去，我怎么跟我们老板交代啊！"门卫听了这些话，也挺可怜这位推销员的。他凑到推销员耳边说："我们总经理每天九点准时进厂，他开着一辆黑色宝马车，到时候你可以在这里把他拦下来。"

听完门卫的话，这位销售员喜出望外，他在第二天顺利地见到了该公司的总经理。后来经过一番努力，终于与这家外资企业签订了一大笔水泥球磨机的订单。

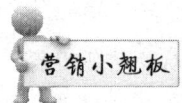

营销小翘板

对于上门谈业务的销售人员来说，会常常遭到门卫、秘书等人的阻拦。不过千万不要灰心，不要发怒，要想尽一切方法与这些人员搞好关系，把障碍变成桥梁，最终受益的还是自己。

174　海尔集团的全方位发展

海尔集团的前身是青岛电冰箱厂，生产技术落后，产品不合格率高。为了扭转技术落后的境况，在1984年引进德国利勃海尔的生产设备和生产技术。经过7年的奋斗，海尔的产品在国内消费者心中建立起很高的知名度和良好的品牌形象。

在这7年的奋斗过程中，海尔集团力求将"海尔"打造成中国的知名品牌，在技术、销售模式和产品类别上不断创新，很快跃居同行业前三名。发展成一定规模后，海尔集团不只是停留在电冰箱产品上，还生产许多外延产品，但基本上都是从以前的产品上做延伸。

到了1997年，海尔进入全面扩张的阶段。公司凭借品牌和强大的销售网络，将自己的产品延伸到以电子技术为核心的家电行业，包括彩电、VCD、传真机、电话等等。后来，又通过合资的方式，开始生产厨具、卫生产品等等，甚至生物医药行业都有涉及。到年底，共有7000多种产品冠以"海尔"品牌。扩张节奏之快，让业界人士无不惊叹。

营销小翘板

有了好的品牌形象，就很容易让新产品借助品牌的力量打开市场，并占据一席一位。海尔集团首先打造了优良的"海尔电冰箱"，以此为基础，抓住机遇，将力量延展到各个领域，实现了全方位发展。

175　戴安娜王妃婚礼上热卖的望远镜

在1981年，有一场轰动世界的盛大婚礼，就是英国王子查尔斯和戴安娜王妃的结婚大典。当全世界的人都在睁大眼球看这场婚礼时，那些精明的商人们却在谋划着另一件事。

结婚大典开始时，王子查尔斯和戴安娜携手从富丽堂皇的白金汉宫走到圣保罗大教堂。道路两边挤满了观看的群众，人数近百万，整整围了九层。当新人走过

时，后排的人因看不到而着急，心想这次是白来了，连王子和王妃的影子都看不到。这时，人群背后有人叫卖："先生们，女士们，用望远镜来看看盛大的婚礼吧。有了它，王子和王妃就会走在你们眼前了。1英镑一个，只需1英镑哦。"人们听到后，兴奋不已，向商人蜂拥而去。很快，商人的望远镜就被抢购完了。一批小孩子又把望远镜源源不断地从仓库里搬出来。随着礼炮的轰鸣声和奏乐声的接近，有的人等不及找钱，直接抛下10英镑便急着找位置观看。

这位销售望远镜的老板在这场婚礼中狠狠地赚了一笔，他的成功归功于他把握住了良好的时机。人们从世界各地千里迢迢来到伦敦，就是为了亲眼目睹这场盛大的婚礼，这是人们的主要需求，哪怕望远镜再贵也要买一只。

营销小翘板

优秀的商人不一定非要有卓越的人格魅力或者超群的谈吐能力，最重要的是"急人之所急"，把握机会，为人们雪中送炭。

176 钓鱼者的智慧

两位钓鱼高手相约去水库钓鱼。他们坐在水边，没过多久两人都钓到几条大鱼，收获颇丰。

一群年轻的钓鱼爱好者经过，他们看到这两位钓鱼高手鱼篓里的鱼很佩服，便纷纷向两位高手求助，说他们是新手，不擅长钓鱼，蹲了半天了始终不见鱼儿上钩，希望这两位高手能教他们钓鱼。

其中一位高手不想教，面对年轻人的恳求没有作答。另一个高手听后说道："你们的方法不对，这样很难钓到鱼，我来教你们吧。不过，你们学会我教授的技巧后，钓到的鱼要分我一成。"面对这位热心的钓鱼高手，年轻人都欢快地同意了，他们异口同声地说："当然！"

于是这位高手把自己的诀窍说给新手们，整个下午他有一半的时间在教年轻人钓鱼，自己钓到的鱼自然比旁边的朋友少。但新手们掌握钓鱼技巧后，都钓到不少的鱼，他们履行与教他们钓鱼技巧的高手的承诺，把钓到的鱼的一成分给了他。结果这位高手的鱼篓里满满的，比另外那个高手钓到的鱼多多了。

营销小翘板

销售的过程何尝不像是"钓鱼"呢？销售的重点不单单是提高自己的产品优

势，更重要的是建立起一种广阔的销售网络。只有这样才能突破原来的瓶颈，才会有更广阔的发展空间。

177 卖给房地产开发商的自动洗碗机

美国通用电气公司发明了自动洗碗机，本以为这种先进的厨房家用电器会让美国的家庭主妇们蜂拥而至，掀起一场厨房的小革命，然而自从自动洗碗机上市后就没有受到人们的认可，销售店门前非常冷清。

家庭主妇们认为自动洗碗机损害了她们的良好形象，家里的男人和年龄稍大些的孩子都能洗碗，而且自动洗碗机准备工作太过复杂，还不如手洗来得快。还有一些人觉得这套设备太过昂贵，不值得去买。

眼看着新产品即将夭折在投放期间，公司的营销设计专家提出了一个新的销售方案：把目光投向建筑商们。

首先公司说服一些建筑商在他们建造的居民楼里配备自动洗碗机。结果，安装自动洗碗机的楼房很容易卖出去或者租出去，出售速度比那些没有安装自动洗碗机的楼房明显快了很多。建筑商们看到了利益，于是争相购买自动洗碗机。

营销小翘板

新产品上市，可能会受到传统消费观念的影响而受到阻力，一般的销售思路不再适用。堂堂美国通用公司竟然对小小的洗碗机无可奈何，可见这种阻力之大。所以在新产品研制之前，一定要考虑到消费者的传统观念。

178 河北鲸鱼集团全面推行代理制

河北鲸鱼集团是一家著名的轮胎生产厂家，其影响力在全国名列前茅。曾连续四年被省政府评为"经销工作先进企业"。他们的成功经销的秘诀就是全面推行代理制。

公司的代理商都是经过精挑细选的，对代理公司法人的素质、资金实力和销售网络方面都有严格的要求。为了避免风险，代理商需要以有价证券或者房地产做抵押，并签订《抵押保证书》，以此来保证代理经营的安全性。

公司通过计算机联网，对代理商的运营情况掌握得一清二楚，可以随时查看货物和回款情况，以此实现了对代理商的动态管理。为了提高代理商信誉度，公司对其评定信誉等级，效益好、服务质量高的代理商，公司定为AAA级代理商，对于信誉差、不履行合同的代理商，公司果断剔除掉。

这一系列的措施使得河北鲸鱼集团和代理商形成一种互利的共同体，代理机制健康、全面地发展起来。

营销小翘板

河北鲸鱼集团通过全面代理制，建立起厂商之间牢靠的利益共同体，并通过一系列的措施来保护和监督这种代理机制。公司的代理业务的拓展，也是公司销售业务的拓展，获利最大的也是公司本身。

179　过把金牌瘾

在2000年悉尼奥运会上，百事可乐公司没有取得奥运赞助商的机会，却在中国展开了一场"过把金牌瘾"的促销活动。

第一种是运气兑奖的方式。公司在"百事可乐"或者"七喜"等百事公司的促销饮料拉环、瓶盖背面印上"金牌"、"银牌"、"铜牌"等字样，只要消费者购买的饮料有这些字样，就会获得相应的奖励。"金牌"字样可兑五千元，"银牌"字样能兑五百元，"铜牌"字样可兑百事饮料一箱。

第二种是采取收集兑奖的方式。这种活动被命名为"兴趣收集，新潮手表等你领"。从这个活动主题就可以看出活动的主要内容是收集，奖品就是新潮的手表。活动规定：消费者只要收集到八个拉环、八个塑料瓶盖、八个玻璃瓶内垫，就可以在周六或者周日到指定的地点兑换一只新潮的手表。当然消费者不能无限次地兑换，活动规定每人只可兑换5次，而且手表的数量也有限，只有8万只，兑完为止。

通过这两项活动，百事公司成功地实施了一场奥运会"擦边球"的销售活动，公司销售额同比增长了150%。

营销小翘板

百事公司虽然没有赢得"奥运赞助商"的头衔，但却通过两项有效的促销活动使得公司的业绩大大地提高。通过这个案例可以看出，"兑奖"这种促销手段会给产品带来比品牌影响力更大的效益。

180 长虹集团的彩管

长虹公司是国内知名的彩电制造企业，由于国内许多彩电制造厂家采取低价销售竞争的策略，长虹公司决定买下市场上70%的29英寸以下的彩管。因为国家对29英寸以下的彩管进口进行严格的控制，长虹公司这样做的目的很明显，就是要垄断市场上的彩管货源，限制对手。

虽然长虹的如意算盘打得很精，但计划的进展却不顺利。长虹虽然把钱给了彩管厂，但所购的彩管却没有运回本公司，而是暂存在各个彩管厂。后来许多彩电厂家纷纷到彩管厂抢货，彩管厂见价格上涨，也顾不上与长虹的合约，偷偷地把属于长虹的彩管卖了出去。等长虹公司发现端倪后，为时已晚，花了300万只彩管的钱只得到82万只。

长虹公司陷入严重的财务危机中，过了好几年才慢慢缓起来。

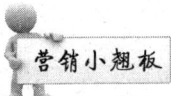

营销小翘板

长虹公司的这种做法有违市场规律，本身就是错误。又因为没有把货源把控好，直接导致计划的失败。长虹的教训告诉我们，在商界拿到自己手里的东西才是真正属于自己的。

第六章

销售口才——出色的口才帮助打开顾客心扉，
快速实现成交

181　聪明的保险员

赵敏是一家保险公司的营销员，一天她去见一个客户，这位客户想投保10万元。客户问赵敏："投保10万元需要花多少钱？"

赵敏觉得应该让客户加大投保数目，反问道："您为什么投保这个数目？"

客户说因为她觉得这个数目她负担得起，而且即使她出现意外，家人以后也有了保障。

赵敏想到了如何让客户增值保额，于是说："出于您的两点考虑，我们仔细分析了一下，如果我想买断您以后的所有收入，需要多少钱？""你们能付我多少钱？"客户问。

赵敏说就是10万元。客户的脸色立刻阴暗下来，说自己一年就能赚5万元。

赵敏说："您别生气，我的意思是说您完全有能力多保一些。如果您一年赚5万元，最保守的来计算，您还能工作20年，也就是100万元。但是，假如您不幸出现了意外，您的家人不仅会遭遇感情上的创伤，还会失去您的100万元而只能得到您投保的10万元。我想您也希望给家人更多的保障，心里才会踏实吧？"

客户认为赵敏说得有道理，思考了很久，决定投保50万元。这就是激将法的一种运用。

营销小翘板

激将法，就是利用别人的自尊心和逆反心理积极的一面，运用"刺激"的方式，激起人们不服输、爱面子的心态，把他的潜能发挥出来，从而得到不同寻常的

127

说服效果。激将法是一种很有力的口才技巧，在使用时要看清楚对象、环境及条件，不能滥用。运用的时候一定要注意分寸，不能太急也不能太慢。过急，欲速则不达；过缓则没什么效果，无法激起对方的自尊心，也就达不到目的。

182　一台碎纸机换来的长期客户

张帆在一家办公用品公司做销售，一天他接到一个任务，去一家刚刚成立的公司里面推销碎纸机。前台很热心地把他带到了主任办公室。张帆先做了自我介绍，然后在主任面前展示起了带来的样机。

这个主任的耐心不错，听完张帆的解释后说："这东西倒是挺合适的，但是我们公司刚刚成立不久，刚招进来的员工都年轻，毛手毛脚的，就怕用不了两天就整坏了。"

张帆听出了主任的意思，心里忽然有了想法，于是他马上说："不如这样吧，明天我让人把货运过来，顺便把碎纸机的使用方法和注意事项给大家讲讲，让贵公司先体验一下我们的产品。这是我的名片，如果在使用过程当中出现了故障，可以随时与我联系。主任，你看怎么样呢？"

主任听了张帆的话，惊讶地问："你们这么做，不怕吃亏吗？"

张帆笑着说："不怕，首先，我们相信贵公司的信誉，其次，我们对自己的产品质量也有信心。"

于是这位主任爽快地答应了张帆的请求。第二天，张帆果然让人送了一台碎纸机过来，还有专门的技术服务人员进行现场讲解，让办公室的工作人员都学习了碎纸机的具体用法，以及在使用过程当中的注意事项。主任对此很是满意，不出一周的工夫，就把碎纸机的钱打到了指定的账上，并且从那以后，这家公司所有的办公用品都在张帆那买。张帆运用小狗成交法，成功地为公司带来了一个长期客户。

营销小翘板

只要方便把产品留下来给客户一个试用的机会，就可以用"小狗成交法"。小狗成交法来源于一个小故事：一位妈妈带着小男孩来到一家宠物商店，小男孩看上了一只小狗，但是妈妈拒绝给他买，小男孩哭闹起来。店主发现后就说："如果你喜欢的话，就把这只小狗带回去吧，让它陪你几天。如果你不喜欢，就把它送回来。"几天之后全家人都喜欢上了这只小狗，妈妈又来到宠物商店买下了这只小狗。这就是先使用、后付款的小狗成交法。有统计表明，如果准客户能够在实际承诺购买之前，先行拥有该产品，交易的成功率将会大为增加。

183 抓住顾客的口头禅

王晓燕是一家化妆品公司的销售员，长期都是销售冠军，别人问她秘诀的时候，她总是笑笑说没什么，只是懂得看顾客的行为表现而已。一天，店里来了一名三十多岁的妇女，穿的不是很时尚，但是妆很浓。这个妇女说现在的天气干燥，想买一种保湿的护肤品。于是王晓燕把一套新上市的套装介绍给她，价格是300多元。但是这个妇女迟迟没有购买的决心。

在交流的过程中，王晓燕发现这个妇女反复说"还可以吧"之类的口头禅，由此判断她是个比较随和的人，也没有自己的主张，需要销售员来为她进行挑选或判断。而且这种性格即使是对产品不满意，也不会挂在嘴上。王晓燕还注意到，这名妇女十分注意产品说明书和价格标签，便推断可能是出于价格原因才犹豫不决。于是王晓燕说这套产品在单卖时，价格都在100元以上，这样买一套产品实际上是非常实惠的。另外给这位女士做了皮肤测评，给了她很多护肤的意见。

经过王晓燕的一番劝说，这名妇女很高兴地买走了这套化妆品，并且从那以后还常常过来购物。

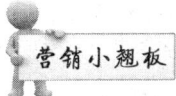

营销小翘板

所谓谈判漏洞是指从对方的言语中找到对方的弱点，并采取有力的措施进行回应或逆转。在销售的过程中，千万不能小看客户的口头禅。因为这些口头禅很可能就是客户的谈判漏洞，其中蕴藏着客户的性格和真实想法。

184 卖柴者与买柴者

古时候，有一个秀才一开口就是之乎者也，人们往往听不懂他说的什么。一天，秀才家柴用完了，于是他到街上去买柴。他对卖柴的人说："荷薪者过来！"（意思就是那个挑着柴火的人过来。）卖柴火的人听不懂"荷薪者"这三个字，但是他听得懂"过来"两字，于是就走了过去。

秀才又问："其价如何？"卖柴火的人对这句话还是不太懂，但是因为听到了"价"字，于是就告诉秀才价钱。秀才接着说："外实而内虚，烟多而焰少，请损之。"（意思是，你的木材外面是干的，里头却是湿的，如果燃烧起来的话，会产生很多浓烟，但是没什么火焰，请降些价钱吧。）

卖柴的人再也听不懂他说的是什么了，只好挑着自己的柴火离开了。

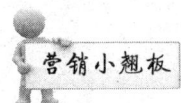

营销小翘板

销售人员主要的工作内容就是与顾客沟通，在与客户交流的过程当中，要尽量避免使用专业术语或者是那些让客户难以理解的话。专业的词汇、术语对你来讲或许是常识，但是对于外行来说却很艰涩，或许你费了很大的劲，对方根本不知道你在说什么。

在营销工作中，我们必须弄清打交道的对象，如果对方的文化不高或对行情不怎么了解，一定不能用太难的语言交谈。在推销的过程中，我们要面对的客户可谓形形色色、五花八门，因此在交流的时候就要尽量做到接近对方的语言风格。否则，即使你费尽口舌，对方也得不到多少有用的信息，沟通将难以实现。

销售人员在与客户交谈的时候，目的就是为了能让别人听懂，如果客户听不懂或不理解你所说的话，那么他一定是不会去购买你的产品的。

185 6支不同颜色的口红

吴勇准备为女朋友挑选一支口红，因为女朋友的生日快到了。于是，他来到了一家化妆品专卖店，看了几款口红之后，向导购小姐询问某支口红的价钱。专柜小姐说50元，然后又立刻问他想买什么样的。吴勇说自己做不了主，而且他女朋友已经在赶来的路上了。

"先生，你这样做可是不对的哦，你可能不太了解女人的心思，如果你要送口红给女朋友，那口红的颜色就应该由你来决定呀。"专柜小姐接着讲。"难道你不想给你女朋友一个惊喜吗？"

吴勇立刻回答道："那是当然的了！"导购小姐用戏谑性的口吻接着问："那你是不是希望你的女朋友擦给你看呢？"吴勇点点头，开始有点不好意思了起来。

导购小姐问："你女朋友喜欢什么颜色？"吴勇不确定。导购小姐拿出一支口红，递给吴勇说："那你要不要买一支这款的呢？"

吴勇想了想，觉得有道理，便买了一支。这时导购小姐笑了笑，说："大概是你没有留心观察。现在女孩子的衣服都一买就是好几件，口红怎么可能只有一支？"

吴勇点点头。导购小姐见状便将另一款颜色的口红推荐给吴勇。吴勇拿起来，觉得不错，就决定再买一支。最后，他一口气买下了6支不同颜色的口红。

营销小翘板

导性提问是指销售在与顾客交流的时候，用具有诱惑性的语言进行引导，最后

帮助完成整个销售过程。当我们面对客户的时候，在交谈的过程当中不妨灵活多变一些，改变一下说话的方式，在某些场合，用提问的方式进行销售诱导，让顾客做出购买决定，比直接说服要有力得多。

186　赞语的魅力

有一家唱片商店，长期以来生意都特别的好。很多人都知道这与他们店内的销售员密不可分。小李也想开家小店做老板，为了学习别人的销售经验，小李扮作顾客，特意去了那家唱片店一趟。刚刚走到店内，在展架前待了一会儿，试听了几张唱片，这个时候，过来了一位漂亮的销售人员，小李心想："估计是来向我推销唱片的，等会我就死活不买。"然后就静静地等待这个销售员，想一探究竟，这家店成功的秘密到底在哪里？

然而，奇怪的是，那位销售员并没有向小李推销唱片，而是以请教式的口吻问了一些跟唱片相关的事情，然后用夸奖的语气称赞道："这位小姐这么有气质，品位肯定高雅不凡，实在不好意思，刚刚稍微留意了一下，发现小姐刚刚试听的几张唱片都是本店所进的比较特别的几张唱片。"小李笑着说："哦？是吗？实在是过奖了。"

接着，这人又说道："小姐不但漂亮而且气质很好，声音也很好听，尤其是你的微笑，特别有感染力。"经过这人不住的夸赞，小李觉得自己的脸都红了，开始有点不好意思起来。也忘了自己来这里的目的是什么了，不到十分钟的工夫，就将刚刚试听的唱片统统买下，结账，付款。走出店门的那一刻，才恍然大悟，对在门外等候的朋友说："看来，要想促进交易的成功，不但专业知识过硬，还必须具备良好的口才，还得对顾客不断地赞美。"

营销小翘板

那位销售员之所以成功地把唱片卖给小李，关键在于采用了肯定成交法。肯定成交法是指推销人员以肯定的赞语坚定顾客的购买信心，从而促成交易实现的一种方法。肯定的赞语对顾客而言是一种动力，可以使犹豫者变得果断，拒绝者无法拒绝，从而使顾客别无选择地成交。

187　哈姆欲擒故纵

哈姆专门从事食品推销工作，在这个行业十分有名，因为他有着自己独特的营销网络。一天，他去拜访一个老客户约克，打算把新的产品推销给老客户。

来到这位客户的店铺，本来他想对客户说"约克先生，我们有了新的产品"来展开对话的，但是他很快就意识到这种方法不行。于是他改变了话题："亲爱的约克先生，如果有一笔生意能为您带来一万英镑的利益，您感兴趣吗？"

"我很感兴趣，快跟我说说是什么生意呢？"约克十分高兴地问。

哈姆说："是这样的，在今年秋天，香料和罐头的价格上涨了百分之二十，不知道您是否注意到了？"

约克想了想，摇头，表示一无所知。哈姆接着说："我为您算一笔账，这是您能够出售的香料和罐头的数量。"

于是哈姆把一些数据拿给了约克。这么多年来，哈姆对他的顾客的生意情况了如指掌。当然这次仍然是成功地得到了约克先生的一大笔订单，这就是他成功的方法。

同样的意思，只要换种说法，效果却大不相同。所以说当你想要俘获客户的时候，不妨欲擒故纵，让客户自己去询问去感兴趣。不要一门心思地推销产品，有时候即便你苦口婆心地说很多，也只会让客户厌烦。

营销小翘板

欲擒故纵成交法是指销售通过适当的让步以此来赢得客户的信任，再利用电话沟通或者制造压力的方式让客户自动上门成交。此种成交方法是针对那些无法做主或者需要和家人反复商量的客户。

188　巧妙退让更容易成功

王玉川虽然是个男士，可在居家过日子方面很是精打细算，小到几毛钱的菜钱，大到买车、购房之类的大件，每一笔钱花得绝不含糊，一定不会让自己吃亏。

这次，王先生看中了商场里面的一块手表，计划趁着十一黄金周的时候去买，十一单位放假，同时能享受一些优惠活动。

十一期间，王先生带着钱兴高采烈地来到商场，向导购询问，导购说："王先生，我们对外一直是99折，虽说现在正值黄金周，但是这块表不参加活动。您要求的折扣根本实现不了，我们售货员是没这个权力的。"

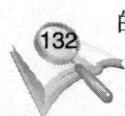

王先生说："我有你们店里的会员卡，难道这个也不能打折吗？"

导购想了想说："王先生也算我们店的老顾客了，首先感谢您一直以来对我们的支持，看您这么有诚意，这样吧，我现在打电话向我们经理请示一下，如果您确定了要买这块手表的话……您也知道，我们做销售的很多时候也很为难的。"

王先生点头称是，说："这快手表我一早就看中了，就想着你们能给我打个折优惠。"

导购说："是是是，那我现在就替经理打电话，给您申请一个折扣价。"

王先生说："好的，如果能够给多点儿折扣优惠，我一定买。"

营销小翘板

退让成交法是指销售采用主动退让的方法让客户尽快成交。采用退让成交法通常情况下需要预留一个议价空间，同时在议价的过程中要步步为营，不能一开始就把底牌亮出，否则会让客户觉得优惠来得太容易，反而得不到满足。

189 善意的谎言

小光是一名刚参加工作的大学生，在一家房地产公司上班。刚开始时，因为没什么经验，所以销售业绩一直都不怎么理想。后来，在老员工的带领下，小光渐渐地学会了一些销售方面的技能。

这天，公司来了一位已经谈了很久的客户。小光暗自下决心，这次一定要把这笔业务给拿下来。

"王女士，您好。我刚刚已经帮您把总价进行了一次核算，一共是997800元。"

王女士听完这一长串数字，脸都绿了，说："怎么这么贵呢？"

小光假装很慌乱地说："哎呀！实在是对不起，刚刚我弄错了，7580元的价格是下个月开始执行的，我把价单拿错了。所以您现在的价格依然是7150元／平方米。"

客户一脸疑惑地问道："怎么从下个月开始还要涨价吗？"

小光说："是的。不过现在这个消息还未对外公开。刚刚实在是我一时的疏忽大意。所以您现在不买，以后就要多付几万块钱呢！算下来，也不是一笔小数目啊。而且，现在来买房的人越来越多了，再等等，以后这个价格肯定买不到这么好的房子了。"

客户说："那你现在就去把合同拿来给我看看。"

小王一脸镇定地说："好的。我现在就把合同拿来给您看。"后来这位王女士毫不犹豫地签了合同。

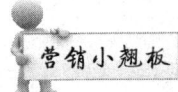

营销小翘板

大脚趾成交法是指销售员在赢得客户信任的前提下，针对客户对所谈项目犹豫不决、迟迟不下决定这种情况，销售为促使交易的尽快达成，可以采用善意的谎言，让客户早做决定，让交易尽快达成。

190　找准最有权的家庭成员

金曼在园林景观设计院上班，结婚快十年了。二人的工作都很稳定，虽然赚不了大钱，但日子过得也算小康。金曼性格比较强势，家里大大小小的事情都是由她来做主，丈夫的性格柔弱，不愿意去争。

二人决定拿出多年来的积蓄买房做投资，看过几个楼盘。赵杰看中了一个每平方米6000元左右的房子，但是金曼却喜欢另外一处楼盘。赵杰喜欢的那个楼盘的置业顾问对金曼进行了针对性的重点沟通。

置业顾问："不好意思，二位。上班你们过来的时候，我没能给你们进行详细的讲解，赵太太，您看，这处楼盘之所以取名叫'凤凰城'，是有着深刻寓意的，这里未来将会打造成一个富人区，能够住进来的都是社会中的成功人士，像凤凰一样高高在上。这是个好兆头啊！"

"就像二位穿着富贵，气质非凡，又有学识和涵养，如果住在商住楼里，龙蛇混杂，什么人都有，和你们的气质都不相符啊。"置业顾问继续说道。

金曼想了想，点点头。

置业顾问："是的，赵太太，这样一来，生活也会过得更精致一些，舒适度也会提高。并且我们现在有个开盘的活动，请您今天来也是想告诉您，现在交6000元，认购一张VIP卡，开盘当天可抵1万元，再把折扣算进去，相当于打98折，更重要的是赵杰先生还这么喜欢这个楼盘。"

金曼爽快地说："好吧，我们先订张VIP卡。"

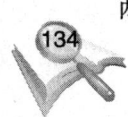

营销小翘板

家庭策略沟通法是指针对家庭型的消费者，特别是三人以上客户的时候，要有两名以上的销售员进行销售服务，销售员通过消费者的言谈举止做一个大致上的判断，了解这个家庭最终的决定者是谁，谁又是其中的一般建议者。通常由第一次接待的销售员主攻最有发言权的家庭成员，其余的运用情感效应与其他家庭成员进行沟通，如此分工将沟通效应发挥到最大化。

191 学会自我沟通

小文是北京某酒店的预订员，一天她接到了一家大公司总经理秘书杨先生的预订电话。杨先生在详细询问酒店的情况后，提出预订一个两天后300人规模的高档宴会。小文高兴地向客户介绍了酒店的情况，并约好见面签订合同。

杨先生提议说："文小姐，请你明天中午之前来我们公司签订宴会合同。"

"我们近期业务比较繁忙，还是麻烦您亲自来我们酒店签订合同并交订金吧。"小文回复说。

最后，杨先生同意到酒店考察一下并签订合同。

挂断电话，小文觉得这个月自己的预订任务可以轻松完成了。此后，小文又接了几个中低档的宴会预订电话，态度十分淡漠。这些电话中，其中有一位东北口音的赵先生，想要预订一个30人的庆功宴会，小文不耐烦地说没位置了，让他到别的酒店预订。

第二天上午，小文高兴地等待杨先生来签订合同，但是直到下午也没等到人，只等到一个电话。

"文小姐，很抱歉，我们总经理不想在贵酒店预订宴会了。"杨先生说。

"为什么会改变主意呢，是不是需要我亲自过去一趟，"小文眼泪都急出来了。

"不用了，那个预订30人庆功宴会的东北人就是我们总经理，他说让一个连30人规模都无法预订的酒店来搞一个300人的宴会，他不放心，所以决定改订其他酒店。"杨先生充满歉意地解释。

"这个……"小文顿感茫然。

营销小翘板

案例中的小文就是因为没能很好地自我沟通，在与客户交流时没有亲和力，不能感染客户，让客户失去信任，导致失去客户。自我沟通可以让人心境变得积极，从而更有亲和力和沟通力，感染客户，与客户有效沟通，形成良性循环，造就自己成为赢家。

192　百货公司经理的智慧

杨帅在一家百货公司买了一套西服，穿了之后感觉跟店里的效果不一样，更严重的是这套衣服褪色，把里面穿的白衬衣的领子染黑了。于是他回到那家专柜，找到先前卖给他的那位销售员，打算把具体情况跟她说一下。但是那位销售员马上说道："这款衣服在我们店里卖过几十套了，这还是第一次听有客人反映不满意。"

杨帅听了很窝火，于是二人争执起来，另外一位销售员走了过来，说："所有的黑色衣服刚开始的时候都有点褪色，这是没有办法的事情。况且这价格也很便宜。"听到这里，杨帅的火气更大了，愤怒至极。于是三个人吵了起来。

这时候百货公司的经理走了过来，他先是一言不发地从头至尾听顾客讲述事情的经过。当杨帅讲完后，又让店员说了她们的原因，然后又以杨帅的立场进行分析，认为顾客的衬衣表领不应该被染黑，而且还告诉他们，商场不允许让顾客不满意的行为发生。

这位经理首先向杨帅道歉，然后说："先生，你想怎么处理这件衣服，我们一定照办。"杨帅说："这件衣服肯定是有质量问题的，我需要换一件。"于是经理拿出一套新的西服，说："先生可以先试穿一个星期，如果还是不满意，可以过来退款。"杨帅的怒气不仅消了，而且十分地佩服这位经理。

营销小翘板

魅力沟通就是通过一定的沟通技巧，在沟通的过程中展现自我的个人魅力，迅速与顾客建立亲和力和交情。沟通的好坏是人们做任何事做得好或不好的关键因素之一。缺乏沟通或者不善于沟通，会带来许多的分歧、冲突和难题。

193　一定要抓住客户的动机

在一家汽车销售中心，一个顾客过来买车，下面是销售员与顾客之间的对话。

顾客：请问你们的售后服务如何？

销售员：先生，您好，我很理解您对售后服务的关心，毕竟这不是一个小的决策。请问您所指的售后服务是哪些方面？

顾客：是这样的，我之前买过一部车，行驶了一段时间就出现了漏油，厂家也及时进行了维修，但是没过多久又开始漏油，再去修就要交3000元的维修费用，跟他们理论也没能得到满意答复，只好自认倒霉。不知道你们在这方面是怎么做的？

销售员：呵呵，您真的很坦诚，除了这些，您还有其他方面的顾虑吗？

顾客：主要是这个问题，其他没有了。

销售员：那好，我非常理解您对这方面的关心，不少人也有这种顾虑。我们的产品采用的是标准的加强型油路设计，封密性极好，在正负温差50℃或润滑系统失灵20h的情况下也不会油路损坏，出现漏油的概率几乎为零。当然，万一出现漏油，您也不用担心，我们承诺一周内无条件退货，一月内无条件换货，一年内无偿保修。您觉得怎么样？

顾客：那就好，我放心了。现在下单子吧！

营销小翘板

顾客对销售员的回答非常满意。销售员采用了有效的提问，给予顾客被人尊重的感觉，更有利于找到顾客问题的真实动机，很好地解决了顾客的问题。有效提问是指销售在同客户接触的过程中，为获取更多与客户有关的准确信息，比如客户的身份背景、生活习惯等，以支持完成其销售，而提出的相关问题。

194　三分钟的时间很珍贵

乔治在美国是一个很著名的销售员，他有一个绰号叫做"花招先生"。这个绰号源自乔治是一个很注重开场白的人，他会变着花样地吸引客户的注意力。

当乔治向他人传授销售成功的秘诀的时候，这样说道："当你面对客户的时候，要让你们之间的开场白尽量变得独特、与众不同。"乔治在拜访客户的时候，会准备一个三分钟的蛋形计时器，放在桌子上，然后对客户说："请您给我三分钟的时间，三分钟一过，最后一粒沙穿过玻璃器的时候，如果您不想再听我说话，我立即消失。"蛋形计时器是乔治在销售过程当中常用到的道具之一，除此之外还有闹钟、20元面额的钞票以及其他小玩意。这使得客户有足够多的时间静静地听他讲话，而且往往会产生兴趣。

除了借用道具之外，乔治还会在语言、口气、表情上下功夫。有一次他去拜访一个名叫吉姆的客户，问道："先生，您知道世界上最懒的东西是什么吗？"吉姆摇了摇头，表示不知道。乔治笑着说："那就是您存起来不花的金钱，它们原本可以用来买电视机，让您度过每一个美好的夜晚，但是您却将它们放在银行的保险柜里面。所以说它们是世界上最懒的东西。"吉姆听完哈哈大笑，决定订一台电视机。

营销小翘板

开场白效应强调销售员与客户见面时开头说的几句话的重要性。只要开场白开得顺利了，客户对你的印象自然加深许多，更会在心底认可你。这就是第一感染力。

195　信函带来的机会

小张是一名保险推销员，以前业绩十分的好，但是最近苦恼极了。因为他已有的客户资源几乎全部用光了，工作毫无进展，整天无所事事。公司别的销售人员都跑出去拉人，他只能独自坐在公司里看着窗外来来往往的行人发愁。

正处于苦闷之中的小张无聊地拿起放在桌上的报刊、杂志随便翻看了起来，这一看发现了许多门道。他发现许多人因为某些缘故会在杂志报纸上留下自己的地址，于是灵机一动，为什么不按照上面留下的地址给他们写信呢？在信上陈述要比当面陈述容易得多。

于是小张马上行动起来。用打字机打印了一份华丽优美的信，然后复印成许多份，写上不同人的名字，依次寄出；寄走后，小张开始了焦心的等待。

几个星期后，令他兴奋的是，有几个客户给他写了回信，表示愿意加保。这件事对小张鼓舞很大，于是，他决定趁热打铁，对于没有回信的直接拜访。出人意料的是效果特别好，会谈时他们不再询问有关寿险的知识，因为信上已写过，而询问的是加入寿险有什么好处，有何保障等实际操作之类的问题。

营销小翘板

信件约见法是指通过信函的形式，创造与新客户面谈的机会。小张寄出的信函的成功率是30%左右，这远比用其他方法所获得的成功率高得多。

196　消除客户的购物障碍

华美小姐在一家房地产公司做置业顾问。这天，来了一个客户张总。张总已经是第四次来了，前三次都是由不同的置业顾问接待的，但是每次都没有谈妥。这次，华美决定上前试一试。

华美："先生您好，请问有什么需要我帮助的吗？"

张总："楼盘我还蛮喜欢的，但是你们的项目物业管理费太高了，我觉得不

划算。”

华美：“不好意思，先生，情况是这样的，我们的物业管理之所以收费高是因为我们的管理服务质量好，换个角度想，对您而言其实是件好事。小区物业管理保证提供的是五星级服务，包括整个小区的清洁、环境以及安全管理，还承诺对您提供更多个性化服务，像代订机票，如有需求，还可以定期帮您打扫卫生等，充当您的私人管家。而这些可是其他小区做不到的啊。如此省心，这可不是一点点钱能随便解决的，您看是不是这样？”

张总：“你说的这个倒也是，但是我还有一个疑问，关于付款问题，我不想一次性付款，能不能做两年分期付款？”

华美：“我们公司近期推出一个新的优惠政策，采取一年免息分期付款，您可以选择在一年内分三次将款付清。至于您说的两年分期，从公司这边目前看来还不可以。而且，针对您个人来说的话，我觉得也没有必要。因为我们项目一年之后就可以交房了。”

张总：“一年分期也行吧！”

华美：“那您还有其他问题吗？”

张总：“基本没了。之前来三次，就是这两个问题没有解决，还好你给我的解释让我感觉满意。”

华美微微一笑，说：“那我现在就把合同拿来给您看看，您觉得呢？”

营销小跳板

ABC成交法是一种比较简单的成交方法。当销售在与客户进行谈判的时候，碰上客户提出类似于ABC这样的问题，销售可以通过扫除障碍的方式，将问题一个个地解决掉，最后让客户满意，并成功取得销售订单。

197　对有的客户步步紧逼

韩美最近准备和老公一起购置一套房产，经过多方面的比较，最终选定A公司的一套。由于韩美性格比较挑剔，所以，尽管她也喜欢这套房，但却迟迟未下购买的订单，总觉得哪个地方还存在问题。

韩美说：“我还需要找家人商量一下。”

售楼小姐说：“韩小姐，从您的气度、谈吐，就知道您是一个很有主见的人。买房子的确是一件大事，必须小心谨慎，但是您再想想，这么低的价格，这么好的户型，还有环境地段，您一定比我更清楚这一地段的未来发展趋势。”

韩美想插话，但是一直插不上嘴，关键是售楼小姐说的也很有道理。

售楼小姐继续说："在生意场上做生意，讲究的就是效率，不然错过这么好的机会，实在是可惜。前几天还来了一个客户，当场就看中了一套房，我劝他可以先把合同签下来，他说要回家商量一下，第二天再回话。结果当天晚上就被另外一个客户看中，当场签了合同。你看看，机会一旦错过，再后悔就晚了。如果没有其他什么大的问题，咱们现在就把这套房子订下来吧。您带身份证了吗？"

就这样，韩美只得下单子订房，当场把合同给签下了。

营销小跷板

步步紧逼成交法是指当销售在与客户反复沟通交流之后，客户迟迟未能作出决定，并表示还要再考虑一下，说明客户可能不是很想购买，但是碍于情面，不便直接说出口。这个时候，销售可以通过充分了解客户的购买障碍，并有针对性地主动进攻，促使成交的尽快达成。

198 破釜沉舟的销售

刘欣在家上淘宝网的时候，看见一套名牌新款服装，十分喜欢，但是因为价钱太高，没去购买。恰巧这天和朋友一起逛街的时候，发现一家外贸原单服装店居然有同款。只是价格让刘欣始终下不了购买的决心。刘欣最近一有空就到这家店来看衣服，每次都在这件衣服前面犹豫半天，最后又走掉。

后来刘欣下班又来到了这家服装店，发现原来挂那件衣服的模特换上了另外一件衣服，在店里找了一圈以后，还是没发现之前看上的那款。于是，她赶紧向导购咨询。

导购说："那件衣服已经被一位顾客预订了，过一会儿就回来取货，您如果实在喜欢，我们家还有其他款的。我可以给您推荐推荐。"

懊恼不已的刘欣求了导购半天，看能不能补货。导购向她推荐了其他款，但刘欣执意就喜欢那件。实在没办法导购同意帮忙补货，不过要一个星期以后才能拿到，并且在原价的基础上还要加上运费。刘欣还是爽快地答应了，并交了押金。

这位导购阿姨成功地运用了釜底抽薪的方式，让刘欣下决心购买了。

营销小翘板

对于看中了产品，但是却迟迟下不了购买决定的客户，便可采用这种釜底抽薪成交方法。运用釜底抽薪成交法需要注意的是一定要提前找好相似替代品供客户选择，如果客户执意要最初的产品，销售则要懂得灵活变通，在客户愿意马上成交的情况下，把最开始的产品卖给客户。

199 虚心接受批评

张晴和男友准备年底的时候完婚，最近忙着看房。经张晴的朋友介绍，两人趁着周六，开车前往新开发的楼盘看房，这次看房相对来说还是比较满意的。唯一觉得不喜欢的地方就是涂料。

张晴找到置业顾问，说："你们的房子，我什么都满意，只有一点觉得不好，那就是房子的外观涂料太难看了，显得不够档次。"

置业顾问解释说："实在是抱歉，张小姐，您刚刚所提到的这个问题，很多客户也向我们反映过了，我们也觉得很有道理。但是，任何产品都会存在这样那样的问题和缺陷，都没有十全十美的，您说呢？"

置业顾问接着说："那么你觉得好房子的标准是什么呢？"

张晴想了想，说："当然是住着舒服喽。"

置业顾问说："如果是住着舒服，那房子的外观涂料实际上对您的要求并无影响的，对吗？您在之前的看房中，应该也见过一些外观看上好像很华丽但内部结构其实并不合理的房子。您认为那种住房和我们的相比，您住哪一种会更舒服呢？"

张晴犹豫了一会儿，说："嗯，说的也是……"

"您还有其他什么要问的吗？如果没有其他问题的话，不如我们现在就把合同给签了吧。"

张晴满意地笑笑说："呵呵，好的。你们服务挺不错的，房子也不错。如果以后我认识的人买房，我一定把这推荐给他。"

营销小翘板

次要问题主要是指客户对所谈项目产品的细节存在一些疑问，但是这些细节问题又无伤大雅，这个时候，销售员对客户的疑问不需要进行反驳，而是认真地解释，承认任何产品都存在缺陷，并告诉客户今后会注意类似问题，以此来获得客户理解，加速成交。

200 鲍威尔成交法

张磊是做电器销售的，对于销售当中的一些技巧性问题早就驾轻就熟。在促成一件销售的过程当中，一定会出现影响购买决定的情况，例如，他们常常会说"我要考虑一下"、"让我想一想"诸如此类的话语。

对于顾客的这类话语，张磊在掌握技巧后，通常会这样回答："您好，先生，很明显您不会轻易说要考虑一下，除非您对我们的产品真的很感兴趣，对吗？"

然后静待几秒钟，留足够的时间让顾客做出反应，顾客一般说："你说得对，我们确实感兴趣。"

张磊说："先生，既然您真的对我们的电器感兴趣，那么我们可以假设您会很认真地考虑我们的产品，对吗？"在问的过程当中，张磊故意将"考虑"二字慢慢地说出来，并且以强调的语气说出。

顾客经张磊这么一问，开始有点不知所措了。张磊接着问："先生，请问我刚刚是漏讲了什么或是在哪些地方还没有解释清楚吗？"

顾客赶紧说："没有！没有！你已经解释得很清楚了。"张磊说："那就好。其实您看中的电器现在正在活动期间。如果您愿意购买的话，我们会为您打折的。"

顾客问："活动什么时候结束？"张磊一听，确信顾客已经有了购买欲望，便回答说："这星期日就是最后一天了。您很有眼光，这套电器是我们的新产品，设计新颖，并且是全自动化的，也有好多人都来看过、说要买，现在几乎没有库存了。"

顾客立刻说："好吧，那我今天下班就过去。"

营销小翘板

鲍威尔成交法是借用美国国务卿鲍威尔曾经说过的话：拖延一项决定比做错误决定浪费更多美国人民、企业、政府的时间和金钱。对于顾客来说，主导他们作决定的因素不是购买的好处，而是万一出现的失误，使得他们不敢承担作出正确的购买责任。对于这样的顾客，可以采用鲍威尔成交法。

201 用真心换真心

张瑞是一个出色的化妆品销售员。她手头上积累了一批固定的客户，这些客户每当在遇到一些护肤方面的相关难题的时候，就会主动来找张瑞。

当一个新来的客户，想要购买一套或者其中几样护肤品的时候，张瑞通常会这样跟顾客讲："您好，太太，请问有什么需要我为您服务的吗？"

顾客说道："我没用过你们家的牌子，之前用的是其他品牌的，现在想换一换。"

张瑞耐心地讲道："哦！原来是这样啊。当我们选择一套护肤品的时候，一定要先了解自己属于什么类型的肤质，因为每个人的肤质是不一样的，同一款产品，她用得好，在你脸上或许就不合适了。"

之后张瑞通过测试就能够判断出客户的肤质，于是说："从你的脸部来看，应该属于干性皮肤，对吧？"

顾客点点头，说："对。就是干性的，我这张脸一到冬天就干得不行。"

张瑞说："对于干性皮肤而言，最让人烦恼的就是皮肤容易干燥。不过呢，这种皮肤也有它的优势，那就是毛孔比较细腻，嫩得能捏出水来，特别是在保养好的时候，给人一种吹弹可破的感觉。"

张瑞的这番话，让顾客心里感到暖暖的。接着她又说："针对你的肌肤，我们家倒是有一款产品比较适合你，如果你现在有时间的话，让我给你免费试用一下。"

在经过一番耐心试用后，顾客最终买了一套护肤品，并且要了张瑞的电话号码，说是以后碰上什么跟护肤相关的问题，可以问一问她。顾客完全是被她耐心的态度以及积极的语言所折服。

营销小翘板

自然期待法是指推销人员用积极的态度，自然而然地引导顾客提出成交的一种方法。自然期待法并非完全被动等待顾客提出成交，而是在成交时机尚未成熟时，以耐心的态度和积极的语言把洽谈引向成交。

202　买不完的名包包

瑞云是某品牌钱包的专柜售货员。一开始，她的生意十分冷清。瑞云十分焦急，经过冥思苦想，终于想出一个办法。她请自己的几个朋友装作客户，站在柜台前向自己询问商品的情况。这时，另外几名路过的行人也停下脚步，跟过来凑热闹。柜台前的人越来越多，相当于为自己的专柜无形中做了宣传。行人们纷纷好奇："这里卖什么牌子？……什么包包如此地受欢迎？"于是，瑞云靠着这个办法吸引了许多"从众型"的顾客。

瑞云深受启发，决定充分挖掘从众型顾客。后来，她再和顾客聊天时，就顺便问问顾客的职业、爱好等等，并且重点选择地记下来。日后，若再有客户光顾，她就会提起曾经有哪里的白领或知名人士购买过，或者说一些名人喜欢用自己的产品等等。在一些顾客心中，名人就是品牌方面的权威，他们愿意相信这些人的选择是好的。

从此，瑞云的生意越来越好，没过两年就晋升为经理。

营销小翘板

从众成交法也叫做排队成交法，是指推销人员利用顾客的从众心理，促使顾客立刻购买推销品的一种成交方法。社会心理学研究表明，从众行为是一种普遍的社会心理现象。人的行为既是一种个体行为，受个人观念的支配，也是一种社会行为，受社会环境的影响。

203 遇到干练的顾客

魏永是一家公司的大老板，做事干脆利落，决断英明，不拖泥带水。周林是一家汽车公司的销售员，销售业绩一直在公司里不是很好。

这家汽车公司想给魏永推销自己的产品，周林就毛遂自荐，本来领导不想让他去的，但是见他自告奋勇，于是勉强答应了。周林一走进魏永的办公室，就赶紧上前去握手。坐下之后，便问候魏永："魏总，最近工作忙吗？不知道您是否看了昨晚的NBA比赛，那个新来的后卫实在太差劲了。"周林开始滔滔不绝，想要和魏永套近乎，可魏永却一脸茫然，因为他对篮球一点兴趣也没有。

周林见魏永不做声，就改变话题。他从天气扯到爱好，又从爱好谈到家庭，最后才转回到自己要推销的产品上。并且在沟通的过程中，一直都是他在不断地说，魏永只是偶尔附和几声，丝毫没有表现出对周林的产品有兴趣。最后，谈话不得不在魏永要去开会的理由下结束了。周林当然没完成任务。

营销小翘板

能言善辩对销售员来说，固然是一种非常优秀的能力，但"周林"也应该学会"见风使舵"，当面对干练型的顾客时，最好还是开门见山、一针见血，直截了当地说明自己的目的，这样更容易接近顾客。

204 聪明的建筑涂料供应商

国外一家提供建筑涂料的供应商发现涂料承包商（主要客户群）面临越来越多的环境保护压力，于是这家公司新生产了一种树脂性涂料，尽管价格提高，但更加符合环保要求，且性能得到了提升。

可是过了几个月，这个供应商发现客户反应平平，他们表示除非法律硬性要求环保指数，否则他们不会出高价购买这种新开发的涂料。于是这个涂料供应商重新进行了市场研究，发现在涂料承包商的成本中，涂料只占了15%，而劳动力在成本中占有很大的比例。于是供应商改变策略，发明了一种很快就能变干燥的新型涂料，它使工人可以在8小时之内完成两次涂漆，令涂料承包商们节省了成本。

这家供应商根据客户需要而调整了自己的价值主张，环保成为了产品的次要特征，而缩短干燥时间上升为主要特点。后来，这个供应商用比传统树脂涂料高出40%的价格卖出了自己的新产品。

营销小翘板

客户价值主张是指对客户来说什么是有意义的，即对客户真实需求的深入描述。对于客户价值主张，在实际操作中体现在客户选择产品或服务时的几项关键指标。如客户在采购大型设备时主要关注的有质量、售后服务、价格、品牌等方面，那么销售人员在选择供应时也将从这几个方面进行考察。

205 强化客户的购买动机

张丽丽是一个有选择恐惧症的人，每次买东西都感觉很困难，因为她总是犹豫不决，迟迟拿不定主意。现在，她准备为父母买套房子，看房是一个煎熬的过程。

置业顾问："张小姐，既然您还是犹豫不决，不妨让我帮您做一个买还是不买的对比分析，如何？"

张丽丽点了点头。置业顾问："首先，如果您买我们的房子，可以解决工作方面的问题，据您讲述，您现在上下班大概要花一个小时的时间，但是您一旦入住到我们这里，上下班只需要几分钟就可以搞定；其次，这附近教育设施已是相当的完善，孩子今后的教育对于家长来说相当重要，您买了我们的房子，孩子的教育问题就解决了；再次，您买房还改善了居家环境，可以和父母亲分开住，解决了老人与年轻一代在生活方面的诸多不便，而且我们项目周边配套设施完善，商场、银行、休闲娱乐场所应有尽有。不知道您还犹豫什么？"

听完置业顾问的话，张丽丽说："咱们现在谈谈合同吧。"

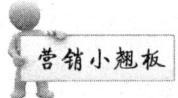

营销小翘板

富兰克林成交法是指销售对犹豫不决、反复比较的客户，通过列举事实、讲道理等手段进一步强化客户的购买动机，让客户真正意识到购买的价值所在，并下定决心购买。

206 如何让顾客记住你

约翰虽然长得相貌平平，但是他有一副美妙的嗓子，具有迷人的诱惑力，受到不少客户的欢迎。有一位资深专业推销人员说："约翰是我见过的最好的电话询问员之一。"

约翰非常善于与他人相处，特别是他和客户助理们聊天，经常会彼此交换一些俏皮话，例如，他会说："伙计，你听上去很精神，是不是早上出门捡到钱了？"

当说完这些调皮话之后，他还会讲："顺便问一句，你老板今天在不在啊？"然后很快主管的电话就会被接通。

与主管电话接通后，他会幽默地说："伙计，要想找到你可比一个远在欧洲的参议员还难。"

这种调侃式的话语毫无例外会引发一阵大笑。接着他又说："你知道，我找到了你可以将钱全部带走的办法。"

主管自然好奇地问："是吗？跟我说说吧。"约翰回答："美国银行的分行遍布整个地球。"

就这样，约翰用很短的时间就从主管那儿得到了回应，并且专门给他安排了一个见面的时间。

当约翰的上司，也就是这个项目的负责人前去拜访这位主管时，这位主管会对约翰没能同来感到失望，他不高兴地说："我希望你所懂的和约翰一样多。"

营销小翘板

电话约见法是指通过打电话的形式与顾客约好见面的时间。如果是第一次电话约见，在有介绍人的情况下，需简短告知对方介绍者的姓名、自己所属公司与本人姓名、打电话事由，然后请求与之面谈。

207　蜜月成交形成的"战略联盟"

欧阳先生是一位企业老总，性格比较强势。考虑问题也比其他人要全面、透彻些。在向他推销的过程当中，销售人员很难成功。

欧阳先生有一个感情稳定的未婚妻，二人下个月结婚，所以准备购买一套婚房。

看房的时候，欧阳先生是带着自己的未婚妻一起过去的。置业顾问很是热情地将欧阳先生的未婚妻夸奖了一番，说："您一定是欧阳老总上次所提到的微微小姐吧？欧阳老总上次说了，他满意不算，一定得您满意了才行，可见欧阳老总把您看得很重。"

未婚妻客气地回答道："他看中了就行，但是他非让我也来看看。"置业顾问说："那只能说明欧阳老总深爱您，他想把最好的给您。上次欧阳老总过来看中的那套房可是我们这里的'楼王'啊！他知道您喜欢水，所以特地挑选了最高层，一个带130平方米的观景台。你们结婚后，生活一定充满情调。"

然后顾问又扭头对欧阳老总说："是吧？您的这番良苦用心，我想微微小姐最明白的。"欧阳先生笑着说："如果她明白，自然最好。"

置业顾问："微微小姐，您觉得怎么样呢？"她只好点点头。如此一来，置业顾问成功地将这套房子给卖了出去。

营销小翘板

蜜月成交法同"战略联盟"类似，当客户恰好是一对夫妻或者亲人、朋友什么的，每个人的观点未必一致，甚至会出现较大的偏差。这个时候就可以采用蜜月成交法，用套近乎的策略，首先博得认可产品一方的好感，再由他出面说服犹豫的另一方，这样一来就会达到事半功倍的效果。

208　通过沟通说服客户

王梦是一家IT企业的业务员，她所在的公司正在进行一项笔记本电脑的促销活动，有一天，她电话联系了一位潜在客户。下面是他们对话的全过程。

王梦：您好，先生，我是博雅公司的工作人员，目前，我们公司正在做一项调研活动，能耽误您一会儿时间，问您几个简单问题吗？

客户：请讲。

王梦：您是否经常使用电脑？

客户：上班是离不开电脑。

王梦：那您是用笔记本，还是用台式？

客户：办公使用台式，在家用笔记本。

王梦：目前我们正在进行笔记本电脑促销活动，您是否有兴趣了解？

客户：你不是做调研吗？怎么又成了笔记本促销？

王梦：其实，也是调研，但是……

客户：不用说了，我有笔记本，而且用得很好，不需要买你的。

王梦：不是这个意思，我是说这是一次难得的机会。

客户：对不起，我还很忙。

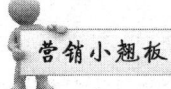

营销小翘板

类似的销售经历是大多数销售人员都常遇到的，销售失败的原因就是沟通存在问题。达成有效沟通须具备两个必要条件：首先，信息发送者清晰明白地表达信息的内容，以便信息接收者能彻底理解；其次，信息发送者重视信息接收者的反应并根据其反应及时修正信息的传递，免除不必要的误解。两者缺一不可。

209　让客户拥有有效的选择范围

张健工作以后，经过几年的积攒，手头上也存了数目不小的一笔钱。眼看母亲的年纪越来越大了，一个人在老家也挺不方便的。他盘算着把母亲从老家接到身边来，于是准备在工作所在城市购买一套小户型的房子。他转了好几个楼盘，最后选择了一个周边环境比较安静的地方，有针对性地看了好几套小户型的房子，在售楼部，置业顾问说："张先生，您刚刚看的75平方米和80平方米两种小户型的房子，您更喜欢哪一种呢？"

张健："我现在还真是拿不定主意，你帮我参考参考，两种户型当中，哪种适合我呢？"

职业顾问解释说："两种户型各有优势，75平方米的户型面积虽然小一些，但更实惠，不过它的缺点就是不够通透、明亮；至于这套80平方米的房子，它的总价虽然高那么一点儿，但是房屋的光线、通风都比较好，如果从居住的舒适角度来考虑，我个人建议您还是买80平方米的。况且，这样对于老人来说，也更有利于健康。"

张建说："我觉得你讲得挺有道理的，那就买80平方米的房子吧！"

选择成交法又叫做有效选择成交法，是指销售人员特意为顾客设计出一个有效成交的选择范围，让顾客在有效成交范围内进行成交方案选择的一种营销技术。

210 欲擒故纵更容易获得成功

王帅在一家房产公司做顾问，一天，一位客户向他解释说："小王，真是不好意思。这套房子是准备买给我女儿的，原来说好昨天从美国赶回来看房，但她那边这两天事情比较多，可能近期都赶不过来。所以我想把之前交的定金给退了。"

王帅说："没关系的，张阿姨，您的情况我也了解，这样吧，我先向我们经理请示一下，先把定金退给您，房子我还是暂时给您留着，如果谁想要这套房，我会在第一时间通知您的。"

客户说："小王，真是谢谢你了。你放心，等我女儿忙完之后，我一定让她过来看看。"

王帅在征得经理的同意之后，把定金退给了顾客，并亲自把她送到售楼处的门口。走的时候还不忘跟张阿姨拉下家常。

一周以后，王帅给张阿姨打电话："张阿姨，您好啊，我是王帅，您现在在家吗？明天是圣诞节，我给您订了一个小礼物，您回头签收一下。天气越来越冷了，您可要注意身体啊！对了，那套房子我还为您留着呢。"

后来王帅经常打电话问候张阿姨，并且提供不少帮助，张阿姨对他十分有好感。于是张阿姨打电话逼着女儿从美国赶回来，专门买了那套房子。

欲擒故纵是销售中一个很好的方法，但是对待客户我们一定要真诚，不能耍花招，也不能弄太多的噱头。这样才能取得客户对我们的信任，促进成交。

211 如何把绿色海带推销出去

冯晓是一名从事绿色产品销售的推销员，主要负责推销公司刚做的绿色有机海带。由于她刚刚涉及推销这个工作，因此一开始的时候并不顺利，常常遭到拒绝，

一是她自己的销售技巧不够完善，二是这种有机海带价格比较高昂。

但是她的同事小琪的推销工作却风生水起，做得十分的顺利，并且与好几个大酒店签订了长期合作的协议。冯晓很奇怪，同样是一起入职的推销员，为什么我就卖不出去呢？

于是冯晓趁着周六，专门请小琪出去吃饭，顺便请教她推销的技巧。小琪是个直肠子女孩，直截了当地说："其实我也没什么神秘的技巧，关键是在我推销的时候，我把这种海带的优势和更为养生的做法告诉了酒店的厨师，并且请他们品尝。他们觉得果然很新鲜，于是就没什么疑虑，然后就进行采购了。"

冯晓还是觉得奇怪，这些我也懂得，为什么还是卖不出去呢？于是她反问道："仅仅就这些吗？"小琪说："真的就这么简单，但是你一定要注意专业知识的解释，告诉他们有机产品的优点，怎样吃更加健康，这一点一定要把握好。"

冯晓以后在推销过程中，必定把有机产品的专业知识详细介绍出去，这样没多久就收到了订购的单子。

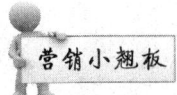

营销小翘板

专业知识是指一定范围内相对稳定的系统化的知识，对于销售行业来讲，专业知识则是指那些与所销售产品相关的知识，如产品的特性、产品作用以及产品的相关背景。

212　有人的地方，就有生意

美国福特汽车公司在1956年推出一款新车。该汽车样式、功能都很好，价格也不高，但销量却一直上不去。这时，有一个名叫艾柯卡的青年在福特汽车公司做见习工程师，他终于想出一个办法，内容是："花56美元买一辆56型福特。"

具体做法是：谁要买一辆56型福特，需要先付20%的首付款，剩下部分每个月付56美元，直到付清为止。艾柯卡的方法得到了采纳，人们认为这样买车很划算，这款汽车的销售量在短短的三个月内一跃成为冠军。而艾柯卡也受到赏识，被调为华盛顿地区经理。

营销小翘板

在日常的工作当中，当面临问题时，一定不能气馁，只要找对方法，问题一定可以迎刃而解。哈默定律是由西方石油公司董事长哈默先生提出来的，哈默定律指

出天下没有什么是坏买卖，只有蹩脚的买卖人。有人的地方，就有生意和利益，只有不会做买卖的人才会看不到商机或错失商机。

213 化妆品公司的表演会

一个精明的老板，把化妆品公司开在一所大学的周边。老板比较关注学生的动向，经过多天观察发现，这些大学校园里的女学生，开始学习修饰和装扮自己，不可避免地就会在护肤美容上投资一番。

为此，化妆品公司的老板决定举办一场服装表演会，并聘请知名度比较高的明星或者是模特到场进行现身说法，教她们一些美容方面的技巧。在让她们欣赏、学习的同时，老板也利用这一机会宣传自己的产品，表演会结束后，他还不失时机地向女学生们赠送一份精致的礼物。

这些学生事先收到公司寄来的请柬，这份请柬也是公司刻意准备的，精巧细致不说，连上面邀约的话语都充满了趣味性。老板认为，之所以采取这样的方式进行推广，是有着长远打算的。通过与这些女学生建立一个稳定的关系，将她们发展成为公司的忠实顾客，在往后购买化妆品的时候，就会毫不犹豫地选择公司的产品。

营销小翘板

无疑，这个化妆品老板是精明的。忠诚性购买行为与消费者对产品品牌的态度、信任程度以及产品的购买习惯有关。当某种品牌已为消费者所偏爱，并取得消费者的信任时，消费者一旦需要这一类别的产品，就会毫不犹豫地选择该品牌，而不愿意花时间去把这种品牌与其他品牌作比较。

214 借助他人力量实现目标

2008年中国举办第29届奥运会，许多赞助商希望通过北京奥运会的强大影响力，对自己进行一番推销。有关经济学家分析，一般情况下企业投入1亿美元，品牌知名度只能提高1%，但是赞助奥运，投入1亿美元就可让知名度提高3%，翻了三倍。LC便是一个凭借北京奥运会推销自己的成功例子。

数据表明，自从LG成为北京奥运会赞助商以来，无线通信产品销售额从2000年的41亿美元上升到2001年的50亿美元，增长额非常高，这也证明了赞助奥运对产品销售在某种程度上有着无比巨大的影响。

借势营销是将销售的目的隐藏于营销活动之中，将产品的推广融入到一个消费者喜闻乐见的环境里，使消费者在这个环境中了解产品并接受产品的营销手段。具体表现为通过媒体争夺消费者眼球、借助消费者自身的传播力、依靠轻松娱乐的方式等潜移默化地引导市场消费。

215　记住每位客人的名字

江西庐山是我国著名的旅游胜地，去往庐山旅游的旅客不计其数。当然庐山附近的宾馆也是多如牛毛，然而，不管是在旅游旺季还是淡季，华泰宾馆的生意永远是庐山上众多宾馆当中最火爆的。

张建每年都要陪同父母去一趟庐山，而且每次必选华泰，张建说，他之所以每次来都选择住宿这家旅馆，是因为这家旅馆对待每一位客人都细心体贴，特别是在细节之处。

华泰宾馆的服务员会帮每一个来此住宿的旅客的鞋子擦得发亮，并且对于要出门的顾客，服务台还会将当天的天气预报提前告知客人。让每个在这里住宿的客人感觉到真正意义上的宾至如归。当顾客准备离开宾馆，到前台结账的时候，店主与店员还会一同站在宾馆门口说："再见，祝您一路平安。"

更让旅客惊讶的是，即使是只在这里住过一夜的客人，在第二天准备离开的时候，店主和店员都会准确地叫出每一个顾客的名字。原来，该店采取一对一的服务方式，也就是每一个店员服务固定的几个客人，并且针对来客的不同需要，提供不同的服务项目，包括为客人安排好每天的行程路线等。

这种人性化的，一对一的服务方式，毫无例外地成为华泰宾馆生意火爆的重要原因。一对一销售服务是指销售人员通过与每一位顾客进行一对一沟通，明确把握每一位顾客的需求，有针对性地为其提供专门的个性化服务，以求最大限度地满足购物者的需求。

216 变"有形服务"为"有心服务"

一天，一对老人来到迪尼斯乐园，他们抱着一个特大号的毛绒玩具走进了里面的一家餐厅。站在门口迎宾的服务员看见了，热情地打招呼，并问："多可爱的毛绒玩具啊，应该是送给你们孙子的吧？"迎宾发自内心的关切问候，让二位老人觉得十分的温暖，也敞开心扉跟迎宾讲起了买这个毛绒玩具的真正目的。

原来这都是去年的事情了，二位老人带着自己的孙子到游乐场来玩耍，他们就买了一个送给孙子。如今孙子跟着爸爸妈妈回了加拿大，两位老人十分的想念，于是再次来到游乐园买了一个毛绒玩具，看着这毛绒玩具就跟看见自己的孙子一样。

服务员一边耐心地听着两位老人讲述有关他们孙子的故事，一边搬来椅子，让两个老人坐下。随后让餐厅的服务生给老夫妇安排就餐的位置。两个老人很满意地吃完这顿午餐，临走的时候再三对服务员说："谢谢，实在是谢谢了！下次孙子回国的时候，我们一定带着他来你们这里就餐。"

营销小翘板

服务有形化是指服务性企业借助服务过程中的各种有形要素（包括实物、数字、文字、音像、实景、事实以及其他可视方式），使无形服务及企业形象具体化和便于感知的一种方法。

第七章

销售技巧——动之以情、晓之以理、诱之以利，灵活运用销售技能

217　巧妙地改变新的包装

华泰是一家专门从事奶粉生产的公司，在整个奶粉行业来看，属于刚刚起步的公司。它不仅受到鲜奶生产企业的威胁，而且自己生产出来的奶粉也没什么特色。

通过投入大量的资源进行研究，华泰终于在奶粉的改良技术上有了新的突破，生产出来了一种新的速溶奶粉，可直接用开水冲饮。这样一来，为在家操劳的主妇们节省了许多不必要的麻烦，也节约了大量的时间。

为了给顾客营造一种全新的感觉，同时考虑到原来的包装比较陈旧，不适合用在新产品上，于是华泰奶粉公司用带有锡皮里的硬纸对该种产品进行包装，奶粉呈小颗粒状，可以从盒旁小口倒出，倒完后将小口封闭，可以随便放在橱柜里而不必密封和冷藏。华泰奶粉公司对产品和包装所进行的改进，加上之前所做的大力宣传，使得该产品顺利占据了一定的市场份额，特别是赢得了一些年纪较大的消费者的青睐。华泰奶粉公司正是靠着新产品和新包装在奶粉市场上大获全胜。

营销小翘板

包装是指在流通过程中为了保护产品、方便储存、促进销售，按一定技术方法而采用的容器、材料及辅助物等总体名称，包括为了达到上述目的而进行的营销活动。

218　绿色消费的倡导

美国富顿公司的董事长乔治·富顿是一个善于观察思考的人，他发现纽约市每

天都有大量的垃圾产生，这些垃圾不仅没有被利用，还对环境造成了污染，对人们的健康也造成严重的损害。能不能变废为宝呢？这个问题成为乔治·富顿想要研究的问题之一。

经过专家的指点和多次的实验，富顿终于找到一个有效的办法：利用压缩机把混合有焦油的垃圾压成硬块，稍做加工. 这些硬块便可作为建筑材料。

富顿不仅从这一发现当中看到了商机，更明白这样做的意义。为此他成立了一家环境净化公司，对公司在净化纽约环境所做的努力进行大力宣传，赢得了民众的支持和肯定，因此声誉大振，同时也受到了政府减免税收的鼓励。

就这样，富顿公司不仅每月可以收到一笔可观的垃圾处理费，还可以用原料进行生产，生产出的产品供应给材料市场。对于富顿公司而言，这实在是一个无本万利的生意，公司不仅因此获利，还获得了良好的声誉。

营销小翘板

富顿公司之所以能获得成功，在于其具有绿色营销的意识。绿色营销是指企业在生产经营过程中，将企业自身利益、消费者利益和环境保护利益三者统一起来，以此为中心，对产品和服务进行构思、设计、销售和制造。

219 雪洋食品的调整

河南省著名的绿色食品生产企业之一的雪洋食品有限公司，曾被河南省人民政府评为"河南省方便面行业十强企业"，然而，随着近年来市场竞争的日趋激烈、原材料大幅涨价等原因，企业生产经营一度陷入困境。

为了摆脱这一困境，获得滚动式发展，雪洋食品决定采取深度营销策略，建立强势区域市场：首先是选择市场。雪洋食品把企业的销售半径由原来的500千米压缩为300千米，对企业的各细分市场进行仔细的分析和判断，对没有发展潜力且长期处于亏损状态的细分市场进行捆绑式销售或者自负盈亏；对于尚有发展潜力的细分市场，特别是企业的成熟市场，采取深耕细作的策略，以此巩固和提高企业在这些市场中的地位。通过对客户进行整合，使企业迅速恢复生产，加快了企业发展的步伐。

除此之外，公司还加强与经销商的关系。通过召开茶话会、培训会、座谈会等方式，加强与各级经销商建立全方位、互动式的沟通，切实站在经销商的角度去考虑问题，为经销商的发展出谋策划。

营销小翘板

深度营销就是以企业和顾客之间的深度沟通、认同为目标，从关心人的显性需求转向关心人的隐性需求的一种新型的、互动的、更加人性化的营销新模式、新观念。它要求让顾客参与企业的营销管理，给顾客提供无限的关怀，保持顾客长久的品牌忠诚度。

220　文化营销的新关系

洞宾酒作为一家并不知名的区域白酒，却在极短的时间内创造了奇迹，市场销售量突破了5000万瓶，区域市场的占有率更是高达95%；还因此接到中国台湾、韩国、马来西亚等地市场的大量订单。

洞宾酒何以得到市场的如此厚爱呢？这当中，文化营销起到了至关重要的作用。洞宾酒名字来源于吕洞宾，历史上的吕洞宾是道教中传真教的创始人，但是若以道家文化作为洞宾文化的核心内容，显然不足以引起人们的共鸣。因为大多数人在提到道教的时候首先想到的是老子，而不是吕洞宾。所以，如果把洞宾酒与道教靠得太紧，对市场的拓展并没什么好处。

实际上，吕洞宾使人印象深刻的，不是他的道教身份，也不是他的神仙传说，而是与之相关的乐善好施、助人为乐的故事。所以，归根结底，洞宾文化应归于"善"文化。基于此，洞宾酒的中心理念被定为"以善结缘"，并将"善结天下缘"作为其产品的强有力的口号。

营销小翘板

文化营销是一个组合概念，简单地说，就是利用文化力进行营销，是指企业营销人员及相关人员在企业核心价值观念的影响下所形成的营销理念，以及所塑造出来的营销形象，两者在具体的市场运作过程中形成的一种营销模式。

221　更高层面上解决消费者问题

联想集团作为国内IT行业的老大，其营销活动屡有创新，从对奥运会的赞助到2999元的笔记本电脑，每一次都让同行和市场感到震惊。但是，对于专业营销人员来说，联想集团最震撼的动作莫过于2004年下半年的逆向营销。

国内有不少企业都同时拥有外设和PC两条生产线，也常进行两种产品的联合促销活动。然后大多数企业都采用买PC送打印机的模式，联想在之前的营销活动中也仿效此法，然而，这一次它们来了个180度的大转变——买打印机送PC。如此颠覆传统，不按常理出牌的举动，令其他竞争对手倍感意外，同时对于联想的这一举动也顿感手足无措，它们的产品一时成为市场上抢手的香饽饽。

联想集团的这次营销活动并非草率而为，也不是刻意为了标新立异，而是在缜密的市场调研基础上作出的决定。市场调研显示，国内市场上确实存在着这样的消费者群体，他们是彩色激光打印机的最大用户群体，对打印机的要求颇高，而对PC的要求则相对较低。

营销小翘板

传统的营销思维是企业先制定营销战略，后选择相应的战术。而逆向营销理论则认为战略当自下而上发展而来，即先制定战术。

222　企业与企业的联合营销

2005年8月底，安利与NBA体育赛事的合作营销正式揭开序幕。自从姚明以状元的身份加入NBA以后，NBA俨然成为最受年轻人喜爱的体育赛事，NBA在中国的影响力也因此空前提高。

2005年8月29日，前休斯敦火箭队球星罗伯·里特来到北京，成为NBA与安利就"少年NBA赛事"达成合作协议的见证人。"少年NBA"是一项跨年度体育赛事，目的是在3个月之内为中国超过10万名的11~14岁的学生提供参赛机会。根据双方合作协议，安利还启动了体育营销计划：在赛事开展的同时，将纽崔莱的品牌传遍全国各地。

安利纽崔莱还以NBA中国市场合作伙伴的身份，在一些城市推出"安利纽崔莱家庭篮球技巧挑战赛"和"安利纽崔莱系列营养讲座"等，将参与人群进一步扩大，还提升了此次合作营销的影响力。

除了"少年NBA"赛事之外，安利还兼顾到了成人市场，在中国开展了一系列以NBA为主题的市场推广活动。在中央电视台以及各地方台播放NBA赛事的间隙插播广告进行宣传。用安利自己的话说就是，纽崔莱从此与篮球这一具有超人气和商业价值的大众体育项目结缘。

营销小翘板

合作营销也可以称为联合营销、协同营销。主要是指厂商之间通过共同分担营销费用，协同进行营销传播、品牌建设、产品促销等方面的营销活动，以达到共享营销资源、巩固营销网络目标的一种营销理念和方式。

223　维护好现有的顾客

衡量航空枢纽机场效率的最重要指标就是MCT，即飞机最短换乘时间。慕尼黑机场虽是德国的第二大机场，但是不管是国内航线还是国际航线，其MCT均为30分钟，这一速度在世界上也是首屈一指的。

慕尼黑机场一开始与其他机场的MCT数值很相近，可机场的工作人员发现这样会为许多赶时间或转乘的人造成不便，从而流失一部分客户，于是慕尼黑机场通过与航空公司合作、运用先进计算机管理系统、快速行李装卸等方法，使MCT速度得到了很大提高，为乘客提供了方便的服务。如今，慕尼黑机场的转机乘客平均占总客运量的37%。

另外，慕尼黑机场周围陆续开设了时装店、餐厅、超市和商场，甚至还有一所可以进行心脏手术的医院。2004年，在机场654亿欧元的利润中，有不少就来自商业贸易。

营销小翘板

服务营销是企业在充分认识满足消费者需求的前提下，为充分满足消费者需要而在营销过程中所采取的一系列活动。服务作为一种营销组合要素，真正引起人们重视的是在20世纪80年代后期，这时期，由于科学技术的进步和社会生产力的显著提高，产业升级和生产的专业化发展日益加速，一方面使产品的服务含量，即产品的服务密集度日益增大；另一方面，随着劳动生产率的提高，市场转向买方市场，消费者随着收入水平提高，他们的消费需求也逐渐发生变化，需求层次也相应提高，并向多样化方向拓展。

224　关系营销带来的利润

1993年以前，联想集团公司的销售模式为直销方式。1994年，联想开始创立全

新的、安全的代理体制。随着联想代理队伍的日益强大，1996年代理商和经销商就超过500家。在个人电脑市场上，随着竞争越来越激烈，商家的利润越来越薄，经销商们"跳槽"现象时有发生。

但是，联想的队伍却一直很稳定，不仅如此，越来越多的经销商还加入了联想的代理团队中来。联想与代理商的合作关系是如何建立且不断完善的呢？

首先，信誉保证。联想对代理伙伴承诺了许多优惠的条件，例如，向代理商提供质量可靠、技术领先、品种齐全的产品；建立合理的价格体系和强有力的市场监督体制；通过强大的市场宣传攻势来营造更好的电脑销售氛围；向代理商提供良好的售后服务保障等等。联想以实实在在的行动去兑现自己的诺言，因而赢得了许多合作伙伴的一致好评。

其次，保障代理商的利益。许多电脑厂商迫于竞争的压力，逐渐压缩流通环节的利润，但是联想一直没有放弃过为代理商争取更多的利益；通过加强内部管理和运筹能力来降低成本，向市场提供极具竞争力的价格。

最后，与代理商共同发展。将代理商纳入联想的销售、服务体系，也纳入分配、培训体系，大家荣辱与共，一同成长。

营销小翘板

关系营销是把营销活动看成是一个企业与消费者、供应商、分销商、竞争者、政府机构及其他公众发生互动作用的过程，其核心是建立和发展与这些方面的良好关系。

225 消费者的体验最重要

星巴克在1971年创立，最先是美国西雅图的一间小咖啡屋，经过30多年的发展，如今已成为最著名的国际咖啡连锁品牌。星巴克咖啡对自身品牌的塑造以及品位的追求有着不懈的努力，例如给顾客提供最舒适、最优雅的场所。这正是星巴克独特魅力之所在，同时也充分体现了体验营销的优势。星巴克传奇色彩的名称以及神秘的徽标，很容易在顾客的头脑中留下深刻的印象，并使顾客由好奇而转变为好感。这种联想式的体验，也是众多星巴克忠实顾客的钟爱之处。

星巴克对所有的雇员都进行严格而完整的训练，对于咖啡知识以及制作咖啡饮料的方法，都有一致的标准。这就使所有光临星巴克的顾客，不但能够品尝到最纯正的咖啡，更能够与雇员产生良好的互动。

星巴克咖啡连锁店内还有一个传统而独特的做法，就是在细节之处体现精致，给顾客完整的体验。比如，星巴克把店里的许多小东西，例如杯子、杯垫、袋装的咖啡豆等等设计得像礼品一样精致，每天用美丽的艺术字体为顾客推销产品。

另外，星巴克在塑造店内环境上也别具匠心，店内优雅且充满人文气息，木质典雅的桌椅，清淡悦耳的音乐，精致考究的咖啡器具，往往让顾客流连忘返。最关键的是星巴克还设有顾客意见卡，随时听取顾客的意见，它的文化特色就是这样一点一滴地深入在顾客心中的。

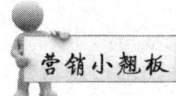

营销小跳板

体验营销是通过看（See）、听（Hear）、用（Use）、参与（Pafflicipate）的手段，充分刺激和调动消费者的感官（Sense）、情感（Feel）、思考（Think）、行动（Act）、关联（Relate）等感性因素和理性因素，重新定义、设计的一种思考方式的营销方法。

226 品牌的力量

照明电器与常规商品比起来，具有一些特殊性，其光源类产品归属于快速消费品类别，电子灯具产品则归属于耐用工业品，如果按照传统的一店多品牌模式进行销售，显然不能更专业、更优质地服务于顾客. 同时也不利于品牌的建设。

照明电器市场虽不如彩电、空调等产品市场那般竞争激烈，但内部也是暗流涌动。雷士正是意识到了照明电器的特殊性，于是开始尝试将家电商品的品牌专卖店嫁接到照明行业中来。经过周密、细致的调查，雷士将自己的第一家品牌专卖店设在了沈阳。如果说刚开始的时候，雷士还在为是否开专卖店而犹豫不决的话，如令它早已吃下了定心丸。专卖店不仅提升了企业的销售业绩，提升了产品的品牌形象，更重要的是，它为顾客提供了更周到、更专业的服务，赢得了顾客的好评。

这正是许多企业梦寐以求而难以得到的。尝到了甜头的雷士，在短短几年间，在全国设立了33个办事处，建立了600余家专卖店。随着专卖店的遍布全国，雷士的品牌知名度、美誉度和顾客对品牌的认同度都有大幅提升。凭借自身的努力和执著，靠着自己的实力，雷士赢得了一块金字招牌。

雷士的成功绝非偶然，其创造的品牌营销模式的特点是：首先制定明确的品牌目标。基于自己的实力和市场的现实状况，雷士对品牌进行了明确的定位，并提出了"争行业第一、创世界品牌"的品牌目标。

营销小翘板

品牌营销是通过市场营销使客户形成对企业品牌和产品的认知过程。市场营销既是一种组织职能，也是为了组织自身及利益相关者的利益而创造、传播、传递客户价值、管理客户关系的一系列过程。

227　销售者应该换位消费者

宝洁（中国）第一家美发店中店是2001年8月在北京朝阳门的华联超市开业，店内集中陈列了宝洁旗下的飘柔、海飞丝、潘婷、沙宣、润妍等五大品牌的洗、护产品，还特意安排了职业美发顾问接受顾客洗、护发的咨询。一时之间，引发业内外人士的好奇和关注。宝洁美发店中店正是基于4Cs营销理论才得到了初步的成功。

对于现代消费者而言，对洗、护产品的需求并非简单地为了卫生而洗发，而是为了美化而洗、护发。消费者希望能够了解到更多的美发知识，希望所用的产品最适合自己的发质，希望购买过程是一种享受。宝洁公司正是察觉到了消费者的这一深层次需求，于是将洗、护产品当做一种高档美容化妆产品来卖。

宝洁还对市场进行深入调研，发现消费者喜欢选购相同品牌的产品。国内消费者长期以来一直把洗、护产品看成日常消费品，然而在欧美等国，洗、护产品常被定位为高档美容产品，类似美发店中店的经营模式都已经司空见惯了。宝洁开设美发店中店，与消费者的沟通早已超越了产品本身的意义，更打造了时代的潮流。

营销小翘板

随着市场竞争日趋激烈，媒介传播速度越来越快，4Ps理论越来越受到挑战。1990年，美国学者劳特朋教授提出了与传统营销的4Ps对应的4Cs营销理论。4Ps营销组合向4Cs营销组合的转变，具体表现为产品向顾客转变，价格向成本转变，分销渠道向方便转变，促销向沟通转变。

228　保健品茶市场的创建

清肺清茶是一种针对广大烟民的保健品，产品推出之时，在营销方式的选择上，首先是从吸烟人群的角度进行考虑。吸烟有害健康，这是众所周知的事情。然而，对于许多烟民来讲，戒不了烟主要是因为烟瘾大，再加上自身意志力薄弱，也

有许多烟民对吸烟的危害根本不在乎，这也是导致戒烟类产品销量不好的原因。

如果烟民通过饮用清肺清茶，将饱受烟油毒害的肺洗一洗，涮一涮，以此来减轻吸烟对身体所造成的伤害，这不正满足了烟民的这一需求吗？于是"洗肺"这个词被提了出来，在市场上这还是一个从来没被提到的全新概念。

清肺清茶在上市的时候，广告词语是："老公，烟戒不了就洗洗肺吧！"在整个保健品行业可谓轰动一时。这种发自内心的情感呼唤，成为它们抢占市场的有力武器。许多看了广告的消费者难免不产生一种情感共鸣，产品成了他们抒发心情的载体。几个月的时间，清肺清茶便创造出了一个巨大的洗肺清烟毒的保健茶市场。

营销小翘板

情感营销是指把消费者个人情感差异和需求作为企业品牌营销战略的核心，通过借助情感包装、情感促销、情感广告、情感口碑、情感设计等策略来实现企业的经营目标。

229 目标先高后中

杰克出生在纽约州的一个小乡村里，从小心怀大志，于是只身到了纽约。杰克通过面试考核，进了一家百货公司，老板给了一天的时间对杰克进行最后的考核。这天结束，老板走到杰克的面前，询问道："今天服务了多少名客人呢？"

"今天只服务了一个客人。"杰克回答道。

"一个？"老板瞪大眼睛对杰克说，十分惊愕，同时也有一些生气。继续问："那你今天的营业额是多少？"

"250000美元。"杰克淡淡地说道。

"什么？"老板大吃一惊，"你是怎么让一个客户购买这么多东西的？"

杰克不慌不忙地解释道："首先我卖给他一个鱼钩，接着是鱼竿、鱼线。当我问他准备在哪里钓鱼的时候，他告诉我是在海滨，于是我建议他开小艇出去钓鱼是一个很不错的选择，于是那位客人又买了一条20英尺的快艇。当客人告诉我他的汽车无法将这么长的快艇带走的时候，我又顺带将一辆福特的小卡车卖给了他。"

"你将这么多东西卖给了一个只是想买鱼钩的顾客？"

"不！这位客人来只是为了想要一瓶阿司匹林，因为他的太太患有头痛。我告诉他，治疗头痛除了药物治疗以外，也可以通过适当的放松来进行调节，比如说钓鱼。"杰克把自己的整个销售过程向老板描述了一遍。

老板高兴地留下了杰克，经过多年的努力，杰克成为美国最有名的销售员，而

促使杰克成功的原因就是每完成一次销售，杰克就为自己制定新的销售目标，而每一个新的销售目标都会比之前的要求更高。

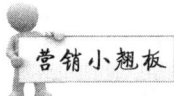

营销小翘板

跨栏定律是指一个人的成就大小往往取决于他所遇到的困难程度。竖在你面前的栏越高，你跳得也就越高。所以，在挫折、困难面前，不要被吓倒，应该勇往直前，战胜困难，一旦跨过了这个跨栏，你将取得更大的成就。

230 "日本良好"的存货清理

"日本良好"是东京一家专门卖男士西服的服装品牌店。有一年，因为市场的问题积压了大量存货，商家十分焦急，经过不断的研究，终于想到了一个好办法。为了吸引更多顾客，"日本良好"开展一折促销活动，震惊了东京人，当时打七折、六折的大拍卖是常有的事，但是打一折的实在不多。

其实，这种销售方法促销的全过程是十六天为一个打折周期：第一天的时候打九折，第二天打八折，第三天和第四天打七折，第五天和第六天打六折，第七天和第八天打五折，第九天和第十天打四折，第十一天和第十二天打三折，第十三天和第十四天打两折，最后两天打一折。

顾客根据活动规则，在相应的时间内去购买，可以获得相应的折扣。如果想要获得最大的折扣，买到最便宜的东西，就要选择最后两天去，但是你想买的东西不一定会留到最后一天。

事实上，第一、第二天前来购买的顾客不多，第三天开始，店内就人山人海，一堆堆顾客涌了进来，到了第五天，开始打六折的时候，店内的客人犹如潮水般地涌进来抢购，在这以后，客人每天都是爆满，店内的商品一天比一天少，还不到第十六天，所有商品被抢购一空。

这种打折方法最妙的地方在于有效抓住顾客的购买心理，谁都想在打二折、打一折的时候购买他所想要的东西，但是谁也无法保证自己想要买的东西不被别人抢走，留到最后一天。因此，在打七折的时候，顾客就开始焦急起来，怕自己要买的东西被人抢先买走，于是便坐不住了，赶快采取行动。商家采取这样的促销活动比"清仓大甩卖"的效果要有效得多。

营销小翘板

折扣销售又叫商业折扣，是指企业根据市场供需情况，或针对不同的顾客，为促进销售而给予购货方的价格优惠。

231　杰德森的经济型购买方案

美国著名推销员杰德森曾带着一份方案找到一家公司的经理，并对经理说，自己的方案符合该全司的利益目标，还声称这个方案的价值是50万美元，而自己现在愿意以30万美元的价格转让给他。公司经理果断拒绝了杰德森，理由是价格太高。

过了半个月，杰德森再次拜访这家公司的经理。他先是对自己上次出的高价而道歉，又说自己寻访了半个月，终于找到了一个既出色又经济的方案。这份方案与30万美元的那份不相上下，但只要15万美元。

巨大的价格落差，经理听后很高兴，同时表示很感激杰德森的帮助。最终，杰德森顺利完成了这笔交易。

许多优秀的销售员善用顾客关心价格的特点，利用价格的悬殊对比来俘获顾客的心。但应注意的是，卖方不应为谋求暴利而恶意欺诈，这样不仅会伤害到消费者，也会使自己名誉扫地。

营销小翘板

经济型购买行为是指消费者对商品价格十分的敏感，在选购商品时多从经济角度考虑，一心寻求最物美价廉的一种购买行为模式。这类消费者最主要的特点在于贪图便宜，对商品的价格特别重视。

232　无法阻止的网购冲动

淘宝商城是一个非常善于利用顾客购物冲动性的网上营销的公司。其中最典型的方法便是节日促销。在节假日时，淘宝商城会举办一些产品打折促销的活动，很多人都坐在电脑前开始了赢抢活动，就连原先不爱网购的人也会在这天跟着凑个热闹。淘宝从这里看到了商机，甚至开始举办自己的节日，例如双十一、双十二等等。据称，一位苏姓的女士在一个晚上就为自己的宝宝添置了12000元的"行头"。

除此之外，淘宝还会举行一系列的限量销售、限时销售、搭配销售、购物返券、购满免运费等方法。有许多消费者为了节省6元的运费，一下子多买了600多元的产品。

除了打折等传统方式之外，淘宝还开通了自己的特色服务，例如试用中心、淘金币等等。淘宝是网络营销最成功的案例之一，越来越多的网站开始争相模仿。

营销小翘板

冲动购买（非计划购买）是指顾客所购买的商品是之前根本没有预定或意识到的商品，顾客的冲动购买决策是在进入购物场所之后才形成的。

233 不成熟的顾客

奇奇刚参加工作，没什么理财观念，在购物上也没什么规律性和倾向性，对商品没有什么固定的偏爱，随意购买性很大，有时候还会表现出冲动性。

奇奇还十分的爱玩，闲暇的时候，常和朋友一起逛街、娱乐等等。逛街的时候难免会到卖东西的街道上去，东看看，西摸摸的。奇奇喜欢新鲜的东西，很多时候缺乏主见，而且也没有自己固定的偏好，稍微能说点的销售员，三五句就能把她说晕。

类似于奇奇这样的顾客，就属于不定型的购买行为，首先要满足他问、选、看的要求，即便这次他不购买，也不应反唇相讥，要想到今天的观望者可能就是明天的顾客，今天不买肯定有诸多的理由，可能今天没带足钱，可能真的不需要，但是你以热情周到的服务给他留下了很深刻的印象，以后需要的话，他可能首先会想到你。这是营销人员必须要做到的。

营销小翘板

不定型购买行为又称随意型购买行为，一般指顾客对商品没有固定的偏好，不讲究商品的品牌和外观，往往是随机购买的一种购买行为模式。

234 啤酒商们之间的过度竞争

20世纪90年代中期，我国的啤酒行业开始进入过度竞争时代，啤酒厂家的开设犹如雨后春笋，结果导致了严重的供求过剩，全国800多家啤酒企业中的绝大部分开始了激烈的价格战争，各大厂家为了争夺市场资源，以价格为武器，以低价格、大促销为手段，一时之间，整个啤酒行业硝烟四起，打得天昏地暗。

然而，这一降价促销措施并未给大家带来收益，反而弄得集体受损，最严重的时候行业中80%的企业出现了亏损，不到十年时间，中国的啤酒企业数量从原来的800多家迅速减少到了300多家，当中，不少企业被低价并购，还有的企业干脆关门破产。

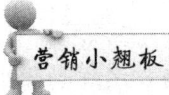

营销小翘板

当市场上满足消费者某种需求的产品出现供过于求的情形之时，各企业最常用的手段就是使用降价促销。可是，这种方式超过一定限度使用时就会成为一种于己于人都不利的行为。

235 香丽寇内衣的新调整

在内衣市场上，香丽寇内衣被众多女性消费者所熟知。它的前身是一家拥有十年日化用品销售经验的中型经销商，经营包括美国舒洁在内的多种妇女日常的洗涤护理用品。

随着实力的增长，香丽寇已不满足于原有的业务范围和代理商的角色，从承接代加工业务起步，开始在内衣行业试水。凭借着在代加工过程中积累下来的内衣加工技术和经验，香丽寇轻轻松松地拿出了属于自己的塑身内衣产品。早期推出的产品，从款式、样式、功效再到价格与婷美相差无几。通过进一步的市场研究，塑体内衣的重点消费群体集中在30—50岁之间体型有明显变化、对塑身美体有着迫切需求的女性，但是在传统渠道上针对此类需求的产品基本算空白。这一发现让香丽寇惊喜不已。要做就一定要形成自己的特色，只要抓住了美体内衣的重点，就能够立足于市场，击败竞争对手。

2006年下半年香丽寇首款调整型内衣下线，经过反复试穿和改进，该内衣在功效、舒适性和透气性等方面已经明显优于其他塑身内衣产品。在之后召开的香丽寇首届新品发布会上，当地女士们对该产品进行了疯狂抢购，可谓人山人海，络绎不绝。

营销小翘板

需要导向又称需求导向，是指企业业务范围确定为满足顾客的某一需求，并运用互不相关的多种技术生产出不同大类的产品去满足这一需求。

236　王老吉的打造凉茶新形态

王老吉凉茶属于广药集团旗下产品。除了红罐王老吉、绿盒王老吉外，后来成功推出500毫升和1.5升瓶装王老吉凉茶，2012年的时候王老吉凉茶家族再添"吉祥三宝"：固体凉茶、低糖凉茶和无糖凉茶，开创了凉茶产品新形态。

后来，由于多加宝等饮料加入市场竞争，王老吉凉茶宣布要改变配方的决定，在我国消费者市场中掀起很大的风波，一时间沸沸扬扬，还遭到了消费者的反对。为此，王老吉凉茶不得不继续大批量生产传统配方的王老吉，销量一直不错。

可见，采用无差异性目标市场谋略，产品在内在质量和外在形态上必须要有自己独特的风格，这样才能赢得大多数消费者的认可，从而保持自身在消费者市场中相对的稳定性。

营销小翘板

无差异性营销又称无差别市场策略、无差异性市场营销，是指面对细分化的市场，企业着重各市场之间在需求方面的共性而不注重它们的个性，不是把一个或若干个子市场作为目标市场，而是把各子市场重新集合成一个整体市场，并把它作为自己的目标市场。

237　日本料理来到中国以后

20世纪80年代中期，日本的樱花料理店对中国的庞大潜在市场产生了兴趣，想要在中国建立分店。他们先派了一名执行董事来到上海进行考察。

执行董事下了飞机，来到上海的大街小巷，在不同的路口测量出行人的流量，然后又向200名不同年龄、不同性别、不同职位的人询问他们对料理的口味、价格的看法以及对快餐的态度等等。最后，这位执行董事又仔细考察了上海本土的料理特征、做法等情况，并把收集的数据带回日本进行分析，最后得出结论：中国市场有着巨大的潜力。

果然，1988年2月第一家樱花料理店在上海开业以后，在不到300天的时间里，便实现了160万元的销售收入。本来打算在5年内收回成本的计划不到两年就实现了。

营销小翘板

市场机会分析亦称市场内外分析、营销环境分析，正是通过营销理论，达到企

业的营销目的的过程。连锁店市场机会指的就是市场上存在的尚未满足或尚未完全满足的显性或隐性的需求。市场机会存在于社会生活的各个方面，是多种多样的。但对某一个企业来说，众多的市场机会中仅有很少一部分才具有实际意义。

238 密密西航空公司如何应对金融危机

20世纪的金融危机让美国的经济陷入低迷，航空业的发展也深受影响，几家大的航空公司因为经营不善不得不宣告破产。然而，一直没什么名气的密密西航空公司却在一片停滞膨胀之中创造了营业收入增长，原因是它采用了低价政策。

20世纪60年代中期，美国国内共开辟了7家定期航线，很多航空公司将目光集中于利润更高的跨洋长途业务上。事实上，随着商务旅行的日益频繁，短途运输也成为有利可图的市场机会。密密西航空公司的创始人敏锐地发现了这一市场机会，开始在大公司的夹缝当中求生存。

20世纪70年代开始，密密西航空公司将资源、精力集中在得克萨斯州的短途航班上，为了争取到更多的乘客，采取低价策略，并在很短的时间内在得克萨斯的航空市场上占据了主导地位。

密密西航空公司正是意识到低价策略是取得成功的关键所在，所以采取了多种措施降低运营成本：首先，密密西航空公司选择了波音737机型，这种机型更加节省燃油。而且公司在人员培训、维修、保养、零部件采购等方面只执行一个标准，能够节省维修费。其次，通过员工的努力，密密西创造了世界航空界最短航班轮转时间。此外，密密西航空公司针对短途运输的特点，只向顾客提供花生和饮料，也节省了一笔费用。

营销小翘板

价格调整策略是指企业根据市场环境的变化，考虑消费者的反应，对产品的价格进行适当的调整。若企业根据自身的产品或者成本优势，率先对价格进行调整，把价格调整当做一种市场竞争的利器，则称为主动调整价格；若企业对产品价格的调整，只是为了回应竞争对手的价格调整策略，则属于被动调整价格。

239 韩国服饰针对女性进行的市场划分

韩国的服饰在世界都很出名，外贸服装企业按照生活方式将妇女分为三种类

型：即时髦型、男子气型和朴素型。时髦型妇女喜欢华美艳丽，吸引别人的眼球；男子气型妇女爱打扮得超凡脱俗、卓尔不群；朴素型妇女在购买服装的时候讲究价格实惠、经济实用。外贸服装公司根据不同类型妇女的不同偏好，有针对性地设计出不同风格的服饰，使产品对各类消费者有不同的吸引力。韩国服饰企业就是根据这样的理念成为世界上最大的服饰王国，集时尚和潮流于一体，引领着世界的服装发展。

不仅服装行业是这样，就连某个知名的眼镜企业，同样根据地理位置、年龄、性别等对市场进行了细分：各年龄层次的人分别喜欢什么颜色、形状，根据人们的肤色、服饰和所去的场所设计出不同款式的眼镜。可见，任何一个行业，要想满足不同消费者的需求，就得针对每个子市场的特点，制定出不同的市场营销组合策略。

营销小翘板

差异性市场营销对销售者来说是至关重要的，面对已经细分的市场，企业可以选择两个或者两个以上的子市场作为市场目标，分别对每个子市场提供针对性的产品和服务以及相应的销售措施。根据子市场的特点，分别制定产品策略、价格策略、渠道（分销）策略以及促销策略并予以实施。

240 主动为客户找理由

"客户永远是对的"原则要求你要为客户着想，为将来的购买着想，在必要的时候，你还要为客户寻找不买的借口和理由。

有位化妆品销售人员在经过很长时间的沟通后，终于说服客户购买自己的产品，然而在客户最后付款时，还是觉得这套化妆品有点太贵，于是她以"家中已经有了这种化妆品"为由，放弃购买了。

见此情景，这位销售人员热情地为客户开脱道："可能这种化妆品不适合您，我今天带来的品种不多，实在抱歉，下次我再多带几个品种让您挑选。"

化妆品销售人员将责任全部都揽到自己身上，让客户感到十分过意不去。最后，她还是欣然买下了这套化妆品，并成为这位销售人员的忠实客户。可以想见，如果这位化妆品销售人员不主动给客户一个台阶下，那么销售活动只会以失败告终。

营销小翘板

客户说"不"肯定有他的理由，如果你无法让客户主动说出真实理由，最好的办法就是为客户寻找借口，不让客户丢面子。你必须记住，无论客户是否想购买你的产品，都不要对客户施压。有时，你多说一句让客户购买你产品的话，客户对你的敌对情绪就会增加一分。遇到这种情况，你应该主动地为客户寻找借口和理由，这样反而能够赢得客户的尊重，更有助于交易的达成。

241　三足鼎力的可乐大战

娃哈哈集团在1998年正式推出非常可乐，让中国的可乐市场顿时波澜起伏。娃哈哈的知名度众所周知，即便是在有着百分之七十人口的农村也是家喻户晓。经过长达三年的调查研究，娃哈哈集团向市场郑重地推出了属于中国人自己的可乐——娃哈哈非常可乐，这无疑是向饮料界的国际大品牌进行挑战，同时也展现了民族企业主力军的雄风。

娃哈哈集团在此前经过十年的苦心经营，在全国拥有上千家实力强大的经销商，非常可乐完全可以通过纯净水和果奶的销售渠道，打开销售渠道。

经过多方面的努力，非常可乐在饮料市场异军突起，现在年销售量达到了30亿元，与可口可乐、百事可乐形成了三足鼎立的局面，也鼓舞了广大的民族品牌参与国际竞争的勇气和信心。

营销小翘板

顾客导向是指企业以满足顾客需求、增加顾客价值为企业经营出发点，在经营过程中，特别关注顾客的消费能力、消费者的偏好和消费行为的调查分析，重视新产品的研发和新的销售模式和手段，来不断地适应顾客的需求。

242　诺基亚手机的初出茅庐

诺基亚是一家总部位于芬兰埃斯波，主要从事生产移动通信产品的跨国公司，是在1865年成立的，当时以造纸为主，后来逐步向胶鞋、轮胎、电缆等领域发展，在19世纪末期，电缆等行业都遭遇了激烈的竞争，产业一直停滞不前。

19世纪末，公司创始人艾德斯坦将诺基亚管理者的职务转交给利奥·米其林，而当时无线电产业的萌芽刚刚起步。于是，米其林突发奇想地想将诺基亚公司的业务扩张到电信行业，但是遭到了艾德斯坦的反对。直到1902年，米其林才说服艾德斯坦，让诺基亚增加了一个电缆部门。但令米其林没想到的是，这个他突发奇想所建立的电信部门最终却发展成为了后来的诺基亚公司。

1995年，诺基亚开始了它的辉煌时期，它的整体手机销量和订单剧增，公司利润达到了前所未有的高度。就这样，诺基亚经过多年的发展，最后成为一家手机制造商。自1996年以来，诺基亚连续14年占据市场份额第一。

营销小翘板

侧翼进攻是指寻找和攻击对手的弱点，通过分析地理市场，选择对手忽略或绩效较差的产品和区域加以攻击；分析其余各类细分市场，按照收入水平、年龄、性别、购买动机等因素，辨认细分市场并认真研究，选择对手重视但尚未覆盖的细分市场作为攻占目标。

243　种子批发商的智慧

韩志川是一个小小的批发商，他对于当地农民的习惯非常了解。他发现种子对农民来说必不可少，于是想到做种子生意，将种子卖给农民应该会给自己带来很大的收益。

但是有一点，当地很多人都在做种子的生意，于是他在种子生意中采取了"赔钱赚吆喝"的营销方法，先占领市场，然后树立自己的诚信。

想好具体实施步骤以后，他先是从一家农科院的批发厂进货，然后再以原价卖给零售商，这样下来，自己不仅一分钱都没赚到，还为此赔上了一大笔的运输费。

半年后，人人都知道他是个"做赔本买卖"的商人，这些人企图从中捞点好处，于是订货单像雪片一样飞到韩志川的手中。这时他找到种子批发厂家说："在过去的一年里，我从你们厂购买了大量的种子，而且销路一直不错，但是，我都是按照进价卖出去的，赔了不少钱啊！如果我再继续这样做的话，估计没几天我就要破产了。"

这家种子厂商看了韩志川开出的货单后，果然是原价销售，考虑到向他订货的客户很多，于是决定让出五分钱将种子卖给他。这次，韩志川又来到了他的客户那里，很诚实地讲："以前我为了扩大影响，原价出售种子，现在，我的钱已经快赔光了，再这样下去，我就要关门停业了。我刚从种子厂回来，他们决定每斤种子让给我五分钱，你们是不是商量一下，也让点给我。"

客户们看了下进货单，知道他说的是实话，于是，就决定每斤种子再加五分钱。对于一个生意人来讲，韩志川的高明之处就在于诚实，总是跟厂家和客户说出自己在中间赚了多少钱，因此赢得了人们的信任，最后，人家都愿意和他做生意。

没几年时间，韩志川就靠着做种子生意迅速富裕起来，还成立一个大公司。

营销小翘板

口碑营销是指企业努力使消费者通过亲朋好友之间的交流将自己的产品信息、品牌传播开来。这种营销方式相对来说成功率较高，可信度也较强。

244 阿尔比快餐的促销活动

阿尔比快餐是世界上最大的烤牛肉三明治连锁店，在整个世界上拥有2500家连锁店，在美国、加拿大、中东以及加勒比海等地都有分店。它取得成功的关键源于不断创新的市场营销，阿尔比快餐的营销方式有三种，第一种是富有创意的广告和促销方式，"品尝阿尔比的特色"进一步明确突出阿尔比与其他店的不同，并成功地为其在市场上找到一个合适的位置。第二种是集中力量开发卫生食品，以此吸引更多的消费者。第三种是采用先进技术，加强烹调经验，提高快捷的服务水平。

快餐业间激烈而残酷的竞争众所周知，不断为争取市场份额而展开的斗争使得商家们不得不采取大打折扣和优惠的方式进行促销，在此期间，阿尔比也实施了一系列成功的促销活动。

1990年阿尔比进行了定位于儿童市场的促销宣传活动，它的儿童惊险快餐系列以大象之王巴巴为象征，巴巴不但为世人所喜爱，而且还是第一夫人布什·芭芭拉的文学运动的吉祥物。同这场促销活动相关联，阿尔比还帮助国家史学志愿者办起海报，用于地方性征召活动，进一步增加了阿尔比的市场份额。

营销小翘板

促销是指企业利用各种有效的方法和手段，使消费者了解和注意企业的产品、激发消费者的购买欲望，并促使其实现最终的购买行为。

245 新浪微博引领数字营销新时代

2009年8月新浪微博正式发布，继而引起全行业的关注和议论。微博的增长速度惊人，使其成为当今最具影响力的互联网入口，带来的营销效应日益扩大，对营销的改变逐渐深入。

新浪具有良好的互动形式、支持多种媒体格式、拥有平台资源倾斜和内容转移服务等等。结合天然的资源，微博平台能够顺利地完成一个大营销循环，包含信息的传递、互动、购买实施，然后价值信息再次被传递、分享、互动等。

众多企业在新浪微博上都有自己的官方账号，例如奔驰中国、戴尔中国、LG手机等等。微博基本上是一个零成本的企业对外平台，它拉近了企业和顾客的距离，使企业不再闭门造车，聚集目标客户群体，为企业日后的线上、线下活动提供参考，甚至还可以让消费者更加了解企业文化。

计算机的普及带来了数字世界，数字营销随之而来。数字营销就是指借助于互联网络、电脑通信技术和数字交互式媒体来实现营销目标的一种营销方式。数字营销将尽可能地利用先进的计算机网络技术，以最有效、最省钱地谋求新的市场的开拓和新的消费者的挖掘。

246 IBM的企业理念

1914年，老托马斯·沃森创立IBM公司，公司刚刚成立，老沃森就把"必须尊重个人"作为公司的行为准则之一。沃森家族深深地知道，公司最重要的不是资产，而是员工。自公司成立以后，他们就十分重视员工的满意度。例如在IBM没有人拥有特权，大家都是同样的办公桌、同样的卫生间，没有人会觉得自己比别人的地位低。为了让每个员工深切地认识到自己是公司不可或缺的一员，IBM还努力尝试营造小型企业的氛围，使各个公司保持小型编制。

IBM对员工的尊重充分体现在每个细节上，公司尊重员工，同时也严格要求员工尊重客户。正是这种优秀的企业文化传统，使每个员工对工作和企业充满了热爱，这也成为企业发展的重要保证。

老沃森的内部营销是与外部营销相对应的概念，它的意思是使员工热爱公司的品牌，然后再让他们去说服客户热爱这一品牌。如果某个员工对公司的品牌或者产品兴趣索然，那么他对工作就没什么兴趣，对客户的服务也会兴趣索然。这样糟糕的客服势必会影响公司的效益和形象。

247 婚礼带来的商机

1979年10月7日，是日本民间传统的良辰吉日。日本索尼公司经过调研，预计在当天日本全国有超过15万新人结婚。索尼公司有句营销格言："顾客一句话胜过营销员十句话，满意的顾客可带来25位有希望的顾客"。所以，索尼公司在新产品的推广活动中力求找准顾客的兴趣点，尽最大的努力让顾客满意。

根据调研结果，索尼公司积极筹备最新产品——录像机的推广活动。这次的策划主题是祝贺和祝福，从1979年8月开始，索尼在日本各大报纸陆续刊登广告，情侣在进行登记后可参加抽奖。大促销抽奖分两种：A组在全国上限为200对，中奖人结婚当天，索尼公司派人前往拍摄婚礼或婚宴；B组设定为6000对，中奖新人的婚礼、婚宴、蜜月旅行的照片由索尼公司改拍成录像带。一时间，索尼Betamax录像机空前热销。

当然，这次促销活动十分的成功，索尼公司为了纪念这次促销活动，在1979年10月6日、7日两天时间在全国130处地方举行纪念"突破100万台"的联合展示大会，又准备了"五种豪华大优惠"的盛大集会，出现了抢购热潮。

营销小翘板

如果促销做得好，不但能带来无法估量的利益，还会带来更大的名气效应。赠送促销，就是通过向消费者赠送小包装的新产品或其他便宜的商品，来介绍某种产品的性能、特点、功效，以达到促进销售的目的。赠送促销可以使消费者很快地熟悉企业的产品，刺激他们的购买欲望，使产品迅速打开市场，为企业赢得稳定的利润，因而常常为企业所应用。

248 草莓罐头换包装

曾经有一家水果罐头食品公司，制作了一批草莓罐头，本来想大卖一场，然而当进入市场的时候，销售额几乎为零。食品公司最忌讳的就是产品积压，这让公司的领导十分头疼。于是，领导们赶紧召开会议讨论研究，商量对策。

在很多营销精英的提议之下，为了能够摆脱产品的积压，水果罐头食品公司对该草莓罐头的外包装进行了一番改进。换掉原先的塑料包装，换成晶莹剔透的玻璃瓶；原先黯淡的包装纸也换成了鲜艳的红色，娇艳欲滴，仿佛一颗美丽的草莓。经过市场调研，消费者反映对这种包装的草莓罐头，会有很想购买的欲望，充满了诱

惑性。不管里面的草莓味道如何，至少这个包装很美，就算吃完了也还可以拿来当做装饰品摆放在家里。

公司领导经过思考之后，大胆地采用了这个方案。经过特别设计和换好包装的产品投放到市场上，令公司感到惊喜的是，换了包装之后，这种草莓罐头销量大增。

营销小翘板

诱惑性购买行为是由产品本身刺激引起的购买行为。随着现代产品的造型设计和包装技术的发展，产品的外观、样式对人们产生了不可抗拒的诱惑力。新奇的样式、鲜明的色彩、精致的包装都会让人爱不释手。为了满足一时的好奇心和感官刺激的需要，消费者常常为之慷慨解囊。

249 饮料分男女——"他加她"

2004年夏天，有一种饮料特别的走红，就是他加她，一种分男女的饮料。而"他加她"的走红原因正是运用情感包装而取得成功的典型案例。

这款饮料所针对的是年轻消费群体，因此，在包装上就尽量时尚、潮流和创新。"他加她"的设计者的初衷是两支不同的水瓶分"男左女右"地放在一起，其中冷峻蓝调的男性头部轮廓与妩媚粉紫的女性头部轮廓就如同一对深情相望的情侣。消费者中有一小部分人领悟到了设计者的初衷，不过，有很大一部分消费者将两瓶水以"女左男右"的位置顺序进行摆放，设计师所想的深情相望到这里变成了深情相依，并且这部分消费者坚信这才是设计者的初衷。

无论设计师最初的理念是什么，不可否认的是饮料分男女的包装深深打动了消费者，特别是那些情窦初开的少男少女。情侣们拿着一瓶这样的饮料在手上，手牵手，相视一笑，浓浓的爱意就在此刻蔓延开来。而这正好也是情意包装的独特魅力所在。

营销小翘板

包装对产品的影响不是一星半点的，这从上面的饮料营销中就能够看出。所谓情感包装，是指通过包装材料、图案、色彩、造型等所创造而形成的独特风格和艺术手笔，给消费者以不同的情感享受，博得其好感和心理认同。

250　牙膏公司的营销策略

　　一家牙膏公司想为自己的产品取得更大更广的销售市场，他们把目光投向了具有习惯性购买行为的消费者，希望能有效刺激与引导该类的消费者，保证自己的市场占有率能稳步上升。

　　这家公司主要采取了三种办法：一是加大广告投入，增加产品曝光率，使消费者在超市或商场购买同类产品时，能够立刻辨认出自己的商标和品牌；二是利用该类型的消费者对价格敏感的特点，适当地降低产品的价格，并且举行一系列的搭配销售等等；三是利用他们不寻求最大满意度的特点，进行试用活动，消费者可能因试用了一种免费牙膏而对它产生熟悉的感觉，不再与其他品牌进行比较或进一步评估，这样能够诱导消费者继续购买该产品。通过这三种方法，这个公司的牙膏销售量上升得很快。

营销小翘板

　　习惯性购买行为是指消费者未深入收集信息和评估品牌，只是习惯于购买自己熟悉的品牌，在购买之后可能评价也可能不评价产品。如果消费者属低度介入并认为各品牌之间没有显著的差异，就会产生习惯性购买行为。

251　"爱德华"成功的秘密

　　法林联合百货公司是一家位于美国波士顿的百货公司，为了在市场上击败竞争激烈的同行对手，提出了创意的销售方法，在市中心开了一家自动降价商店，并命名为"爱德华"。店面开在地下室的商场内，在商店楼层的第一、二层，是按市场普通价格出售商品的百货店。地下室自动降价商店内的商品摆设与楼上的商品摆设并没有区别，架子上挂着一排排各种花色、式样的时装，货柜上分门别类摆放着各类商品，每件商品不仅标有价格，还有首次陈列的时间，价格也会随着陈列时间的延续而自动降价。

　　店内的商品定价方法是这样的：在商品开始陈列的开始几天，按照标价出售，如果这件商品没能卖出，那么从第13天开始自动降价25%；再过6天，如果还是没能卖出，则从第19天开始自动降价50%；再过6天，如果仍然没有卖出，则从第25天开始自动降价75%。以原先100美元的商品为例子，这个时候只需花25美元就可以买走。如果6天后还是没有人来买这件商品，那么商家就会把它送往慈善机构进行处理。

"爱德华"自动降价商店以其独特的销售方法和定价方式，吸引了大量的消费者，大大提高了商店内的货物流通率，对于处理滞销商品和时令商品有很大的作用。

营销小翘板

自动降价是一种有趣的促销方式。自动降价商店是指商店陈列的每一件商品，不仅标有价格，而且还标有首次陈列的日期与降价的周期（如一周）与降价比例，所有商品都随着时间的推移而自动降价，直到被售出或约定的时间后降至零而赠与慈善机构为止。

252 雀巢的商标设计

100多年以前，雀巢起源于瑞士，刚开始的时候是以生产婴儿食品起家。虽然"雀巢"这个名字单纯地来源于创始人内斯特尔的姓氏，但是它所隐含的内容却不止如此。在英文中，"雀巢"这个词具有"舒适安顿下来"和"依偎"的意思，很好地反映了雀巢产品的定性。

雀巢产品的商标是以雀巢图案作为标志，雀巢里面有一只雌鸟和两只嗷嗷待哺的幼鸟。这种商标不仅与"雀巢"名称紧密结合，令人印象深刻，而且还刻画出待哺的婴儿和温柔的母亲的形象，同时给人一种健康、天然、营养、亲切的感觉，意义深远。

"雀巢"是世界上最成功的商标之一。它不仅与自己产品的功能紧密结合，也体现了公司对产品的情感定位，同时，它还具有容易被记住的特点。如今，雀巢是世界上最大的食品制造商，其品牌价值在1994年被确定为115.49亿美元。而这些巨大的成就，与它成功的商标设计是分不开的。

营销小翘板

商标是识别某商品、服务或与其相关的具体个人或企业的显著标志。图形常用来表示某个商标经过注册，并受法律保护。企业在政府有关主管部门注册登记以后，就享有使用某个品牌名称和品牌标志的专用权，这个品牌名称和品牌标志受到法律保护，其他任何企业都不得仿效使用。

第八章

完善服务——只有赢得顾客的心，
才是长久的营销之道

253 "巨清晰"图像

苏梅两口子刚刚生完孩子，两人听说家电设备用太久辐射量就会增大，于是想到家里的电视机买了很久了，为孩子的健康，也为了改善家里的环境，二人趁周末的时间来到家电市场选购平板电视。

在购买之前，苏梅就在网上查询了一下购买平板电视的一些注意事项。经过挑选之后，两口子比较喜欢松下品牌的平板电视，来到市场后，销售人员特别热情地向他们介绍各种款式并演示画面效果。最后苏梅对一款47寸的松下品牌高清液晶电视情有独钟。

然后，苏梅要求销售人置用自己带来的影片演示效果，但是却遭到了现场销售人员的拒绝。苏梅很生气，要求销售人员把经理叫来。

经理了解事情的缘由之后，赶紧进行道歉，随后拿着苏梅自己带过来的影片进行了现场演示。效果虽然没有之前看得那么好，但两口子也较为满意，因为如今很多卖场里面电视屏幕演示的"巨清晰"的图像往往是通过"数码流"，这就像视频功放器，可以大幅度提高清晰度，很多顾客在看见这些清晰图像后误以为这是电视机的屏幕播放效果，因此"上当"。

苏梅对此早有了解，所以才在购买前要求销售员现场播放自带影片。事后，经理将之前的销售员批评了一顿。事实上，虽然目前法律上没有明确规定售中服务的内容，但是在平板电视行业已经形成了不成文的规定，即：平板电视售中服务包括免费现场测试、产品使用说明指导、免费送货上门、免费现场安装调试等等。所以，苏梅的要求是合乎情理的，商场也没有理由拒绝苏梅的要求。

售中服务是指在产品销售过程中为顾客提供的服务。如热情地为顾客介绍、展示产品，详细说明产品使用方法，耐心地帮助顾客挑选商品，解答顾客提出的问题等。售中服务与顾客的实际购买行动相伴随，是促进商品成交的核心环节。

254 "美人豹"开店前的准备

2003年5月，成都吉庆汽车贸易公司拿到了浙江吉利新上市的"美人豹"跑车四川区的总代理，准备开设全省第一家"美人豹"品牌4S专卖店。为了打造独特的"人无我有、人有我优"的服务品牌，在策划当中使用了"服务金三角"策略。

首先，建立服务软件系统。一共分10个步骤：预约、接待、咨询、派工、诊断、客户认可追加项目、维修、质检、交车、追踪，把这个系统作为客户服务的"基本服务循环圈"。并把服务当做"美人豹"4S店促进销售的三个"关键"过程，即售前咨询服务、售中支援服务、售后增值服务。售前服务提高顾客的信赖程度，增加成交机会；售中服务提高顾客满意度，增加超额购买可能性；售后服务提供给顾客更多的保障，增加重复购买的机会，或创造良好长久的口碑。

其次，营造卖场硬件环境。所谓卖场硬件，是指与服务发生相关的物理环境，也就是卖场的各种布置。服务的硬件包括：地理位置易于接近、顾客乐于也易于接近卖场、一线员工易于接近等。还可从三个方面对上述硬件进行强化，如：提高服务的可获性、优化顾客的接触感、增强顾客的参与度。

硬件犹如商品的包装，可以方便或阻碍服务的进行，顾客在与你接触前，他的第一印象就是由服务的硬件形成的。如果顾客能够轻松获得"美人豹"4S店提供的服务，并与之接触，还能够准确理解和正确参与服务全过程，那么，扩展完善的服务项目就具备了良好的功能质量，也就具有了较强的市场竞争优势。

"美人豹"4S通过"服务金三角"的实施，与众不同、独具服务品牌核心竞争力的汽车专卖店就此诞生，而且很快受到客户一致好评，迅速成为当地的知名店铺。

"服务三角形"的理念是：任何一个服务企业想要获得成功，最基本的条件就是保证顾客的满意。而让顾客满意就必须具备三大要素：一套完善的服务策略；一批能精心为顾客服务、具有良好素质的服务人员；一种既能适应市场需要，又要严格管理的服务组织。

255　巧做千家饭的杭州饭店

在杭州，有一家名叫吃好饭的饭店，每天来来往往的客人十分的多，生意很火爆，而且来这里消费的客人有一半以上都是回头客。

然而，在这家店刚刚开业的时候，店里的生意不尽如人意，每天能有一半的上座率就相当不错了。而且客人在走的时候还对店内的菜品存在诸多抱怨，例如东北人嫌口味太淡；四川人嫌味道不够辣。很多来过的客人就再也没来过了，老板十分的头疼。

后来，老板将这位厨师换掉，花重金另聘了一位厨师，把店面重新装修了一番，服务员统一服装，规范礼仪。没想到，不到一个月的工夫，生意立刻就上来了。

客人多了，生意自然好起来，名气也跟着上去了，新闻媒体还将吃好饭饭店作为新闻点进行了报道："请问你们店的生意这么好，有什么秘诀吗？"

店主答道："诀窍就在于我们不怕失败，并且从之前的服务失误当中找到失误的原因所在，进行了一番改进。"

记者接着问："除此之外，还有什么可以跟观众朋友们分享的吗？"

店主说："还有一个特色就是我们的厨师善于听口音炒菜。例如烧鳝鱼，针对山东口音的顾客，我们注重咸香味，另外再加上几根大葱；但如果客人满嘴江西口音，我们就会在汤汁中多放些干辣椒；苏杭口音的顾客，口味偏甜，会加一些酸甜调味剂。来店里的顾客，在吃完菜以后，都纷纷猜测这家饭店里面的厨师肯定出自他们家乡。就是这样，我的生意才会蒸蒸日上。"

营销小翘板

服务失误是指服务表现未达到顾客对服务的评价标准，通常来讲，服务失误取决于两方面，一是顾客对服务的评价标准，即顾客的服务预期取得；二是服务表现，即顾客对服务真实经历的感受，也就是顾客在服务过程中的实际所得。

256　"伊势丹"的商场服务

新加坡的"伊势丹"百货商场，生意异常火爆，每天早上开门营业的时候，售货员就会笑脸相迎，一边面带微笑地躬身，一边用英语向顾客问好："Good morning!"在商场楼层的每个入口处，顾客同样能够感受到如此热情的服务。

在商品的每个展柜前面，都会安排有特定的导购面露微笑地站在那里，当顾客走到柜台前面的时候，售货员立刻点头示意，问道："先生（女士），请问有什么

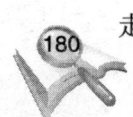

需要为您服务的？"他们不仅主动介绍商品，还拿出来供你选择，当顾客选中商品之后，不管是在付款环节，还是在替顾客包装的环节，速度都相当的快。

一位原本只打算看看而不买的顾客，在售货员热情的微笑服务下，竟也掏出6元钱购买了一件小小的纪念品，尽管该顾客早在其他地方看见过这件纪念品，而且价格比伊势丹百货便宜一些，但是，由于售货员的热情服务，让他很是满意，他觉得这6元钱买的不仅仅是产品本身，更有服务的价值在里面。

营销小翘板

4s服务由满意服务、微笑服务待客、速度、诚意的英文首字母组成。满意是指顾客满意，强调企业以顾客需求为导向，以顾客满意为中心，企业要站在顾客的立场上考虑和解决问题，把顾客的需要和满意放在一切考虑因素的首位，要以他人利益为重。

257 微笑背后的财富

世界旅店业大亨希尔顿曾说："我宁愿所住的酒店摆放着残旧地毯，也不要住进一家装修豪华但看不见一丝微笑的旅店。"微笑是人类宝贵的财富，同时也是自信和礼貌的象征，它往往为人传递积极向上的能量感，也能起到事半功倍的效果。

这天，匹兹堡突然下起雨来，毫无准备的人们四处奔走，寻找躲避雨水的地方，一位老太太也在街边的一家百货公司门口停住，准备避一下雨。大多数售货员只是简单看了老太太一眼，然后忙着整理货架上面的商品。

卡卡是一名刚到店里工作不久的员工，为人友善。她看见了这位老太太，并不像其他人那样冷漠，而是立刻微笑着上前与其打招呼，并很有礼貌地问她："您好，亲爱的太太，请问有什么需要我帮忙的吗？"

老太太赶紧解释道："我只是过来躲一下雨，并不打算买什么东西。"

卡卡说："没关系，尊敬的太太。即使如此，我们仍然欢迎您的光临。"

在卡卡的盛情邀请下，这位老太太还是选择走进商店里面去看看，并与卡卡聊了起来。最终，老太太在卡卡的微笑服务下，花钱买了一把雨伞。

营销小翘板

曼狄诺定律是由美国作家F. H. 曼狄诺提出的，他主张人们微笑，微笑具有巨大的魔力，微笑可以换取黄金，但最重要的是一定要发自内心地微笑。

258　　西尔斯百货的优质服务

西尔斯百货公司之所以能成为"美国第一店"，首先应归功于他们的"货物出门，保证满意，否则退款"的经营准则。一开始的时候，公司经营得并不顺畅，直到这个经营准则的提出。

在西尔斯刚开始执行这一违反常态的经营准则时，有许多人表示不解。甚至在一开始，有些人还利用西尔斯百货公司的这条服务态度来占一些小便宜。

西尔斯却说："即使偶尔被少数人钻了空子，也没什么关系，我们正是希望那些来退货的顾客，再买一些以后不再退货的商品！"

广大消费者也正是看中了西尔斯公司良好的服务形象，才成为该公司的忠实顾客。现在，西尔斯百货公司在美国所有的州共开了8000多家分店，有50万个家庭是他们的忠实顾客。

营销小翘板

服务是服务营销学的基础，而服务质量则是服务营销的核心。无论是有形产品的生产企业还是服务业，服务质量都是企业在竞争中取胜的法宝。服务质量的内涵与有形产品质量的内涵有区别，消费者对服务质量的评价不仅要考虑服务的结果，而且要涉及服务的过程。服务质量的构成要素、形成过程、考核依据、评价标准均有别于有形产品的内涵。

259　　餐饮公司的标准

天天美食企业是一家以餐饮为主的连锁公司，其中以中餐为主，并将消费定位于中高档。为了在顾客心目中塑造一个统一的形象，这家餐饮连锁公司采取了一系列措施：例如每间连锁店都采用统一材料进行装修，员工必须进行标准化的操作程序等等。

如今，天天美食餐馆的一切都变得更加规范化，顾客无论任何时候来都能尝到同样的味道，享受到同样的服务。这样，使顾客对该企业有了更加充分和良好的认识，许多人去外地时，一看到天天美食的标志，便立刻产生亲切感，从而选择到这里消费。现在，企业有了自己固定的客户群，规模也越做越大，还成了同行业学习的楷模。

营销小翘板

服务标准化是指以服务活动作为标准化对象，其研究范围包括国民经济行业中的全部服务活动。开展服务标准化工作，有利于规范各服务行业市场秩序、提高服务质量、增强服务企业核心竞争力，为构建和谐社会提供有力的技术支撑。

260 常旅客计划

上海航空公司实行"常旅客计划"，只要满足飞行里程数达到一定的标准，成为上海航空公司的"常旅客"，便可得到免费机票、免费升舱位等级、免费住宿宾馆等待遇。旅客申请条件也十分简单，只要乘坐上航的航班，便可获得相应的奖励里程，计入你的账户中进行累积。当达到一定的里程数，便可享受到各种免费服务。例如，旅客只要乘坐10次上航上海至北京的航班，就可得到一张上海至北京的免费机票，而且这些累计数并不会出现过期作废的规定条款，如果不需要，还可将其转让给他人使用。

小王便参加了上航的"常旅客计划"，免费打了一次高尔夫球，其中的交通费、打球费统统由上航负责"买单"。"常旅客计划"是与国际民航界惯例接轨的现代经营方式，对于培养消费群体起着有益的作用，是一个航空公司与旅客之间"双赢"的营销模式。旅客可以通过多种渠道参加这次活动，在航空公司各个办事处与售票的地方摆放有申请表格，供旅客随时填写，在机场办票柜台与航班上也向有意加入其中的旅客提供表格。

营销小翘板

服务营销是指企业在充分认识满足消费者需求的前提下，而在营销过程中所采取的一系列措施。随着劳动生产率的提高，市场转向买方市场，消费者随着收入水平提高，他们的消费需求也逐渐发生变化，需求层次也相应提高，并向多样化方向拓展。

261 淘宝卖家的保障

曹磊是一名刚刚毕业的大学生，同报考公务员或者是继续学习深造的同学不一样，他选择了自主创业。拿着一点资金，进了一批货，在淘宝网申请了个账号，做

起了服装生意。

前两年做网店的卖家还不算多，竞争也不怎么激烈，大部分消费者选择网购就是看中了价格低廉。曹磊做的是服装生意，卖的都是一些品牌货，价格虽然比商场里面的标价要便宜很多，但买的人并不多，很多人甚至怀疑他们家的货品不是正品。

为此，曹磊特意向淘宝工作人员询问了其中事宜，在工作人员的建议和指导下，他决定申请"正品保障"。根据《淘宝B2C服务协议》、《淘宝B2C服务条款》约定，商家不得销售假货和非原厂正品商品，一旦发现有出售假货或者不是原厂正品商品，淘宝有权立即终止协议。

曹磊考虑到，消费者正是由于担心网店卖的东西非正品，所以才不敢下手买，于是，他在店铺的首页做出了相应的保证承诺，即：自买家拿到货品之日起，十天内若发现所购货品与商场专柜存在差异，即属于次品或仿货，可要求退货，往来邮费由卖家负担。

此保障承诺一出，许多顾客前来询问是否属实，不到半个月的时间，网店销售量翻了一番，最高成交额一天突破20000元，创下开店以来的历史新高。许多买家在拿到货后纷纷表示绝对正品，跟商场里面的一模一样，且价格还要低好多，毫不犹豫地给网店打出好评。

营销小翘板

服务保证，也称服务承诺，其最初是作为一种有效的促销手段出现，表现为服务组织就自身服务质量做出一些承诺，如旅馆的24小时热水供应、商店的包退包换等。为提升质量承诺的可信度与完善性，一些明智的服务商家又为此增加了一项附加性补偿承诺，即承诺在商家的服务质量达不到所承诺的标准与水平时，商家愿为此对顾客进行赔偿。

262 汽车售前服务的前景

李伟做汽车销售这么多年，凭着自己积累的业务经验，他发现随着汽车的普及，售前服务还是有着很大的发展前景的。

因此，他在做汽车销售的时候，对于所销售的汽车会做一个客观的评价，例如这辆车型具有哪些特点、如何驾驶以及在驾驶的过程当中应注意哪些问题、遇到特殊情况应该如何处理等等，都会毫无保留地告知消费者。不仅如此，他还会把消费者的一些称赞和意见记录下来，进行资料整理，再反馈给公司或其他客户。有时候，一些客户会要求亲自试驾，李伟也会为他们争取公司的同意。当顾客拿不定主

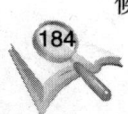

意的时候，李伟也会从消费者的角度为他们考虑。

李伟的这些行为使消费者认为厂商对自己很负责，无形中增加了消费者对厂商的信任度。而李伟手上不仅积攒下了一批忠实客户和转介绍客户，公司对他也赞赏有加。

其实，汽车销售的售前服务一直受到很多厂家的重视。在国外，汽车售前服务已经很普遍，一些汽车生产厂家开办了类似汽车学校的驾驶课程，让消费者对于要购买的车辆在购买前就能有一个全面的认识和了解。

营销小翘板

售前服务是指企业在顾客还未接触产品之前所展开的一系列的刺激消费者购买欲望的服务工作。其内容多种多样，主要提供信息、市场调查预测、产品定制、加工整理、咨询、接受电话订货和邮购、财务服务等。

263 移动推出的服务包

中国移动广东公司针对中小企业，特意推出了中小企业信息化服务包"短号集群网+移动管家"。短号集群网指的是把一个集团内的全球通、动感地带和神州行号码进行统一编号，然后组成一个集团内部的综合虚拟专用网，只要是同一个集群网内的用户，就可互相直接拨打短号，并且享受优惠资费。成员可为自己编制一个短号，方便记忆；在拨打电话的过程中，可仅拨打短号接通对方。其资费也是相当实惠的，本地套餐在5-15元之间，省内套餐在10-20元之间，可以为中小企业大大降低沟通成本。

移动管家业务是面向集团的综合通信解决方案，可以与现有短号集群网的业务相结合，通过拨打企业接入号后直接拨成员号、语音识别或专业秘书转接等方式，实现一号接入功能。此业务集成多种增值功能，包括：电话会议、电子传真、语音留言以及客户信息管理、客户联络管理、费用管理等多项管理功能。

许多加入此服务包的中小企业从中获利，不仅为企业大大地节省了成本，更重要的是随着与其他企业间的往来增多，业务量大增，收益也越来越高。

营销小翘板

服务包是指在某个特定环境下提供的系列产品和服务的组合。Kellogg于1995年对服务包概念给出的解释是：由有形和无形两方面组成是服务包唯一的特点，服务包的优劣用有形和无形因素满足顾客的程度来描述。

264　充分利用"第三者"

2003年，随着销售量的增加，红牛饮料公司虽然能够掌握自己的销售情况，却对库存和市场终端方面应接不暇。于是红牛开始与宝供物流公司合作，把全国共29个区域和仓库的物流服务都外包给了宝供。

宝供在仓储和物流的基础上，为红牛量身定做了一套订单和物流系统。宝供负责管理红牛的仓库，根据红牛指令送到目标地点，通过宝供为红牛提供的物流系统和宝供自己本身的系统对接，红牛完全可以掌握对市场终端情况的了解。这不仅对红牛了解市场反应、及时制定生产策略提供了支持，而且使红牛公司降低了物流方面的成本，提高了红牛的竞争力。

营销小翘板

外包是指企业将生产或经营过程中的某一个或几个环节交给其他（专门）公司完成。外包的范围按工作性质可分为"蓝领外包"和"白领外包"。"蓝领外包"指产品制造过程外包。"白领外包"也叫"服务外包"，是技术开发与支持其他服务活动的外包。其中技术开发与支持的外包一般采用一次性项目合同的方式寻求第三方专业公司的服务，称为"合同外包"；其他服务活动的外包多通过签订长期合同的方式交由专业外包提供商进行，称为"职能外包"。

265　JPE新业务部进行的精益改造

JPF是一家典型的服务型企业，在二十世纪一度崛起，在收购完4家企业之后，它开始寻找新的增长方式。该公司的高层领导意识到，如果想要获得那些推销保单并提供相关服务的独立寿险顾问的青睐，那么公司就必须要在竞争激烈的市场上别出心裁、鹤立鸡群。为了成为这些保险顾问的首选合作伙伴，公司开始着手缩短投保单的处理周期，简化保单的提交流程，减少中间环节可能存在的差错率。

JPF公司管理人员将目光放在精益生产体系，这种方法建立在持续流水作业的概念基础上。这种生产体系有别于传统生产体系，以新业务部为试点，指派一个"精益小组"来重新改造该部门的运营系统，并先设立一个"示范单元"，这个示范单元是JPF整个流程的缩影，虽然规模小。但是功能十分的全面，这样经理就能

进行初步实验，及时发现并弥补缺陷，最终获得最完美的方案。

精益小组对七种精益生产设计方法进行了尝试，其中包括：把关联流程紧靠在一起；制订标准化的操作程序；消除工作返回至上一环节的现象；设定统一的工作节奏；平均分配工作量，把复杂任务从一般任务当中分离开来；把绩效公布出来进行鼓励和刺激。

通过这些措施的实施，有效地减少了浪费、消除了瓶颈、提高了效率。例如，新业务部将需要健康证明的投保单与不需要健康证明的投保单进行分开处理，这样一来，处理周期立刻缩短了80%。

此外，公司还应用了精益服务当中的另外一条重要准则，即把一线员工工作绩效与公司CEO的绩效挂钩，令组织活动与战略目标保持一致。示范单元的试行成功对精益小组来说起了很大的激励作用，短短的一年半时间里，这套体系便推广至全公司所有业务部门。

营销小翘板

精益服务是指通过系统机构、人员组织、运行方式和市场供求等方面的变革，使服务系统很快适应用户需求的不断变化，并能使服务过程中的一切无用、多余的东西被精简，以求达到包括市场营销在内的服务的各个方面最好的结果。

266 敢于和顾客进行真实的互动

小瑞学的专业是酒店管理，毕业后在一家五星级酒店里工作。小瑞的服务受到很多顾客的赞许，不久就从一名普通实习生晋升为客房部经理。在对新来员工进行培训的时候，小瑞也毫不保留地跟大家分享了她的成功经验。

小瑞说："我的服务之所以能够得到很多顾客的认可，全在于我善于营造服务接触点。"对于一家酒店而言，一年当中的每一天都会有不计其数的对客户的服务接触点，这是酒店员工与客人之间的一个互动点，在这个点上，酒店通过员工的服务把企业的形象传递给了顾客。不妨做这样一个设想，如果客人在酒店里问路，服务员不只简单指明方向，而是亲自陪同到达，如此一来所创造的接触点无疑是令顾客满意的。正确营造服务接触点，让客人对你和你的酒店难以忘记，是促成生意和维系客户关系的关键。

小瑞的这一感受得源于一位顾客在总台登记时，小瑞不仅迅速地为顾客办理好了入住登记，还大胆地与顾客进行眼神接触。令她没有想到的是，三个月之后，该名客户再次入住这家酒店，竟然第一时间认出了她。这件事给她留下了深刻的印象，慢慢的，在一些老员工的带领下，她渐渐明白，如何增加与顾客间的服务接触点，让顾客记住你的服务，并在这个过程当中感到身心愉悦，这种服务上的技巧比埋头服务有效多了。

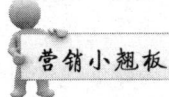

营销小翘板

服务接触概念最早出现于20世纪80年代初期，基于服务业经营中对人际接触的重视，以及了解在纯粹服务情境中，影响客户满意与再次惠顾与否的因素，主要在于与服务供应者间的人际接触。

267 做销售要懂得驾驭情绪

阿峰是个乐观向上的男孩，上了深圳一所比较好的大学，大学毕业后，他到一家公司做销售。刚入职的时候，他对自己的未来充满信心，可当许多客户都拒绝他后，他变得消极、烦躁、苦闷，常常喝酒，脾气越来越大。有几次，他还跟同事争吵起来。从此以后，他的日子更不好过了，同事们都不理他，这让他对自己的未来更加的绝望。

有一天，部门经理点名要阿峰到他办公室去。阿峰硬着头皮去了，经理一眼就看出了阿峰的不满，便一针见血地说："觉得很委屈是不是？觉得你的能力得不到展现是不是？"

这时，阿峰看到经理的旁边有一盆细细的黄沙，不明白是用来做什么的。经理看出了他的心思，伸手抓了一把沙子，说："小伙子，你别以为只有你有脾气，其实我也跟你一样，不过我已经学会如何控制情绪。"

原来，那盆沙子是用来"解气"的，它伴随经理从青年走向中年，也令他从一个莽撞的少年打工仔变为部门经理。后来，经理把这盆沙子送给了阿峰，阿峰每当看到这盆沙子的时候，便不禁想起经理的话。他慢慢学会了控制情绪、保持好的心态，面对客户时总是拥有一颗平常心。客户也都喜欢阿峰的冷静和踏实，阿峰的销售成绩逐步上升。

营销小翘板

情绪管理是指通过研究个体和群体对自身情绪和他人情绪的认识、协调、引导、互动和控制，充分挖掘和培植个体和群体的情绪智商，培养驾驭情绪的能力，从而确保个体和群体保持良好的情绪状态，并由此产生良好的管理效果。

268　让服务充满人文气息

新加坡有一家个性化商店，专门出售老人用具，包括餐具、日用品、桌椅等等。老人由于年纪的缘故，吃饭喝水穿衣的时候存在诸多不便，因此这里的餐具和用具都很有特色。比如筷子是竹子做的，中间有弯曲度，便于老人使用。勺子、盘子什么的都是塑料陶瓷类的，不但方便使用，也不易摔坏。水杯上也设计了抽吸形式的，这样不易漏出水来。

桌椅的设计都是根据老人的习性特征进行人性化改造的，使用起来不但方便而且健康，老人们也不会磕着碰着，另外是一些人性化设计的大便池、传呼机、益智的老人玩具等等。

这家店的店铺不大，店面也不是在繁华的地带，但是生意异常的火爆，人们对它的喜爱远远超过了对时尚品的追求。特别是遇上节假日的时候，生意更是火爆。很多追求个性化的年轻人，都会到这里来挑选一些东西带回去，作为礼物送给家中的老人。

当然，除了新颖的设计之外，店家还不忘在产品上刻上祝福的语言或提醒注意安全的话语，还有一些吉祥话以及寿星、福星等图案。老人收到如此贴心又细心的礼物时，往往会乐得合不拢嘴。顾客满意，店家的生意也越做越好。若问商家成功的秘诀，自然与人性化的服务分不开。

营销小翘板

人性化服务，具体来说就是以人为本，为消费者全心全意提供优质的服务，给消费者以人文关怀，从而有效地提高消费者的服务满意度，进而增加企业的客户满意度，最终达到提高企业效益的目的的服务。人性化服务是构建和谐社会的重要内容之一，做好人性化服务可以帮助服务机构赢得市场，树立良好的社会形象。

269　航空公司的崛起之路

王铭受命接任北极航空公司总裁的时候，正值公司面临员工流失、客户流失的困境。在他上任之初，对公司的现状和出现困境的原因进行了详细的分析，决定对公司进行一场大规模改革。

王铭采取了一系列的改革措施，其中包括重新组建航空公司的机群，重新调整公司现有资金结构以及员工的薪酬待遇。然而，王铭很快就意识到，对他来讲最重要的改革就是要改变员工的服务理念，让他们重拾信心。

王铭采取了两条措施：一是努力调动员工的积极性以及提高员工的素质。王铭认为，要想留住顾客，为他们提供更好的服务，就必须提高员工的工作效率以及工作热情。只有坚持不懈地向顾客提供优质的服务，公司才能重新振兴。

在如何提供优质服务方面，王铭做了大量的研究工作。将膳食和饮料引进区间运输线，让员工把飞机收拾得干净整洁，让乘客在飞机起飞前买票订座，鼓励全体乘务人员真诚欢迎每一位乘客的到来，为他们提供热情周到的服务。此外，他还不断地催促地勤人员提高飞机起飞的准点性。这些旨在鼓励员工提高服务质量的改革，取得了显著效益，许多离去的乘客又被吸引了回来。

之后，培训活动扩展到了公司里的每一个人。这些培训内容包括：大脑的功能、压力的控制、身体语言以及正反两方面的思维等。为了让员工明白这种培训的重要性，王铭还亲自参加了这些培训课程的学习。

经过王铭的不懈努力，北极航空公司的经营在短短的三年内扭亏为盈，并且开始受到世界各地乘客们的认可。终于使公司摆脱了团境，在航空业界重新崛起，成为极具实力的航空公司之一。

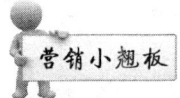

营销小翘板

服务价值是构成顾客总价值的重要因素之一。在现代市场营销实践中，随着消费者收入水平的提高和消费观念的变化，消费者在选购产品时，不仅注意产品本身价值的高低，而且更加重视产品附加价值的大小。

270 服务意识比一切都重要

比亚迪汽车公司常常关注用户的信息反馈，每年在国内进行一次用户对本公司服务满意程度的调查，并接收到大约50万条意见。

公司还在服务部门设置了全国网络，它拥有2万个服务站、16万工作人员、1.3亿多用户。此外，公司还有一个独特的供应和运输组织，限制订货账单必须在24小时内完成。公司另有一个记录全部备件供应的系统，在这些信息基础上，分布在全国各地的几个销售中心的电子计算机能够根据时间、品种、数量等自动规划全部供应，使各服务站负责人提高了工作效率。

近几年来，签署过长期服务合同的车主享受到了不少的优惠，比亚迪汽车公司服务部门向用户承诺，承担用户在一天24小时任何时间内蒙受的全部损失，牵引、提供替用汽车，并支持在发生故障时汽车里所有人的寄宿费用。就这样，比亚迪汽车公司逐渐在市场上站稳了脚跟，成为国内数一数二的汽车企业。

服务意识是指企业全体员工在与一切和企业利益相关的人或企业的交往中所体现的为其提供热情、周到、主动的服务的欲望和意识。即自觉主动做好服务工作的一种观念和愿望，它发自服务人员的内心。

271　苏宁电器的售后服务

在1993年，国内爆发了一场"空调销售大战"，在这次大战中，苏宁电器最终得到了人们的认可，成为知名的空调销售企业。其中一个重要的原因就是苏宁专门的售后服务。

在接下来的一年，苏宁电器实现了售后服务的转型，并且成立了专门的售后服务部门。此外，苏宁还新建了安装维修中心，开始了信息化的用户资料管理与作业管理。无论是安装还是维修工人，在上岗之前必须经过严格的培训，必须通过考试。同时，苏宁还定制了一套严格的管理制度，目的就是为了规范工人的作风。通过电话或是上门征求顾客建议，提高和改善苏宁的服务水平。

如今，苏宁已经形成了一套完整的服务体系，由原来的安装维修服务增加到上门设计、免费保养等综合性的服务。随着苏宁不断壮大，其售后服务也在稳步中得到了提升。

苏宁不仅在总部本地完善服务，而且也将这种服务扩大到了其他地区的连锁店。苏宁还制定了《苏宁售后服务管理手册》，增强了苏宁的服务水平。为了确保24小时服务到位，苏宁还实施了在社区建立网点的想法，目的就是更好地服务广大顾客，真正地将顾客的利益放在首位。

272　斗牛士牛排的崛起

斗牛士创办人林俊龙先生在他的大学时代，就开始了他的打工生涯。当时的林俊龙就读于文化大学，由于学校地理位置邻近台北士林夜市，于是他开始在夜市里摆起了摊子，卖起了牛排。虽然只是一个小小的摊子，但是林俊龙秉持着与客人分享的观点、从不与客人计较，牛排的份量永远只会多不会少，好口味、好口碑迅速

传开，客人从此络绎不绝。当时的摊子并未取名，许多慕名而来的顾客不知道如何寻找这间店，熟客中便有人热心帮忙取店名，最后象征智慧、优雅、力量、积极向上的西班牙形象"斗牛士"雀屏中选。

1984年，林俊龙筹措资金，成立了第一间斗牛士牛排餐厅，创业过程中虽然屡遭艰辛，但丝毫不减林俊龙对食材质量的坚持与对待客人的热情，发展至今日，斗牛士在台湾已达近60家分店，成为台湾知名的餐饮连锁企业。

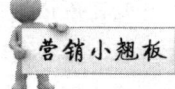

营销小翘板

斗牛士集团成立二十八年来，始终怀抱着对美食料理的热情，并以最真挚的心面对客人，希望将最好的东西与客人分享，也正是这份执着推动着斗牛士企业成功地发展。将每位顾客视为唯一个体，为其打造量身订做的服务，希望每个顾客都可以得到令其感动的用餐经验。这就是斗牛士崛起的秘密。

273 具有收藏价值的景德镇陶瓷

由景德镇古韵陶瓷厂生产的陶瓷，借助其在历史文化上的认可度和价值，在销售时采用"最后的古典陶瓷"营销方案，整套陶瓷作品沿用唐代陶瓷的加工制作工艺，包括用料模具、烧制温度以及所用窑炉等，厂家对这些作品进行统一编号，并由主要制作人署名、盖章，编号额满后，其模具立即在权威公证机构的监督下进行统一销毁。

这套销售方案一经推出，国内新闻界和收藏爱好者立即表现出了极大的反响，很多人直接把电话打到厂家，表示希望能购买收藏这套产品。一个香港商人在看到广告后，立即联系要求购买，在他们登机返港当天，10件陶瓷就运达他们手中。

作为景德镇的制陶专家，陈基业老先生参与了这次烧制过程，对于售出的每一件珍品都为珍藏者签发了与珍品编号相符的收藏证书。一件6800元的古典陶瓷，对于普通工薪阶层的家庭来讲价格还是挺高的，但是对于收藏爱好者而言，这是个难得的收藏机会，因为这批陶瓷数量少，质量高，买了放在家中作为收藏，说不定过几年价格能翻好几倍。

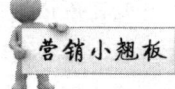

营销小翘板

限制销售战略是从满足顾客的求异心理出发，进行快速销售的。实行限制销售

战略要求产品质量优良，款式新颖少见，让顾客一见钟情。限制销售战略从人们的心理入手，让商品在人们心中始终有个完美的形象，不需要投入多少钱进行宣传广告，就可以收获理想的销售效果。

274 雅鹿羽绒服的俏销

不少企业一心想着如何将产品卖出去，钱一到手就万事大吉，却很少想到卖出去之后该怎么办。然而，现在的情况越来越不同，企业家开始重视消费者，并把消费者视为企业的一笔重要资源。

最初雅鹿羽绒服并不畅销，在众多市场竞争对手中处于劣势地位。后来公司在全国范围内进行推广，其最早的推广基地是沈阳，但是没什么效果。在这过程中，雅鹿了解到人们都比较认准品牌效应。

后来，雅鹿请来了赵薇和陈坤做代言，两人跟随公司到各个城市去做宣传，两人的气质出众，穿上雅鹿羽绒服后格外的漂亮，这样雅鹿羽绒服开始迅速畅销。

不到10个月的时间里，雅鹿羽绒服的销量迅速增加，随着赵薇陈坤知名度的增加，雅鹿羽绒服的知名度也在一时之间急速飙升。为此，雅鹿羽绒服迅速开展了一系列的营销活动，让雅鹿迅速成为国内知名品牌。

营销小翘板

消费者资源是指为企业带来优势和经营帮助的消费者，它同土地、劳动、技术、资本等生产要素一样，都能为企业带来丰厚的利润，创造价值。

275 淘宝的便民服务

淘宝商城网是中国国内极为有名的一家网购网站，其C2C的品牌优势早在2003年创立以来，就已经建立了起来。如今淘宝网的工作重点是：如何做好用户保持和服务工作，提高网民对淘宝网的忠诚度，并最终不断吸引新的客户加入。

"开放、透明、分享、责任"是淘宝客户服务中心的服务标准，有了这种服务标准的指导，用户可以详细地了解每一件产品的信息。淘宝客服还为卖家和买家提供了一个简洁易操作的页面，用户很容易就能上手。针对那些没有网银或是不会进行网上支付的用户，淘宝还为此提供了货到付款的服务。此外，淘宝用户还可以通过电话、传真、邮件、阿里旺旺和腾讯QQ等途径联系淘宝客服中心，向他们求助。

淘宝客户服务中心内部还分为支持部、综合业务部等部门。每个部门根据自己的职能，明确划分了自己的工作，并制定出详细的岗位职责说明。

营销小翘板

"客户永远是第一位"，淘宝服务中心从客户的实际需求出发，既为众多的网民提供了专业、优质、有价值的服务，同时自身也得到了发展。据著名互联网分析机构调查显示，2009年，淘宝交易额更高达2083亿人民币。国内电子商务五分之四以上的市场份额是淘宝网占据的。

276 走入寻常百姓家的"贵族"电器

20世纪90年代中期，变频空调作为空调器的革命性换代产品，代表了当今空调生产和消费的趋势。海信，一个家喻户晓的家电品牌，国内第一家全面掌握变频空调生产技术的生产基地，也是到目前为止国内最大的变频空调生产基地。在很长一段时间里，家电产品掀起了一股大规模的降价浪潮。价格战的硝烟席卷了包括彩电、冰箱、洗衣机等在内的几乎所有家用电器，在这些行业的格局因价格战发生了根本性变化的同时，海信生产的这些产品也逐步走入寻常百姓家，成为居家生活的必备用品。

海信之所以受到消费者的青睐，还得益于它的企业服务。它的关键在于"讲信誉"，说到做到，兑现许下的承诺。每一个海信人都把信誉当成最基本的生活和工作准则，努力完善信誉服务，让海信的信誉服务更加具有持久性。

营销小翘板

只有持之以恒地遵守"讲信誉"这个规则，企业才能生存和永续发展。百年海信，不仅能让海信自身健康发展，而且也能让顾客满意。也正是因为这种服务理念，海信走进了千万家户，成为家庭电器中的"贵族"。

277 京东商城的商战秘诀

京东商城是中国B2C市场最大的3C网购专业平台，是中国电子商务领域最受消费

者欢迎和最具影响力的电子商务网站之一。京东之所以有现在的成就，关键在于周到的服务品质。京东商城秉承"以人为本的服务理念，全程为个人用户和企业用户提供人性化的"亲情360"全方位服务，努力为用户创造亲切、轻松和愉悦的购物环境；不断丰富产品结构，以期最大化地满足消费者日趋多样的购物需求。相较于同类电子商务网站，京东商城拥有更为丰富的商品种类，并凭借更具竞争力的价格和逐渐完善的物流配送体系等各项优势，赢得市场占有率多年稳居行业首位的骄人成绩。

京东的服务在网购界应该属于一流的，它将信息部门、物流部门和销售部门垂直整合。在物流配送方面，能够使用京东自营快递的，则使用京东自营快递。上门自提是京东商城推出的一项服务。当订购的货品抵达收件方所在城市之后，可以到京东商城指定的自提点领取。正是这些细微的服务，才造就了现在的京东。

营销小翘板

服务企业在定义服务理念时还需要在服务设计、服务递送和服务营销方面做出以下努力：保证充足的商品补给、保证商品种类繁多、雇用称职员工、将店址选择在交通便利的地段等。

278 真功夫餐饮的价值观

真功夫是主打美味、营养的原盅蒸汤、蒸饭的快餐品牌，至今已有十几年的发展历史，成为国内一个知名的中式快餐品牌。

2012年，真功夫成立18周年，在这个重要的年头，真功夫的掌门人重新提出了企业核心价值观，那就是"一切为了顾客"。真功夫认为顾客决定一切，既要为内部顾客服务，也要为外部顾客服务。在日常工作中，想顾客之所想，更好地满足顾客的预期。在制定标准时，以顾客需求为导向，重视顾客的意见，一切以"顾客价值"为出发点。

此外，真功夫还以"倒三角"为服务理念，企业的各个阶层的管理人员，处在三角底端，运用自己的资源帮助员工实现他们的目标，满足他们的需求，最终取得更好的业绩。

营销小翘板

在这种服务理念的指导下，真功夫的销售再创新高，直营店遍布全国各地。如今真功夫是直营店数量最多，规模最大的中式快餐连锁企业，名列中国快餐五强之中。

279　忽略顾客的销售员

王大刚的女友快要过生日了，想要送女友一款苹果手机。于是王大刚就带着女友去商场手机专柜去买。苹果手机专柜的销售员说了一声："欢迎光临。"热情地招待了他们两位。王大刚的女友看到心中的那款苹果手机还有货，然而出于价格考虑，他们决定去附近的手机专卖店看看苹果手机的价格。销售员见他们离开，用白眼瞟了他们一眼。王大刚两人转完之后，还是觉得商场里的价钱合理，于是他们又来到商场，询问苹果手机的价格，并问有没有其他颜色的手机外壳。当时销售员正忙着招待另外一位顾客，所以就没搭理王大刚他们。王大刚很生气地拉着女友走了。

营销小翘板

销售员就是以销售商品和服务为己任的人员。在社会商业化活动中，他们起着重要的桥梁作用。他们向顾客传递商品信息，加以宣传促成商品交易成功。因此，销售员要用心服务每一名顾客，热情招待每一名顾客。

280　希尔顿酒店的成功秘诀

希尔顿酒店是世界著名的酒店之一，它的成功与周到的服务是难以分开的。有一次，天都黑了，一对老年夫妇来到希尔顿酒店大堂要求订房间。由于他们没有提前预约，值班的服务生在查看了空房记录后，发现所有房间都住满了。这位服务生很有礼貌地微笑着表示歉意："对不起了，敬爱的先生、太太，我们这里暂时没有房间了，不过在我们的附近有几家环境很不错，档次也很高的饭店，要不要我帮你们问一下。"

服务生先领着这对老夫妇来到休息大厅，让他们在这里稍微休息了一会，随后打电话给附近的酒店，替他们预约房间。不一会儿，服务员又来到这对老夫妇面前，说："在我们后面的喜来登大酒店现在还有一个房间，档次和我们是一样的，同时价格还比我们便宜20美元呢，你们愿意去那边吗？"

老夫妇高兴地说："当然可以，真是麻烦你了。"

紧接着，服务员就把夫妇二人连同他们的行李一起送上了车。希尔顿酒店的服务给夫妇二人留下了非常深刻的印象，赢得了他们的好评和赞赏。

营销小翘板

服务员从文字上来看，是指履行某项任务或是任职某种业务，引申为为公众做事、替他人劳动的含义。服务是企业的生命，是创造利润的法宝，也是竞争的雄厚资本，而这一切主要来自科学管理和员工的努力。

281 推销热情

英国著名的推销员汤姆之所以与很多难搞的客户建立了良好的关系，关键在于他的热情不变的服务。在他的所有客户当中，路易斯是最难搞的一个客户，不但脾气暴躁，而且十分的固执，他决定的事情往往很难改变。但是汤姆就是依靠自己的热情一点点把路易斯说服的。

路易斯总是向推销员发脾气，汤姆曾两次向他推销汽车，都被拒绝了。但汤姆仍不放弃，他第三次走进路易斯的办公室时，路易斯正在向另一名推销员大吼大叫，但汤姆没有没吓倒，他决定用自己的热情来融化路易斯的敌意。

路易斯见了他，相当的生气，故意让他等了很长的时间。等路易斯忙完之后，他发现汤姆仍旧坐在那里，着实有些吃惊，渐渐被汤姆的热情所感动。汤姆说自己有个非常好的方案，一定要向他介绍了这个方案才能离开。

最终，汤姆和路易斯签订了合约，每个月的合同金额高达75万欧元。

日本营销大师原一平曾说过："热情在营销中占的分量为85%，而产品知识只占15%。"作为销售人员，热情是一种必不可少的职业素养。

营销小翘板

服务态度是指服务者为被服务者服务过程中，言行举止方面表现出来的神态和精神。服务态度的内容包括：热情、诚恳、礼貌、尊重、亲切、友好、谅解、安慰等。服务态度要注意的一个问题就是不能把由其他因素带来的情绪表现给被服务者。

第八章 完善服务——只有赢得顾客的心，才是长久的营销之道

282 冒牌飞亚达手表

2000年，在四川省新都百货公司，发生了一件这样的事情。百货公司内的一名采购员通过非合法途径购进了一批冒牌的飞亚达牌手表，由于款式比较时尚新颖，所以刚刚上架就销售一空。一直也没出现什么问题，直到5个月后，一名顾客来到百货公司，反映几个月前购买的手表出现了质量问题，希望能够退货。百货公司经理并不知道详情，把手表寄回了飞亚达手表生产厂家，经过查证，货号不对，这才知道那批货是冒牌货。

对于这件事，百货公司决定原价退货，在向顾客道歉的同时补偿来回的交通费。此外，百货公司通过县电视台告示曾经在百货大楼购买过这一款手表的顾客，到百货公司办理退款手续。

后来通过统计，几乎所有买表的人都得到了退款，但仍有一名顾客迟迟不来。这件事过去了大概半年的时间，那位顾客终于出现，原因是他前段时间在国外，所以未能拿着手表前来退货，回国后从朋友那里得知此事，本来也不抱太大希望，没想到百货公司经理亲自接待了他，按照承诺，虽然已经过了半年，还是以原价退货，并补偿了来回路费。这件事为百货公司增加了十倍的营业额，而且名誉经久不衰。

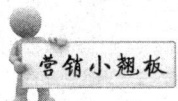

营销小跳板

这家百货公司不但售后服务完善，关键在于取信于消费者。售后服务是指在商品出售以后所提供的各种服务活动。从推销工作来看，售后服务本身同时也是一种促销手段。

283 在创意中生活

小北大学毕业以后，本来在一家礼品公司做创意总监。但是因为某种原因被迫离职，壮志未酬的小北决定自己开一家礼品公司。公司成立之初，小北四处联系业务，尽心尽力，但是公司的业绩迟迟上不去。小北很沮丧，这家公司不但用了他所有的积蓄，而且也花了他大量的心血。

后来小北发现了创意用品，例如创意家居用品、创意办公用品、创意文化用品、创意家居饰品、懒人用品、新奇特产品。于是抱着试试的态度做了一个营销方案，订购礼品就额外赠送创意杂货，有个性时钟、时尚相框、创意迷你小家电、创意浴室用品、创意厨具、创意文具、情侣用品、创意灯饰、生态宠物玩具等等，然后附上自己公司的广告，上面写着：在创意中生活！

意想不到的是，这个营销方案特别的好，很有新意，也很独特。这些创意小杂货可以让人身心放松，尤其是在忙碌的社会节奏带给人们无时无刻的压力下，人们渴望得到舒缓，让自己的生活更轻松愉悦，创意生活的魅力缓解了生活中的部分压力，增添了生活及工作的情趣。就这样，小北的公司迅速成长，很快成为龙头老大。

营销小翘板

生活里的各个角落都存在着不用心发掘就难以体会的快乐和趣味，创意往往会给人们不一样的视觉景观和思维方式。而小北正是利用了创意服务，让自己的公司壮大起来。

284 新航的贴心服务

林依依在一家外贸公司做采购，因为工作的需要，常年在国内外出差，对于各个航空公司的空乘服务十分的熟悉和了解，也有所感悟：空乘上的笑脸越来越少，服务也越来越不专业，空姐长得也越来越不漂亮。唯独在去年乘坐新加坡航空公司的飞机去马尔代夫的时候，空乘服务让她感觉温馨和舒服。

乘坐新加坡航空公司飞机的时候，航班的出发时间总共延误了近十五分钟，但是服务人员在第五分钟的时候就开始发放点心和饮料，而且还有专人全程将点心和饮料送到没有主动前去领取的乘客的候机位。只要乘客需要，立刻就能够补发，在这个过程中，很少有乘客因为登机延误而产生焦虑情绪，或许，还有的客人根本就没发现飞机实际上延误了十五分钟。

在登机的时候，空乘人员安排带儿童的乘客优先登机，所有空乘人员统一规范的仪表仪容、亲切的问候语和解说词，让所有乘客从细节之处真正享受到了服务，这也是林依依多年来乘坐飞机所从未感受到的。

如果下机的时候，有的儿童睡着了，还可将保暖用的小毛毯带走；如果到站时，发现行李或箱子有破损，还可全部用专用的托盘进行保护。所有服务，无不体现了新航服务的热心和贴心。林依依之后只要出行必定会坐这班航线。

营销小翘板

服务差异化是指服务企业面对较强的竞争对手，而在服务内容、服务渠道和服务形象等方面采取有别于竞争对手而突出自己特征，以战胜竞争对手，在服务市场站住脚跟的一种做法。其目的主要是通过服务差异化突出自己的优势，与竞争对手相区别。

285　凭空多出来的4包中华烟

一天，在湖北宜昌一家酒店内，工作人员与顾客发生了激烈的冲突。原因是这位顾客过生日，在酒店内宴请了一桌亲朋好友，结账的时候收银员说应付1200元。顾客感觉价格好像不对，发现消费账单确实存在问题，上面凭空多出了4包中华烟，总共价值152元，但是顾客没有要那么多香烟。

后来酒店经理来了，询问完具体情况后，找来负责服务他们这桌的工作人员了解情况。一问才明白，原来是这个服务员在进行现场服务的过程当中，由于没有对所提供的菜肴、酒等与点菜单进行核对，顾客要的是10包中华烟，而他在填单的时候，错把10记成了14，这才产生了矛盾。

原因弄清以后，酒店经理主动向客人承认错误，对于耽误了顾客的时间表示歉意，并将餐费打折为550元，相比实际应付金额少了足足400多元，这才平息了顾客先前的满腔怒气。显然事情的责任在酒店方面，当中暴露了酒店服务工作存在的诸多漏洞；对顾客而言，顾客因为酒店服务人员的失误不仅耽误了时间，更在本应高高兴兴的生日当天弄得满腔怒气。好在酒店的补救性服务做得不错，因为不管是客人投诉、双方交涉还是不利的口头宣传等，都会给酒店带来很大的损失。

营销小翘板

服务补救概念最早是由Han等人在1990年提出，对于服务补救的含义众多学者有着众多的解释。Tax和Brown将服务补救定义为：服务补救是一种管理过程，它首先要发现服务失误，分析失误原因，然后在定量分析基础上，对服务失误进行评估并采取恰当的管理措施予以解决。

286　迪拜的奢华服务

迪拜的帆船酒店是全世界最奢华的酒店，它位于中东地区阿拉伯联合酋长国迪拜酋长国，同时也是世界范围内的第一家7星级酒店。1999年12月开业，建立在阿拉伯塔大酒店离海岸线278米处的人工岛上，整个酒店外形犹如一张鼓满了风的帆，共56层、3159米高，也是全球最高的酒店。其中共有高级客房202间，所有的202间房全部是两层楼的套房，皆为落地玻璃窗，并且可以随意地欣赏景色宜人的阿拉伯海。以最普通的豪华套房为例子，办公桌上摆放着的东芝笔记本电脑，可以方便随时上网，墙上挂的字画也全是真迹，还有红色顶棚的圆形卧床，床下面的地板还可旋转，套房内还拥有一部独立电梯和电影厅。

酒店内的任何地方都是金灿灿的，大到大厅、中庭、套房、浴室，小到门把手、水龙头、烟灰缸、衣帽钩，甚至是一张普通的便贴纸，都镀上了黄金。当您进入房间后，会有一个专门的管家跟你耐心讲解房内各项高科技设施如何使用，并让每一位入住的客人感到自己是阿拉伯国王的感觉。当您入住皇家套房，还能享受到管家、厨师以及服务员七对一的贴心服务。酒店房间的睡房的天花板上还有一面与床齐大的镜子，你可以躺在床上，同自己面对面睡觉。浴室内的所有卫浴用具，包括肥皂、香水等，都是爱马仕的品牌。

如此富丽堂皇、豪华奢侈的服务环境，是许多人心中所向往之地，都渴望去体验一把极度奢靡的生活。

营销小翘板

服务环境是指企业向顾客提供服务的场所，它不仅包括影响服务过程的各种设施，而且包括许多无形的因素，凡是影响服务表现水准和沟通的任何设施都包括在内。如旅馆的服务环境包括旅馆内的所有内部装潢、家具和供应品等。

287　韩康卖药

东汉时期，有一位名医叫韩康，京兆霸陵人，也就是现在的陕西西安人，他医术高明，对于看病求医的人也是真诚相待。在韩康闲暇的时候，常常上山采药，并在长安城内摆地摊卖药材。

韩康在卖药的时候跟别人不一样，他把摊子一摆，就看起医书来，除非客人主动问起这药的相关情况，才抬起头来看看客人然后详细解说。而其他摆摊的人，都是拼命地吆喝招揽客人。韩康卖药还有个特点，就是明码标价，摆在摊上的每一种药材都分成均等的小包，并分别标明了价格，他还在自己的药摊子旁边挂了块布，写着"不二价"三个醒目大字。

有一天，一个牙疼的老太太来买药。韩康在自己的药摊上已经标明"牙疼药一个钱两包"，然而老太太还是忍不住和韩康讨价还价起来。

老太太说道："三包一个钱行不行？"韩康听完，摆摆手，生硬地说："做生意，靠的是诚信二字。我的药都是货真价实明码标价的，绝对童叟无欺。我不能因为你而破坏了规矩。"

牙疼的老太太见韩康态度如此坚决，不好意思再讨价还价，于是买了一个钱的牙痛药就走了。

日子一天天过去，韩康的这个药摊也因为"不二价"而渐渐传开来，住在城里的居民经过仔细打听，才知道摆药摊的人竟然是赫赫有名的名医韩康，而"不二价"的金字招牌同样一炮打响。

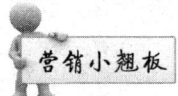 **营销小翘板**

不二价策略是指对于所规定的价格不作半点退让，开价就是成交价，宁可不成交，在价格上也没有任何商量的余地。表面看上去这是一种僵死的做法，但在某种特定的条件下，这一价格策略亦能发挥出独特的促销功能。

288　施乐复印机"只租不售"

施乐公司刚刚成立的时候，并没有明显的起色。直到1959年施乐914式复印机问世，这才扭转之前的销售困局，在复印机市场上异军突起。

只要提到IBM，很多人就想到计算机，而说到施乐，很自然就想到复印机。施乐产品的市场占有率高达一半以上，在世界上它就是复印机的代名词。然而，当时的美国有明确法律条文规定，即任何产品的定价如果超过成本10倍以上的时候，就不得销售。"施乐914"复印机每台成本仅为2400美元，在市场上却被定价为29500美元，这么高的价格，不仅消费者无法接受，在法律上也是被禁止销售的。

为此，施乐采用"逆向反常"的独特营销策略，就是只卖服务不卖产品。这个方案刚刚实行的时候，很多人都很好奇，靠出售产品获取利润的公司，不卖产品怎么能行？当这项策略在市场上正式实施后，所有同行都目瞪口呆，原来施乐将原先的出售产品改为只租不售，顾客只需要花少量的钱，在一定时间范围内租赁"施乐914"复印机的使用权，而无需购买便可享受到施乐的产品。

在这个信息化的时代，消费者在购买产品的时候，会更多地关注购买过程中的精神享受，施乐公司品牌的树立靠的就是"服务"。服务产品同其他有形产品一样，必须满足消费者不同的需求。

第九章

战略实施——合理的战略部署与实施，有助于打好市场竞争战

289 松下电器旗下的副品牌

自1918年创业以来，松下电器通过提供高品质、高性能的商品和优质服务为公司塑造了一个值得信赖的自主品牌形象，接着，以成功的企业形象作为背景，开始针对不同的细分市场，设计出不同的系列品牌，比如说，在美国市场上创立了Panasonic品牌强调朝气、富有革命精神的创新形象；在冰箱等产品上延用National品牌，维持信赖度高，安定的稳重形象；对于高端消费群体，则推出Technics品牌，着重宣传其高科技形象。

不同的细分市场，其消费需求也是不同的。为了对市场进行进一步的细分，松下公司设计出了富有创意的新产品副品牌，每个副品牌产品的质量都是非常高的。同时，产品又以其活泼的形象吸引了更多的消费者。

虽然各副品牌名称不同、个性迥异，可是在进行广告宣传的时候都强调自己属于"松下"家族，以借助"松下"的品牌形象促进销售。与此同时，各个副品牌所获得的成功无疑也加强了"松下"这一主品牌的形象。

营销小翘板

松下公司成功应用品牌组合战略，以松下产品的高品质创立了令人信任的企业品牌，再成功地采取系列不同品牌，以松下形象为背景，成功进军不同细分的市场，对不同的产品，通过副品牌宣传特质，成为有效的促销手段。

290　"美美减肥片"引领的运动减肥风暴

"美美减肥片"在美国是一款非常受欢迎的减肥产品，前景一片大好，具有广阔的发展空间。

在美国是这样，那在中国市场上"美美减肥片"的命运又如何呢？结果让人大跌眼镜，它在中国市场上一开始便遭遇惨淡，前景让人堪忧。

原来，刚打入中国市场时，"美美减肥片"因为没有醒目的包装导致了产品的识别性特别差，再加上减肥片属于片型，没有足够吸引顾客眼球的"亮点"，从而使它在中国市场的竞争中处于劣势。

为了摆脱困境，提升产品的知名度，"美美减肥片"特意做了市场调研。最终，市场调研显示的结果是中国减肥品在经过3年的火爆期后，开始遭遇前所未有的信任危机，使得各大减肥品、保健品、减肥器械生产商互相抄袭营销策略以期争夺有限的消费者。

同时，大量数据也表明，减肥的主要群体是白领女性，并且"快速减肥"、"廉价减肥"等口号已经不能取得消费者的信任。为此，"美美减肥片"开始把"泛减肥时代"作为自己的核心主张，通过健康自然减肥来替代快速减肥，并使得运动减肥与药物减肥相结合，还让朋友之间互相推荐，同时又将"美美减肥片"定位为"第一运动减肥品"，这样，在短短数月间，就引领了一场全国范围内的运动减肥风暴。

营销小翘板

产品概念测试，有时称为"概念测试"，就是将企业初步设定好的一个产品概念或几个可以替代的产品概念，展示于一群目标消费者面前，并获取其反映。在进行产品概念测试时，通常用文字来表达或用图片来描述产品概念。

291　惠普的如意算盘

惠普作为全球打印和成像领域的领导品牌，连续多年占据着全球激光打印机市场第一的宝座。

惠普打印机之所以在成熟市场上具有较高的市场占有率，是因为惠普公司曾经成功研发了一项能够提升彩色激光打印机性能及清晰度的新技术。这项新的技术，大大地改变了彩色打印效果。当这种经过技术改良的打印机产品试制成功后，惠普公司面临着市场定位和定价的决策，究竟是凭借新技术优势制定高价格入市，还是

在原价的基础上原封不动呢？

市场调研分析显示，如果惠普新型打印机凭借这项新技术，制定出高价格，把价格定到250美元，那么，与竞争对手同类型打印机的售价150美元左右相比，惠普公司就可以赚到100美元，产品的毛利率将会翻一倍。可是，面对巨大的利润空间，必然会有大批跟随者进入，而且会不惜研发成本来提升性能，最终造成打印机市场一片混乱，势必会损害惠普目前既有的市场优势。

最后，惠普公司通过对自身利益的长远考虑，为了有效阻止追随者的盲目跟进，决定将价格定在185美元。并且，一旦有追随者愿意花费巨额成本加入竞争，惠普便将价格调到160～175美元之间，让竞争对手无法收回成本，盈利微乎其微，甚至可能出现亏损的状况。

营销小翘板

惠普所采用的这种价格战略，尽管从某种程度上来讲损失了一定的利润，但是，从另一个角度来看，却成功实现了主要目标——那就是最大限度地扩大市场份额，把自己的竞争者阻止在新型打印机市场门外。

292 开发商的计谋

在市场营销学中，所谓"饥饿营销"，是指商品提供者有意调低产量，以期达到调控供求关系、制造供不应求"假象"、维持商品较高售价和利润率的目的。

"饥饿营销"让购房者心里发慌，高房价也不得不下定单。楼盘在开盘前后，开发商先大量广告宣传，吸引人看楼，请看楼者登记、交诚意金、登记VIP客户等，有的还张榜公布销售情况（实际没有销售那么多），形成临时性缺货或只剩少数存量假象，造成楼少恐慌。长长的等待名单也为楼盘做了免费广告。

在楼市旺季，开发商会采用两种方法进行饥饿营销：一种是放慢销售速度，将整个销售周期拉长，一年内有好几次调价机会；另外一种是当现有房子销售到一定程度后，开发商会停止销售，把一些房子（相对好些）留到下一期一起卖，以便卖个高价。

还有的开发商一次只开卖一栋楼，或者几十套房子，如果人数不够的话，一次售罄就继续延期开盘。这样，一来可以制造热销气氛，形成购房者饥饿，二来可以不断提价。

饥饿营销运行的始末始终贯穿着"品牌"这个因素。首先其运作必须依靠产品强势的品牌号召力，也正由于有"品牌"这个因素，饥饿营销会是一把双刃剑。剑用好了，可以使得原来就强势的品牌产生更大的附加值；用不好将会对其品牌造成伤害，从而降低其附加值。

293 限量版"费加洛"轿车刺激消费者购买欲

日产汽车公司新推出一款名叫"费加洛"的中型轿车，同时，该轿车被赋予"浪漫风采、时尚气息"的代名词。

为了刺激消费者的购买欲，在产品先期宣传的时候，该汽车公司在新闻发布会上宣布：这种车只生产20000辆。而且，为保证经典之作的弥足珍贵，公司以后不再生产这一款式的汽车。公司将在一定时间内接受预订，然后抽签发售。

消息传出后，在全国引起轰动。前来预订的人超过30万，最终能中签买到车的人当然欣喜万分，没有中签买到车的人千方百计去搜索二手车，令二手车的行情比原价高出1倍多。限量刺激销售，带给了市场更鲜活的空气。

营销小翘板

这种限量刺激销售的创意，无非就是使市场上出现一定的"不饱和状态"，利用消费者"物以稀为贵"的心理来刺激购买欲。这是反向思维的创意，是逆向往前的成功。

294 老妇卖饺子的启示

一个老妇开了一家饺子店，一天边卖边做，可以卖掉100斤饺子，每斤饺子10元，一天可以卖得1000元。如果婆婆把自己的儿子、儿媳、女儿也叫上，一起做饺子的话，每个人负责一道工序，儿子和面，儿媳擀皮，婆婆包饺子，女儿负责卖饺子，女儿空闲时也帮忙包饺子，这样下来4人可以做500斤饺子，每个人平均每天生产125斤饺子，工作效率一下子就提高了。一家人联合起来工作，效率提高了，整体的收益也随之增加了。

营销小翘板

规模经济是当企业的产量规模达到一定水平后，由于各生产要素的有机结合产生了1+1>2的效应，平均成本呈现下降的趋势。比如在很多制造业的领域，厂房、机器、照明等很多成本都是固定的，只要多加些原料，就能多生产出产品，而使产品的成本降低。

295 奇瑞QQ诠释"年轻人的第一辆车"

奇瑞汽车公司作为中国地方汽车企业，曾经成功推出奇瑞"旗云""东方之子"等性价比较高的轿车，并且凭借自主品牌的优势与合理的价格优势向国外出口轿车产品，已经在全国形成相当的知名度。

微型客车曾在上世纪90年代初持续高速增长，但是自90年代中期以来，各大城市纷纷取消"面的"，限制微客，微型客车至今仍然被大城市列入"另册"，受到歧视。同时，由于各大城市在安全环保方面要求不断提高，成本的抬升使微型车的价格优势越来越小，因此多数微客厂家已经把主要精力转向轿车生产，微客产量的增幅迅速下降，从2001年到2003年，微客产量的年增长幅度分别为20.41%、33.00%、5.84%。

在这种情况下，奇瑞汽车公司经过认真的市场调查，精心选择微型轿车打入市场；它的新产品不同于一般的微型客车，而是微型客车的尺寸，轿车的配置。QQ微型轿车在2003年5月推出，6月就获得良好的市场反应，到2003年12月，已经售出28000多台，同时获得多个奖项。

营销小翘板

轿车已越来越多地进入大众家庭，但由于地区经济发展的不平衡及人们收入水平的差距，对汽车的需求走向了进一步的细分。由于微型车的品牌形象在汽车市场一向是低端的代名词，因此如何把握消费者的心态，突出微型轿车年轻时尚的特征与轿车的高档配置，在众多的消费群体中进行细分，才能更有效地锁住目标客户，以全新的营销方式和优良的性能价格比吸引客户。

296 宝洁公司的"娇娃"尿布

宝洁公司有着明确表达顾客潜在需求的优良传统，被誉为在面向市场方面做得最好的美国公司之一。

1956年，该公司开发部主任维克·米尔斯在照看其出生不久的孙子时，洗尿布的责任给了他灵感。于是，米尔斯就让手下几个最有才华的人研究开发一次性尿布。

当时，美国市场上已经出现了一次性尿布，但是其市场份额却少得可怜。经过调研，销量差的主要原因是价格太高、不好用。可在当时，美国和世界许多国家正处于战后婴儿出生高峰期。所以，一次性尿布的市场潜力是巨大的。

宝洁公司用了一年的时间，力图研制出一种既好用又对父母有吸引力的产品。产品的最初样品是在塑料裤衩里装上一块打了褶的吸水垫子。然而，在1958年夏天的现场试验中，除了父母们的否定意见和婴儿身上不断出现的痱子以外，毫无所获。

1959年3月，宝洁公司重新设计出了一款一次性尿布。在这一次的现场试验中，得到了超半数的试用者的肯定。米尔斯接下来所面临的问题是如何降低成本和提高新产品质量。1961年12月，这个项目进入了生产工序和产品试销阶段。公司选择了地处美国最中部的城市——皮奥里亚进行试销，产品取名"娇娃"（帮宝适）。

不过，皮奥里亚的妈妈们虽喜欢用"娇娃"，但觉得10美分的价格太贵。所以，必须要降低价格。在6个地方进行的试销进一步表明，定价为6美分一片，就能使这类新产品畅销，使其销售量达到零售商的要求。宝洁公司的几位制造工程师找到了解决办法，用来进一步降低成本，并把生产能力提高到使公司能以该价格在全国销售娇娃尿布的水平。

直至今天，"娇娃"尿布仍然是宝洁公司的拳头产品之一。

营销小翘板

宝洁公司开发一次性尿布的过程，向我们充分展示了现代市场营销"在适当的时间和地点、以适当的价格把适当的产品提供给适当的消费者"的本质，充分体现了现代市场营销以消费者需求为中心，在满足消费者需求的基础上讲求企业长期合理利润的基本精神。

297 百事可乐的音乐营销

1983年，百事可乐以500万美元的惊人价格聘请美国最红火的流行音乐巨星迈克尔·杰克逊为"百事巨星"，并连续制作了以迈克尔·杰克逊的流行歌曲为配曲的广告片。"百事可乐，新生代的选择"这一推广计划获得了巨大的成功。

百事可乐在美国市场上尝到了用歌星及其音乐来推广市场的甜头，于是在世界各地如法炮制。在香港，百事可乐推出张国荣为"百事巨星"，不久，更是聘得美国的世界级走红女歌星麦当娜为世界"百事巨星"，轰动全球。

1998年1月，郭富城成为百事国际巨星，他与百事合作的第一部广告片，是音乐"唱这歌"的MTV情节的一部分。身着蓝色礼服的郭富城以其活力无边的外型和矫健的舞姿，把百事一贯的主题发挥得淋漓尽致。1998年9月，百事可乐在全球范围推出其最新的蓝色包装。配合新包装的亮相，郭富城拍摄了用其新专辑的主打歌曲"一变倾城"为名的广告片"一变倾城"。换了蓝色"新酷装"的百事可乐，借助郭富城"一变倾城"的广告和大量的宣传活动，以"ask for more"为主题，随着珍妮、杰克逊、瑞奇、马丁、王菲和郭富城的联袂出击，掀起了"渴望无限"的蓝色风暴。

2002年1月，乐坛天之娇女郑秀文正式加盟百事家族，成为新一代中国区百事巨星。2002年，F4的"百事可乐"广告成为备受中国消费者欢迎的广告。

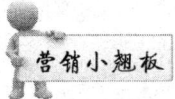
营销小翘板

百事可乐音乐营销的成功正在于它感悟到了音乐的沟通魅力即一种互动式的沟通。好听的歌曲旋律，打动人心的歌词，都是与消费者沟通的最好语言。有了这样的讯息，品牌的理念也就自然而然深入人心。

298　Hello Kitty将可爱进行到底

在卡通形象里，最炙手可热的卡通形象不外乎史努比、灌篮高手、维尼熊、机器猫、樱桃小丸子、Hello Kitty猫等几种，其中尤以Hello Kitty猫最为成功且最具代表性。

Hello Kitty猫的形象其实非常简单，有一只硕大的脑袋，一双睁得大大的眼睛，憨态可掬，充满了童趣。然而，就是这个简单的造型不仅令亿万小朋友爱不释手，其涉及的领域也大大超过了我们对普通产品线延伸的认识。这种延伸并不是传统观念以强化品牌资产为导向的，而是以目标消费者的生活形态为导向。即所有Hello Kitty目标消费者会使用的产品，都有可能成为Hello Kitty的涉足对象。

Hello Kitty如今已是30多岁高龄，这对一只猫来说确实已经非常老了。然而，它并没有显现出任何老态，这都要归功于Sanrio总能与时尚潮流同步前进。每一个月，Hello Kitty都有500种新产品上市，同时有500种旧产品被淘汰。Hello Kitty的产

品线总在不断地调整，从而使自己总能适应潮流的发展，适应不同地区的特点。

从更深层次来剖析Hello Kitty成功的原因，很容易得到这样的结论：成功地进入成人市场，是其经久不衰的根源所在。面对激烈的竞争、巨大的工作与生活压力、复杂的人际关系、缺乏创造性的工作、未来的不确定性和现实的焦虑，使成年人非常渴望回到无忧无虑的童年时代，尤其是年轻的女性。Hello Kitty的出现迎合了人们的这种心理，自然而然地受到了人们的宠爱。

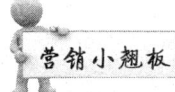
营销小翘板

与大多数品牌在延伸时考虑新产品与自己的品牌核心价值不能相违背不同，Hello Kitty通过品牌的延伸，给消费者提供了一个返璞归真的途径，使消费者愉快地从现实世界跳到纯真可爱的Hello Kitty品牌世界里。

299　沃尔玛的"平价观"

沃尔玛公司是由萨姆·沃尔顿创立的。1954年沃尔顿在美国小镇维尔顿开设了第一家杂货店，1962年正式启用"沃尔玛"的企业名称。经过40多年的艰苦奋斗，萨姆以其独特的组织激励机制，终于建立起全球最大的零售业王国。沃尔玛也以物美价廉著称于天下。

萨姆将"低价销售""保证满意"作为企业的基本宗旨，并将其写在公司招牌的两边。而沃尔玛的核心价值观就是"让顾客以最低的价格换取最优良的产品和服务"，而沃尔玛公司一直坚持的薄利多销原则就是这一基本价值观最为生动的体现。

"天天平价，始终如一"。沃尔玛将"平价观"的经营理念发挥到了极致。第一家沃尔玛店开业的时候即打出了"天天低价"的口号，而且几十年来一以贯之。沃尔玛的"平价观"包含了两方面的内容：一是千方百计地降低成本，降低售价，"为顾客提供价格最低，品质超群的商品"；二是为顾客提供"超值的服务"，在顾客花费一定的情况下，顾客能获得相对"低价"的服务。

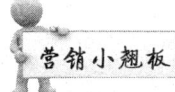
营销小翘板

企业的核心竞争力是企业文化中的企业理念和核心价值观。任何企业，其产品竞争力都是企业竞争力的最直接体现，围绕产品竞争力做文章是提升企业竞争力的关键。理念决定制度，制度决定技术，技术决定产品。拥有正确的，不断创新的理念，才具有最强的竞争力。

300 日本钟表厂商的市场细分

20世纪60年代，日本钟表业对消费者进行了一项调查，调查结果表明：美国手表市场有三类不同的消费群体，其中23%的消费者对手表的要求是一般计时且价格低廉；46%的消费者要求计时基本准确、耐用，价格适中；31%的消费者要求手表名贵，计时准确，这类消费者购买手表往往用来作为贵重礼物赠送他人。

美国的钟表厂商和瑞士手表商对于第三类消费者的重视度极高，着重经营名牌手表。这样，第一类和第二类近70%的消费者的需求便得不到较好的满足，当发现这个市场机会后，日本钟表厂商迅速打进这两个细分市场，尤其是精工电子表，由于电子表的款式新颖，价格也比较便宜，并且还提供方便的免费保修服务，不久，便在美国手表市场上取得了较高的市场占有率，其受欢迎程度越来越高。

这正是一个完整的市场细分过程，日本钟表业对消费者进行的调查，属于调研阶段；对消费群的特征描述则是在完成分析阶段；对美国手表市场的三大消费群划分则属于细分阶段。

营销小翘板

日本钟表厂商通过市场细分，发现了市场机会，对有效分配人、财、物资源，确定企业的经营方向，有针对性开展营销活动提供了帮助。并且，有利于企业调整产品结构，开发新产品。

301 "统一"润滑油的品牌策略调整

2002年11月18日，统一润滑油首次参加中央电视台黄金段位招标，中标额6000多万元，成为第一个在电视媒体投放广告的润滑油品牌。

事实上，很多人都并不知道这一重大决策在统一公司内部是经历了反复酝酿的。"统一"润滑油作为一个专业产品，到底要不要投放央视广告？公司的销售网络是否支持大力度的广告投放？

在这之前，统一的品牌、产品宣传主要依靠在30多家全国性的报纸和一些与车有关的专业媒体，除了平面广告，最多的是软文的形式，进行一些消费理念上的灌输。随着汽车在人们日常生活中影响力的加大，润滑油已开始向日常消费品转变，因此，宣传媒介应该向更具有大众影响力的电视媒体倾斜。而统一还拥有数量最多、利润最好的销售网络和业界最多的销售服务人员。如果没有覆盖全国的销售网络，做央视广告是不合适的；在具备了覆盖全国的销售网络条件以后，投放央视的

广告就会起到很好的效果。

于是，在做出投放的决定后，却又不知道该投多少，一些"外脑"认为，第一年投一两千万就行了，投多了有很大的风险。

最后，经过反复讨论，统一公司认为，既然要做中国最好的品牌，就要选择中国影响力最大的媒体；既然选择了影响力最大的媒体，就应该大胆地投入。当时，统一公司做了一个预算，是7500万元，实际上花了6000多万元。

营销小翘板

虽然统一从一开始就生产高级润滑油，在品质上与美孚、壳牌这些国际著名品牌没什么差别，但高端市场一直很难进入。与强势媒体携手，造就强势品牌，成为统一润滑油品牌调整的突破点。

302　赚大钱还是赚很多人的小钱

往往人们只关注重要的人或重要的事，如果用正态分布曲线来描绘这些人或事，就是人们只关注曲线的"头部"，而将处于曲线"尾部"、需要更多的精力和成本才能关注到的大多数人或事忽略。例如，在销售产品时，厂商关注的是少数几个所谓"VIP"客户，"无暇"顾及在人数上居于大多数的普通消费者。那么在商业上，到底是抓"头部"还是抓"尾部"呢？回答这个问题之前，先让我们来看下面这则案例。

Google是一个最典型的"长尾"公司，其成长历程就是把广告商和出版商的"长尾"商业化的过程。以占据了Google半壁江山的AdSense为例，它面向的客户是数以百万计的中小型网站和个人，对于普通的媒体和广告商而言，这个群体的价值微小得简直不值一提，但是Google却通过为其提供个性化定制的广告服务，将这些数量众多的群体汇集起来，形成了非常可观的经济利润。目前，Google的市值已超过1200亿美元，被认为是"最有价值的媒体公司"，远远超过了那些传统的老牌媒体。

营销小翘板

长尾即被人们忽视的却占有很大面积、很大分量的人和事。"长尾"这一概念是由《连线》杂志主编Chris Anderson在2004年十月的"长尾"一文中最早提出，用来描述诸如亚马逊和Netflix之类网站的商业和经济模式。长尾效应的意义就在于将所有非流行的市场累加起来，形成一个比流行市场还要大的市场。

303　韩国现代汽车的中国战略

现代汽车公司创立于1967年，是韩国最大的汽车企业，也是世界20家最大汽车公司之一。

在1990年亚运会之前，韩国车通过各种渠道进入了中国汽车市场。可是，因为质量差、缺乏零配件、没有维修服务体系等问题，使得韩国车在中国市场的口碑极其不好。

但是，现代汽车却在中国汽车市场采用了低成本进入策略，一方面不断出口汽车，另一方面输出车型与技术，先后与华泰汽车、江淮汽车进行试探性合作，生产华泰吉田、江淮瑞风、特拉卡等车型。经过长期的市场积累后，韩国现代终于在中国市场开辟了一片天地。

营销小翘板

对中国消费者的深入了解，特别是汽车消费市场中国消费者的"面子"消费，使得现代汽车在产品策略上先胜一步；而对价格策略的有效应用，以及品牌运作上的精妙策略，使得现代汽车在中国市场很快成为一颗耀眼的明星。

304　为何麦当劳旁边总有一家肯德基

你发现了吗？只要是有麦当劳的地方就会有肯德基，它们就像是双生子一样，总会比邻而居。这是为什么呢？它们可是竞争对手，住得那么近，不会为了抢生意而打起来吧？

麦当劳和肯德基是世界餐饮行业中的两大巨头，尤其是在快餐中占据着前两名的位置。本来两个是针锋相对的对手，但是在经营上却是异曲同工，不管是管理、商品、价格还是装修、选址等等都非常相似。按照常理，这样的竞争会造成更剧烈的市场争夺，以至于各个商家利润下降，但为什么这两个对手还偏偏要凑在一起呢？俗话说，"一山不能容二虎"，它们这样做，难道真的是为了挤压对手或是争那一口小气？

营销小翘板

俗话说，"知己知彼，百战不殆"，这样近距离地和对手在一起，可以迅速获取对方的信息，学习对方的技术，从而形成知识和技能的学习。例如，以前麦当劳以牛肉为主要原料，经营的食品主要是汉堡系列，肯德基则是以鸡肉为主，炸鸡系列是它的主打。但后来扎堆中国后，麦当劳推出了麦乐鸡和麦辣鸡翅，肯德基推出了鸡腿汉堡。在这种近距离的洞察中，两者互相借鉴，"比葫芦画瓢"，搜集竞争信息，从而推动两者各自开发新的产品，省去不少创新研发的成本。

从另外一个角度来看，聚在一起就有竞争压力。许多商家争相抢占地盘聚合经营，在一个地盘"抢食吃"，这就是因为聚合经营能够聚集"人气"，形成"马太效应。"

这种提升人气的"马太效应"能够吸引更多的消费者前来购买，进而使企业可以获得更多的利益

305　格兰仕微波炉在市场上的霸主地位

经过激烈的市场竞争，格兰仕攻占国内市场60％以上的份额，成为中国微波炉市场的代名词。在国家质量检测部门历次全国质量抽查中，格兰仕几乎是惟一全部合格的品牌，与众多洋品牌频频在抽检中不合格被曝光形成鲜明对比。

2000年以来，格兰仕的技术投入一直保持占全年销售额三个百分点，仅2000年至2004年四年间，格兰仕的技术研发投入超过10亿元，期间开发出数码光波微波炉、不锈钢空调、光波空调等拥有自主知识产权且适销对路的专利产品。

10年来，格兰仕共开发出了2000多款微波炉产品，并以市场开拓和研发实力将整个微波炉行业带入多品种、高性能、个性化、人性化、功能多样化的轨道。

由于格兰仕在坚守"薄利多销"市场战略的同时不断推出高新技术产品，高档微波炉需求提前被激发了出来，高端市场越做越大。

营销小翘板

格兰仕主动根据消费者的需求、动机以及购买行为的多元性和差异性来对市场进行细分，有利于巩固格兰仕在市场上的霸主地位，同时进一步增强了格兰仕的产品竞争力，增强了产品的盈利能力。

306　为什么好产品离不了好广告

一家洗衣店的老板威廉姆斯在报上刊登了一则广告："本店招聘身强力壮、身体肥胖而又想减肥的女工，从事繁重但报酬优厚的洗衣工作。凡愿减轻体重者，望从

速前来洽谈。"

美国一家卷烟厂的广告更为夸张："我们的香烟无与伦比，我们做过这样的试验：把一盒香烟放进棺材，死人马上爬起来，抽出一支烟，见人就要对火。"

日本有一家钟表店推出的一款手表也很有意思，店主的推销广告是："这种手表走得不太准确，24小时会慢24小时，请君购买时要三思。"

一家饭店门前立的广告牌上写着："请你到这里来用餐吧！否则你和我都将挨饿了。"

一家美国报刊登的一则招聘广告："招聘女秘书。长相像妙龄少女，思考如成年男子，处世像成熟女士，工作起来像一头驴子！"

英国乡村的一家理发店，在门前立着一块木牌，上面写着："先生们，我要你们的脑袋。"

美国洛杉矶的一家妇女用品商店有一则广告写道："您在这儿可以买到所需要的一切，除了丈夫以外。"

法国一家印刷公司的广告："除了钞票，承印一切。"

营销小翘板

广告在日常生活中经常可以看到。打开电视机，铺天盖地的电视广告；翻开报纸，迎面而来的是平面广告；走在大街上，充斥视野的是各种立体广告……广告已经和我们的日常生活形影不离。

广告是厂商为了某种特定的需要，通过一定形式的媒体，公开而广泛地向公众传递信息的宣传手段。广告是商品经济的产物，自从有了商品生产和交换，广告也随之出现。

在现代商业营销中，广告起着举足轻重的作用。广告之所以有这么大的威力，主要是它能把消息、资料传递给可能购买的顾客，激起人们购买的欲望。俗语说："酒香不怕巷子深"，但是在现代商业社会，"酒香"仍要借助于广告的力量。商品只有凭借自身的质量和优质的服务，再加上大量的广告宣传才能最终达到畅销的目的。所以有这样的一个公式：好产品+好广告=名牌。

307 环球雅思创立全国第一连锁教学品牌

作为国内最大的连锁外语培训机构之一，环球雅思每年培训30多万学员，每月开设雅思、托福、外教口语、小语种等数千个班级，创立全国第一连锁教学品牌。环球雅思为政府机关和国内外企业特制量化标准的"A+"方案，赢得众多企事业

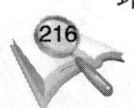

单位、中外办学及海外奖学金申请项目的追崇青睐，全国近80%的大学中外国学院选择与环球雅思进行合作教学。另外，环球雅思还定期举办一些夏令营活动，并且出版图书。这都是环球雅思发展的重要因素。

环球天下教育集团号称国内最大的教育连锁机构，走的是直营+加盟的品牌连锁经营方式。这种直营+加盟的经营模式，是张永琪在2002年开创的一种模式，当时主要利用加盟的方式扩展二三线的中小城市。在引入软银赛富2500万美元的风投后，环球雅思运用这种运营模式进行了比较快速的扩张，由2006年8月31日44家教学中心（7家直营37家加盟）增长至2010年8月的292家教学中心（49家直营243家加盟）。

营销小翘板

在激烈的市场竞争中，有一句话被广大企业家所熟知："人无我有，人有我优，人优我变。"这句话看似简单，但是真正将其很好地应用于实践的企业可以说是少之又少。其实这句话蕴涵的是企业的制胜理论，环球雅思作为雅思培训市场的领先者，将这样的理论发挥到了极致，因此，他们总是能够展现舍我其谁的霸气。

308 可口可乐的"新可乐"计划

20世纪70年代中期以前，可口可乐一直是美国饮料市场的霸主，市场占有率一度达到80%。然而，70年代中后期，它的老对手百事可乐迅速崛起，1975年，可口可乐的市场份额仅比百事可乐多7%；9年后，这个差距更缩小到3%，微乎其微。

面对百事可乐的竞争，可口可乐的市场领导者地位开始动摇。最后，可口可乐公司管理层讨论发现，他们使用了99年的配方似乎已经不能适应消费者今天的口味了，如果想要继续做行业老大，就必须开发出一种全新口感的可口可乐。

于是，可口可乐设计了"你认为可口可乐的口味如何""你想试一试新饮料吗""可口可乐的口味变得更柔和一些，您是否满意"等问题，希望了解消费者对可口可乐口味的评价并征询对新可乐口味的意见。调查结果显示，大多数消费者愿意尝试新口味可乐。

为确保万无一失，可口可乐公司又耗资400万美元举行了一次更大规模的口感测试，55%的参与者认为新可乐口味胜过老可口可乐，同时，在这次测试中新可乐还击败对手百事可乐。为此，可口可乐公司停止了传统的可口可乐的生产与销售，集中资源生产和销售新可乐。

新可乐进入市场之后，销量不断增加。可是好景不长，仅仅一个多月，情况

就急转直下，每天超过5000个抗议电话打到公司，还有堆积如山的抗议信件，越来越多的顾客不满可口可乐现在的样子，他们坚持认为老可口可乐是美国的象征，有些顾客组成"美国老可乐饮者"组织，自发抵制新可乐；还有的顾客四处搜寻老可乐，以至于老可乐的价格一时之间暴涨。

迫于巨大的压力，可口可乐的领导者不得不作出让步，在保留新可乐生产线的同时，再次启用近100年历史的传统配方，生产让美国人视为骄傲的"老可口可乐"。

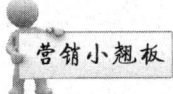

营销小翘板

对于美国的消费者，尤其是老消费者来说，传统配方的可口可乐背后承载着一种传统的美国精神，放弃传统配方就等于背叛美国精神，这是新可乐调研计划失败的主要原因。

309 产品策略差异与企业兴衰

A电话设备厂（以下简称A厂）地处上海，于1958年建厂，是国家定点制造电话交换机的骨干企业。A厂自1960年研制成功我国第一部纵横制自动电话交换机开始，截至1991年，累计生产各类交换机达400万部，产品销往全国（除台湾省外）各省、市以及亚非国家，市场占有率达60%以上。20世纪70年代至80年代末，A厂产品始终供不应求，企业生产经营十分兴旺。

B电话设备厂（以下简称B厂）地处河南，由A厂无偿提供全部纵横制自动电话交换机生产技术，并负责工厂的建设。B厂的地理位置不十分有利，当地的工业基础较差，加之管理人员素质不高，一定程度上制约了B厂的生产经营发展。在计划经济条件下，纵横制自动电话交换机属稀缺产品，靠着国家指令性计划调拨，B厂尚可维持企业生存。20世纪80年代中期，数字程控交换机技术日趋完善，大量的进口或三资企业制造的数字程控交换机纷纷进入我国通信市场，数字程控交换机已潜在地显示出它将最终取代纵横制自动电话交换机。80年代后期，众多的纵横制自动电话交换机生产企业的产品销售不断萎缩，企业经营困难。就在这时，B厂开始了与解放军某通信学院合作开发新一代产品HJD—04数字程控交换机，而A厂纵横制自动电话交换机的市场销量非但没有下降，反而呈不断上升趋势。面对这样的市场形势，A厂的决策层认为："A厂纵横自动电话机牌子老、技术性能可靠，市场销售不会受数字程控交换机的影响，靠着纵横制还能吃上20年。"A厂非但不考虑新产品的开发，却继续扩大纵横制自动电话交换机的生产规模。进入90年代后，在数字程控交换机更为猛烈的市场冲击下，A厂纵横制自动电话交换机产品出现滞销。

至1991年，A厂的交换机基本没有销售订货，工厂当年就跌入了亏损的困境。

此时的B厂尽管同样也受到了纵横制自动电话交换机滞销的影响。但是，B厂与解放军某通信学院合作开发的国产HJD—04程控交换机于1991年正式推入市场，及时地补充了纵横制自动电话交换机的不足，企业非但没有出现亏损，而且效益呈不断上升趋势。

营销小翘板

在市场经济条件下，企业的生存和发展与企业制定正确的产品策略息息相关，企业高层决策者，尤其是第一把手是最重要、最关键的市场营销人员，他的观念、知识、决策关系着企业的前途命运、生存和发展，企业的一切工作都要以市场为中心。无数事例告诉我们，加强企业市场营销管理，不断创新，是企业生存和发展的永恒主题。

310　炫富要靠限量版的LV

一个LV的包，价格从几万到几十万元不等，那些只有在东京、纽约、巴黎等时尚之都才能见到的限量版LV，其价格更是惊人！

LV为何那么贵呢？答案是：品牌的力量。

LV已经有150年的品牌历史了，这就好比茅台在国人心目中为什么那么贵一样——历史悠久嘛，一个品牌能存活150年，而且始终坚持奢华优雅，是非常非常难得的。

其次，LV曾是法国皇室的御用包，所以，你用脚后跟都能想到，皇室用的包，价格能亲民吗？

再次，LV一直保持着纯手工制作，做工精细，整个成品上没有一个线头，一处瑕疵，可谓是精品中的精品，这在市场上是非常罕见的。

另外就是LV的面料、材质，均选用世界上最高档最贵的材质，成本也自然贵。再有就是，LV是贵族的象征，是身份的象征。现今，它已经成为了贵妇们彰显身份的一个象征。虽然是个很俗但是也是一个很现实的问题，若想炫富，就背限量版的LV吧！

营销小翘板

品牌是目标消费者及公众对于某一特定事物心理的、生理的、综合性的肯定性

感受和评价的结晶物。人和风景，艺术家，企业，产品，商标等等，都可以发展成为品牌对应物。在营销学上的品牌，则指的是狭义的商业性品牌，即是公众对于某一特定商业人物，包括产品、商标、企业家、企业的综合感受和评价结晶物，像香奈儿的商标、肯德基和麦当劳的标志等等。

商家们要想让自己的公司、商品走向市场，必经的一条老路就是打出自己的品牌，实施品牌战略。品牌战略是市场经济中竞争的产物。战略的本质是塑造出企业的核心专长，品牌一旦树立，则不但有价值并且不可模仿，因为品牌是一种消费者认知，是一种心理感觉，这种认知和感觉不能被轻易模仿。

311　聪明的售楼中心推销员

小张是某售楼中心的一名推销员，负责推销A、B两套房子。有一天，一名客户前来咨询买房，在看房子的过程中，小张只想把A套房卖出去，便故意对客户说："房子您可以先看看，但是A套房子已经在前两天被人预定了，所以如果您要购买的话，可能只剩下B套房了。"

这名客户听了小张的话，就认为A套房会好一些，所以才会被订完。看完之后，客户更加确信自己的想法，只是怪自己来得太晚，没有赶到好时机。

没过几天，小张主动打电话给这位客户，并高兴地告诉他一个好消息，说："您太幸运了，之前预定了A套房的客户因为资金问题而取消了预定，我看您前两天很喜欢这套房，所以就为您留了下来，您看您现在还愿意购买吗？"

客户听到这样的消息，非常高兴，有一种失而复得的感觉，同时也对小张的帮忙表示感谢。很快，客户与小张签订了协议。

营销小翘板

制造短缺的假象，可以极大地影响对方的行为。通常来说，当一样东西非常稀少或者开始变得稀少起来的时候，它就会变得更有价值，短缺原理简单的说就是"机会越少，价值就越高"。小张之所以能顺利地把A套房卖出去，就是因为他善于利用顾客害怕买不到的心理，将客户强烈的购买欲望激发了出来。

312　被冷落的帕米亚无烟香烟

1998年的下半年，美国RJR公司的帕米亚无烟香烟开始在美国亚特兰大、圣路

易斯、费尼克斯等城市试销，但是销售量非常低，回头客也特别少。

当时，对于很多人来说，帕米亚无烟香烟是个"新玩意儿"，它的一端有一个碳头和几个有趣的圆珠，香烟中的尼古丁来源于此，尼古丁被耐燃的铝薄纸包裹。这种烟很难点燃，一般要点三四次，原因是它不像一般香烟那样燃烧，并且不产生烟灰，吸过与没吸过在外表上无明显区别，价格比普通香烟高25％。RJR公司为此烟的生产和促销投入3亿多美元，它没有采用以往"万宝路"香烟等比较成功的形象广告，而采用比较复杂的印刷广告（顾客买"帕米亚"时，会同时得到三页文字说明书），还采取了买一送二的鼓励方式。公司营销人员认为：大多数吸烟者开始会对帕米亚不适应，但随着使用频率和使用时间的增加，最终会适应。

而且，公司把"洁净者之烟"作为帕米亚的主题广告概念，宣传帕米亚是"一种全新的吸烟享受时代的开端"。但是，帕米亚的真正利益者非吸烟者个人，而是环境和他人。RJR公司对帕米亚香烟目标市场的定位极其广泛，包括：（1）25岁以上，受过良好教育的文雅的吸烟者；（2）试图戒烟和寻求替代品者；（3）吸烟成瘾者；（4）生活富裕者；（5）寻求低焦油含量者；（6）老年吸烟者。

但是，最后公司对广大烟民的调查显示：60％以上的人不喜欢帕米亚香烟，主要是对它的味道和吸烟行为方式的改变不适应；40％的人回答说，只有在那些不允许冒烟的地方，才把帕米亚作为第二品牌。

营销小翘板

市场营销的成功，既有赖于正确选择目标市场，还有赖于恰当的营销组合。在帕米亚的营销组合中，产品和促销都存在问题。从产品来说，它虽然有显著优点但并未给吸烟者本人提供任何明显的利益，而且其味道和吸烟方式还与传统习惯相去太远。从促销来说，一份三页的说明书显得太长，而且"洁净者之烟"这一主题广告概念恐怕太缺乏个性。

313 怎样寻找市场机会

某上海家用化工厂以生产化妆品为主业，在买方市场形成、厂商都喊"生意难做"时，该厂对国内市场作了冷静的分析。

经过调查，他们认为我国市场供求形势虽已发生了很大的变化，商品较"短缺经济"时代大大地丰富了，但就经营品种而言，一家大型百货商店，商品也不过三五万种，同发达国家消费品达20万种相比，存在明显的差距，消费者还有很多未满足的需求。何况在改革开放30多年后，人民收入大幅度增加，潜在的购买力相当大。

上海家化厂在20世纪80年代曾根据消费者对化妆品需求多样化、高档化的趋势，不断缩短产品更新周期，每年平均产品更新率达到25％，不断推出新产品，抢先占领市场，"尾随"者难以与之竞争。以国内首创"美加净摩丝"为例，推向市场即引起轰动。尽管有数十家企业起而仿效，形成全国性的"摩丝大战"，而上海家化厂已形成规模经济优势，销售经久不衰。

这家化工厂在技术装备、资金和管理方面，具备与上海家化厂相当的实力，因而力图借鉴上海家化厂的经验，在市场饱和、竞争激烈的条件下，寻找有利的市场机会。

营销小翘板

随着我国消费者收入水平的提高，对化妆品的需求也呈现出多样化及高档化的特征，他们能及时地认识到化妆品消费需求的这一变化，并不失时机地逐年推出新产品，因而使得他们的营销活动适应了化妆品市场消费结构的变化。

314　脑白金独创的营销奇迹

1997年，巨人集团衰退，事业受到重创的史玉柱，除了缺钱外，似乎什么都不缺——公司二十多人的管理团队，在最困难的时候依然不离不弃，没有一个人离开。而且史玉柱手上已经有两个项目可供选择，一个是保健品脑白金，另外一个是他赖以起家的软件。但是软件的市场相对有限，利润较少；而保健品不仅市场大而且利润大。

1998年，史玉柱找朋友借了50万元，开始运作脑白金。手中只有区区50万元，已容不得史玉柱再像以往那样高举高打，大鸣大放，最终，他把购买力强但广告费用不高的江苏江阴作为东山再起的根据地。不过在这之前，史玉柱提前做好了调查：原来老年人都很想吃保健品，但是买不起，只有等孩子为自己买，可又不好意思直接说，而是把空空如也的盒子放在显眼的地方进行暗示。史玉柱还与300位潜在消费者进行了深入的交流，对市场营销中可能遇到的各种问题摸了个通通透透。最终，脑白金终于出现在消费者的面前。

脑白金在江阴市场的正式启动是以大赠送形式进行的，史玉柱首先向社区老人赠送脑白金，一批一批地送，前后共送了10多万元的产品，慢慢地形成了回头客。到1998年底，史玉柱已经拿下了全国1/3的市场，月销售额近千万元。

营销小翘板

采用多元导向可以最大程度发掘和抓住市场机会，撇开原有产品、技术、需要和顾客群体对企业业务发展的束缚，但是，若新增业务不能获得市场承认与信任将会损害原已成名产品的声誉。

315　三星如何提升整个电子产品的市场地位

三星电子的战略目标不仅是做最成功的企业，而是要把三星打造成全球电子业的领导品牌。为此三星设定了一个最强的竞争对手，发誓努力赶上并最终超越它，这个目标就是SONY。

自从把SONY作为自己赶超的目标后，三星不惜重金建设自己强大的研发队伍，在技术上虚心求教，派技术人员前往索尼等技术强大的日本公司学习，最终突破了技术门槛，在索尼最薄弱的环节——手机上得到了突袭，成为世界上技术最先进的手机品牌。

可是，三星的目标不仅仅是手机市场，它还要挑战其他种类的电子市场。于是，三星借着自己手机品牌的威望，树立自己在其他类似市场上的名望，为其电子产品塑造了造型设计精致的形象，以此来提升整个电子产品的市场地位。

同时，自从1997年加入第四期TOP计划（奥林匹克顶级赞助商）以来，三星每次都在奥运会上得到了良好的展现。这种营销方式使得三星电子崭新的高品质的形象和消费者需求的生活化的产品深入人心。

营销小翘板

市场挑战者是指那些相对于市场领先者来说在行业中处于第二、第三和以后位次的企业。如美国汽车市场的福特公司、软饮料市场的百事可乐公司等企业，处于次要地位的企业如果选择"挑战"战略，向市场领先者进行挑战，首先必须确定自己的策略目标和挑战对象，然后选择适当的进攻策略。

316　房地产开发商的方法

对于普通百姓而言，一些城市房价疯涨，到了高不可攀的地步。日益贵族化的房价，往往只能让人"望房兴叹"。

第九章　战略实施——合理的战略部署与实施，有助于打好市场竞争战

所以，随着房价越来越高，房地产市场也逐渐转冷。于是，开发商们纷纷寻找应对策略，其中之一便是分级定价。

例如在苏州，有许多楼盘在定价时不再使用统一均价，而是把不同房源的价格拉得很大。例如，房价有"从9800元至13800元／平方米"的，也有"价格区间在20000元至25000元／平方米"的。这样一来，即使在同样的地段、同样的楼盘，房子的价格也可以根据每套房的垂直位置（楼层高低）和水平位置（在一层楼中的位置）而有所不同，甚至房屋的朝向、景观、设计、噪声、采光、通风等元素也会影响一套房屋的价格。

营销小翘板

分级定价策略很容易形成价格参考体系，令不同类型、不同经济水平的消费者都可以挑选到自己中意的住宅，成为忠实客户。同时，它也使开发商的客户层面进一步扩大，对房屋购买市场的转冷现象有所扭转。

317　"创意药局"的附带营销

日本松户市原市长松本清在经营"创意药局"时，把售价为200元的膏药以80元的价格售出。因为80元的价格在当时来说已经很便宜了，所以"创意药局"连日生意兴隆，门庭若市。由于他不顾赔血本地销售膏药，所以虽然这种膏药的销售量越来越大，但赤字却免不了越来越高。

那么，他究竟为什么要这么做呢？

原来，到这里来买膏药的人，几乎都会顺便买些其他药品，这当然是有利可图的。靠着其他药品的利润，不但弥补了膏药的亏损，同时也使整个药局的经营出现了前所未有的盈余。

营销小翘板

这种"明亏暗赚"的创意，以降低一种商品的价格而促销其他商品，不仅吸引了顾客，而且大大提高了知名度，有名有利，真是一举两得，名副其实的名利双收的实惠主义创意！附带营销，给了营销天地一种新型的信号和方向。

318 上海"冠生园"的品牌之争

解放前的旧上海有一家ABC糖果厂，该厂老板冯伯镛利用儿童喜爱"米老鼠"卡通片的心理，为自己的产品设计了一种米老鼠包装，并命名为"ABC米老鼠"奶糖，结果一下子走俏国内市场。解放后，ABC糖果厂并入上海冠生园，其主要产品仍是"米老鼠奶糖"。到了50年代，考虑到老鼠是"四害"之首，冠生园又设计了一种以大白兔为形象的包装，与米老鼠包装一起使用。

但由于没有产品整体观念，没有品牌意识，"大白兔"和"米老鼠"却一直没有注册成为合法商标。1983年，一家广州糖果厂到冠生园取经，这之后他们也开始生产"米老鼠奶糖"，而且还抢先一步把"米老鼠"给注册了。不久之后，这家广州糖果厂又以区区4万美元把"米老鼠"卖给了美国的迪斯尼，至此，这一由中国人创造并经营达半个世纪的著名品牌就由外国人控制了。

冠生园吸取这次血的教训，赶紧为幸存的"大白兔"注册。为稳妥起见，冠生园不仅注册了"大白兔"，还把与"大白兔"近似的十几种"兔子"都进行了注册，使其组成了一个"立体防御体系"。着眼未来，冠生园还把"大白兔"的注册领域延伸到食品、钟表、玩具、服装等各个与儿童有关的行业。不仅如此，冠生园还在工业知识产权"马德里协定"的20多个成员国和另外70多个国家和地区拿到了"大白兔"的注册证。出色的商标战略，使冠生园在国内企业中脱颖而出，成为市场竞争中的佼佼者。

营销小翘板

实施商标战略有利于树立产品和服务的良好声誉和信誉，提高产品和服务的附加值；有利于将产品的品质和性能优势、服务的质量优势转化为市场优势，增强产品和服务开拓、占领、巩固市场的能力。

319 小油漆场如何选择目标市场

英国有一家小油漆厂，在投产之前访问了很多潜在的消费者，来了解他们对产品的各种不同需求，并对市场做了以下细分：

该地油漆市场的60%是一个较大的普及市场，对各种油漆产品都有潜在需求，但是本厂无力参与这个市场的竞争，因此不予考虑。另有4个市场，各占10%。一个是没有劳动力的家庭主妇群体，特点是不懂得室内装饰需要什么油漆，但是要求

油漆质量好，并且希望油漆商提供设计，油漆效果美观；一个是油漆工助手的群体，顾客需要购买质量较好的油漆，替住户进行室内装饰，他们过去一般从老式金属器具店或木材厂购买油漆；一个是老油漆技工群体，他们的特点是一般不买调好的油漆，只买颜料和油料自己调配；最后一个是对价格敏感的青年夫妇群体，他们收入低、租公寓居住。按照英国的习惯，公寓住户在一定时间内必须油漆住房，以保护房屋。因此，他们买油漆不求质量好，只要比白粉刷稍好一点就行，但要求价格便宜。

通过研究讨论，该厂决定选择青年夫妇作为目标市场，并制定了相应的市场营销组合：（1）产品。经营少数不同颜色，大小不同包装的油漆，并根据目标顾客的喜爱，随时增加、改变或取消颜色品种和装罐大小。（2）分销。产品送抵目标顾客住处附近的每一家零售商店，目标市场范围内一旦出现新的商店，立即招徕经销本厂产品。（3）价格。保持单一低廉价格，不提供任何特价优惠，也不跟随其他厂家调整价格。（4）促销。以低价满意的质量为号召，以适应目标顾客的需求特点，定期变换商店布置和广告版本，创造新颖形象，并变换使用广告媒体。

由于市场选择恰当，市场营销战略较好适应了目标顾客，虽然经营的是低档产品，该企业仍然获得了很大成功。

营销小翘板

这家小油漆厂实施的是集中性目标市场策略。该策略是选择一个或几个细分化的专门市场作为营销目标，集中企业的优势力量，对某细分市场采取攻势营销战略，以取得市场上的优势地位。一般说来，实力有限的中小企业多采用集中性市场策略。

320 天津"狗不理"在杭州吃闭门羹

始创于公元1858年清朝咸丰年间的"狗不理"包子，是天津有名的传统风味小吃。同时，又因为其皮薄、水馅、滋味鲜美、咬一口汁水横流等特色而享誉神州。

但是，正当"狗不理"反复强调其鲜明的产品特色时，因为杭州的消费者无法接受这一"特色"，致使杭州的狗不理包子店出现门可罗雀的惨淡局面。即使将楼下三分之一的面积租赁给服装企业，依然"门前冷落车马稀"。

天津"狗不理"在杭州之所以会吃闭门羹，主要是因为杭州属于南方城市。这

里的居民大多都偏爱清淡的传统口味的菜肴，而对于狗不理包子馅料偏油腻，尤其是蒜一类的辛辣刺激物，与这里居民的传统口味背道而驰。那么，受挫于杭州也就是势在必然了。

"狗不理"除了口味与杭州居民传统口味不同之外，也不符合这里居民的生活习惯。杭州市民通常都是边走边吃，但是狗不理因为其薄皮、水馅、容易流汁等诸多因素不方便拿在手里吃，只有坐下用筷子慢慢享用。如此一来，天津"狗不理"自然不会受杭州市民的喜爱了。

营销小翘板

天津"狗不理"包子集团只有深刻认识到消费者市场的特点，准确地把握消费者行为，才能找准目标市场，针对性地实施市场营销战略和策略，使"狗不理"包子不但能打入杭州市场，而且能打入其他地区或城市的市场。

321 华凌推出的环保冰箱

1996年，我国冰箱市场形成"环保"概念，华凌认为我国冰箱市场将很快进入环保冰箱时代，于是当年便向联合国蒙特利尔多边组织（UNIDO）投标并于1997年签订了协议。根据协议，华凌得到UNIDO88万美元的赠款，它包括20多万美元的设备和60多万美元的运行费用。而华凌履行的义务就是将其200升以下冰箱生产线全面转产环保冰箱。

1997年，华凌推出了其主导的产品为"无氟""无霜""无臭"的三无冰箱，这种冰箱采用风冷型技术，箱内无霜。而有霜冰箱在除霜时却要搬开食物，铲除霜层，甚是麻烦。如果有霜不除，就会降低制冷效果，增加电耗。停电时温度上升，霜层融化，这时必须及时清理，不然化霜的污水会使食品变味甚至变质。

当时，国内的冰箱中60%为直冷式的有霜冰箱，华凌"三无"冰箱的新型触媒除臭装置，对冰箱内异味分子进行吸附和分解，同时能抑制细菌繁殖，不残留臭氧，贮存的食品之间不会串味，并可延长食品的保鲜期。采用新一代旋转压缩机的华凌"三无"冰箱，比一般冰箱所用的往复式压缩机节电20%以上；采用新一代发泡剂和制冷剂及制冷油，使该冰箱更节电。

1988年华凌冰箱总产量为34万台，其中出口11万台，利税额1.3亿元，1998年华凌150L以上冰箱出口量位居全国第一。

营销小翘板

企业生产经营不仅要考虑消费者需要，而且要考虑消费者和整个社会的长远利益。而华凌公司将环保的需要和消费者的需求紧密地联系在一起，既符合社会发展趋势，又能得到消费者的认同和支持。

322 磨剑粮油如何扭转市场困局

磨剑公司在粮油这一快速消费品领域一直占据领先的位置。2001年，公司为了扩展产品线，准备推出一系列新产品。

2001年年底，公司瞄准了一个新的市场——小包装面粉。针对这一市场，公司进行了一系列的分析和判断：1. 市场容量大，国内年产量在9000万吨左右，参考国外成熟市场，小包装面粉有可能占到其总量的5%；2. 市场上缺乏强有力的品牌，竞争较小；3. 现有的产品加工简单，定价低；4. 主要竞争对手为国企，其经营观念落后，缺少营销理念；5. 产品包装以无纺布和纸包装为主。

根据分析和判断，公司迅速制定出了开发策略，并在短时间内将产品推向市场。然而，产品刚上市没多长时间，就开始处于冰冻状态。

2个月后，部分卖场的产品开始面临被清场的危险。营销人员马上采取降价策略以获得转机。然而，从销售部门反馈回来的信息看，连最后的一点希望也破灭了。产品定价高，没有配套的促销活动成为失败的主要原因。于是，公司果断制定出新的销售策略：1. 借助报纸这一媒介进行广告宣传；2. 保持价格不变，增加团购和节假日福利。

虽然为此付出了很多，可还是没有收到很好的效果。最后，公司经过市场调研，并针对其中存在的问题，重新调整营销策略：起用30～50岁的中年妇女进行现场促销，并把产品特色作为宣传的重点；制作大型广告牌和海报作为现场销售辅助工具；将销售人员收入与新产品的销量进行挂钩，提高员工积极性。这一营销策略实施后，日销量迅速提升了20～30倍。

营销小翘板

通过市场营销调研，企业可以及时了解市场上产品的发展变化趋势，掌握市场相关产品的供求情况，清楚顾客需要什么等，从而制定市场营销计划，组织生产适销对路的产品，实现企业的盈利目标。磨剑粮油正是通过营销调研，及时调整营销策略，最终才扭转市场困局的。

323 针对近视患者的"新型课桌"

据国家统计局的一项调查显示，我国青少年学生、儿童的近视率已居世界第二位。小学生近视率为28%，初中生近视率为60%，高中生近视率为85%，大学生近视率为90%。每年有上千万患有近视和弱视的儿童需要治疗。

面对庞大的近视预防市场，天天科技公司认为导致中国学生近视的主要原因是长时间的学习以及不良的坐姿。为了能矫正学生们的坐姿，天天科技将目光瞄准了学生最常用的课桌。

为了让学生在阅读的时候能够保持合理的视距，天天科技公司把平面桌改成了斜面；同时，为了缓解长时间学习双臂悬空所带来的疲劳，天天科技在桌面上还加了托肘板。而且，凹进的桌面还能强迫孩子们在读书的时候把腰给直起来。

虽然这种课桌在原来课桌的基础上只是做了微小的改动，但是一经推出，还是受到了家长们的喜爱。天天科技公司认为这种全新概念的课桌能够预防近视驼背并且提高学习效率。

针对学习桌没有现成的销售渠道，天天科技开拓了"专卖店+重点终端"铺货的渠道方案，针对学习桌产品差异化显著的特点，天天科技推出了"试坐"等一系列促销方案，只用了很低的成本，却开启了市场。

营销小翘板

天天科技所采用的一系列营销创新，迅速催生出了全新的学习桌行业。现在各地学习桌品牌多达几十个，尽管跟风者众多，但天天科技却能凭借其不断推陈出新的产品，牢牢占据学习桌行业的NO.1。

324 肯德基在中国的快速扩张战略

1952年，创始人山德士先生创建了肯德基。到目前为止，肯德基已经成为世界上最大的鸡肉餐饮连锁店，全球总部设在美国肯塔基州的路易斯维尔市。

上个世纪80年代中期，美国肯德基炸鸡店开始对中国市场产生兴趣，想要在中国建立分店。于是，他们先派了一名执行董事来到北京考察。

执行董事下了飞机之后，来到北京的大街小巷，在不同的路口测量出行人的流量，然后又向50名不同年龄、不同性别、不同职位的人询问他们对炸鸡的口味、价格的看法以及对快餐的态度等等。最后，这位执行董事又仔细考察了北京本土的鸡源、油、盐、菜的来源、做法等情况，并将数据带回美国进行分析，最后得出结

论：中国市场有着巨大的潜力。

事实果然如此，1987年11月肯德基在北京开业以后，在不到300天的时间里，便实现了250万元的销售收入。原本在5年内收回成本的计划却不到2年就实现了。如今，连锁店总数11000家左右的肯德基比连锁店总数超过30000家的麦当劳在中国发展得更加得心应手。

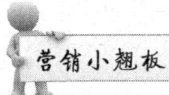

为了搞好市场机会的发现和分析工作，有效地抓住和利用某些有利的市场机会，企业的市场营销人员就需要了解市场机会的类型和特性，分析市场上存在哪些尚未满足或尚未完全满足的显性和隐性的需求，以便企业能根据自己的实际情况，找到内外结合的最佳点，从而组织和配置资源，有效地提供相应产品或服务，达到企业的营销目的。

325　怕上火，喝加多宝

红罐加多宝确定了推广主题"怕上火，喝加多宝"，在传播上，尽量凸现红罐加多宝作为饮料的性质。在第一阶段的广告宣传中，红罐加多宝都以轻松、欢快、健康的形象出现，避免出现对症下药式的负面诉求，从而把红罐加多宝和"传统凉茶"区分开来。为更好地唤起消费者的需求，电视广告选用了消费者认为日常生活中最易上火的五个场景：吃火锅、通宵看球、吃油炸食品薯条、烧烤和夏日阳光浴，画面中人们在开心享受上述活动的同时，纷纷畅饮红罐加多宝。结合时尚、动感十足的广告歌反复吟唱"不用害怕什么，尽情享受生活，怕上火，喝加多宝"，促使消费者在吃火锅、烧烤时，自然联想到红罐加多宝，从而促成购买。

"开创新品类"永远是品牌定位的首选。一个品牌，如果能够将自己定位为与强势对手所不同的选择，其广告仅传达出新品类信息，就能达到惊人的效果。

红罐加多宝把自己的品牌定位在预防上火上，并推向市场，使人们知道并接受了这种新饮料，最终成为了预防上火的饮料代表。

明确品牌要在消费者心智中占据什么位置，接下来的重要工作，就是要推广品牌，让它真正地深入人心，让大家都知道品牌的定位，从而持久、有力地影响消费者的购买决策。

326　宝丽来相机占领证件照市场

60多年前，随着一种60秒瞬间显现的影像技术的问世，宝丽来即时成像相机开始风靡全球。为什么即时成像相机在当时会如此畅销呢？

原来，在宝丽来刚进军相机市场的时候，发现用普通相机进行拍照的话，其胶卷往往还要送到专业店去冲洗。这样，对于那些不方便公开的照片来说就是一个不小的压力。

于是，宝丽来对症下药，开发了一次成像的技术。这种新开发的相机和普通相机相比，具有快捷、简便、私密性以及不可伪造性等特点，大大降低了照片被公开的风险，可以更好地为相机主人保密。由于摄像机也具备这些特点，所以，宝丽来转移市场定位，选择了其他相机没有具备的特点——即不可伪造性这一特性作为宣传重点，瞄准了证件照市场。

事实证明，宝丽来相机的定位是正确的。由于具有不可伪造性这一特性，很多喜爱浪漫的青年和一些相机发烧友纷纷购买这种相机。随之，宝丽来相机占据了大量市场。

营销小翘板

宝丽来相机能够占领证件照市场，是因为它采用了市场挑战者侧翼进攻战略。采用这种战略的时候，进攻者必须选择对手忽略或绩效较差的产品和区域加以攻击。同时，进攻者还要分析其余各类细分市场，按照收入水平、年龄、性别、购买动机等因素，辨认细分市场并认真研究，选择对手重视但尚未覆盖的细分市场作为攻占目标。

327　商家为什么喜欢买一送一

不知什么年月起，捆绑销售已悄悄地来到了我们的身边，而且蔚然成风，有愈演愈烈之势。大至买楼房送车位，小到买大家电送小家电、买手机送话费、买酸奶，甚至买支牙膏，也要送个钥匙圈……

如果问商家能不能不要赠品，直接减价卖？商家会以"赠品不要可以，但不减价"直接拒绝你，很多人对此颇为纳闷，为什么商家如此钟爱捆绑销售呢？我不要赠品，直接减价不可以吗？捆绑销售对商家而言究竟有什么好处？

营销小翘板

捆绑销售也被称为附带条件销售，即一个销售商要求消费者在购买其产品或者服务的同时，也得购买其另一种产品或者服务，并且把消费者购买其第二种产品或者服务，作为其可以购买第一种产品或者服务的条件。

捆绑销售通过两个或两个以上的品牌或公司，在销售过程中进行合作，从而扩大了它们的影响力，是营销经济学中共生营销的主要策略。

328 中国联通的跟随者战略

在市场份额上，中国移动和中国联通当前的用户数比例是2：1左右，按营销学理论的划分，移动属于市场领导者，而联通是市场追随者。然而，在营销策略上，中国联通也在扮演着追随者的角色。

综观我国移动通信产业的发展史，联通的动作似乎总是比移动慢半怕：早期有神州行和如意通的先后问世；增值业务迅猛发展后移动顺势推出了"移动梦网"业务品牌收效显著，而联通在半年后才姗姗来迟推出了"联通在线"、"联通无限"等多个相似的业务品牌；2003年移动推出"动感地带"迅速抢占了年轻人的市场，而联通直到2005年上半年才在全国范围内开始推广能与之抗衡的"UP新势力"；就连每年暑期的价格战，每每都是移动先发力，联通被迫匆忙应战。

当然，并不是市场跟随者的质量和效率永远比不上市场领先者。例如3G服务，移动所使用的TD—SCD—ＭA尚处于起步阶段，成熟度较低，网速较慢，网络没有做到无缝覆盖，经常会出现打不通或者信号不好的现象；而联通使用的则是WCDMA，它是技术最为成熟的3G技术，手机终端非常丰富，价格也相对便宜，因此有许多人因为3G技术的成熟而选择了联通。

营销小翘板

要采取"竞争型跟随"战略，首要的是能够在产品的硬件或软件上形成差异化。由于领导者具有先入优势，消费者认知度高，如果跟随者的产品没有自己的特色，最后只能被掩盖在领导者产品的阴影里面，所谓的"竞争"必然成为一句空话。

第十章

资源整合——有效地进行资源整合，才能取得非凡的销售业绩

329 TCL销售中的坚持

TCL集团股份有限公司创办于1981年，是一家从事家电、信息、通讯、电工产品研发、生产及销售，集技、工、贸为一体的特大型企业。

1993年，TCL看到国内大屏幕彩电的市场空缺，决定进军彩电行业。当时，国内彩电市场趋于饱和，大型的家电企业已经与家电经营的大户们结成了利益联盟，TCL难以利用传统营销网络来进入区域市场销售。而且，当时TCL的实力并不强，如何把有限的资源用在最能产生效益的地方呢？

于是，从1997年开始，TCL便剔除大户，采取"直销制"的销售渠道，即由厂商自主独立经营，通过自己的销售公司直接面对经销商，实行对销售渠道拥有极大控制权的营销网络模式。

此时，作为中国最大的彩电经销商"郑百文"，想用一大笔钱购买TCL的货，但是结果出人意料，TCL竟然拒绝了它。当然，TCL这样做的目的就是能够对自身渠道进行有效控制。没有批发商的TCL，各个分销分公司就是它最大的批发商。也只有这样做，TCL才可以控制整个物流和价格。

营销小翘板

直销的两大特点就是面对面销售与不在固定零售点。面对面地销售能够让客户了解到产品的具体细节，从而慢慢对产品产生信任感；而不在固定零售点的特性使直销有别于一般零售店的销售，所以直销又叫"无店铺销售"。TCL正是运用了这一销售模式，使其在市场中起主导作用，从而控制市场，并在每个发展阶段敏锐感

233

受到市场的脉搏，做出正确的决策。

330　全兴酒业集团的水井坊

品牌推广是品牌树立、维护过程中的重要环节，其关键作用就是树立良好的企业和产品形象，提高品牌知名度、美誉度和特色度。在这方面，全兴酒业集团的水井坊就是一个成功的案例。

水井坊的成功上市，成功打造高档白酒第一品牌，品牌推广功不可没。在上市前，水井坊专门对白酒市场做了清晰分析和深度掌控，巧妙地利用市场现有的品牌空隙，成功地进行了市场变革，将其品牌推广带到了更高的境界。

通过市场调查，四川全兴酒业集团对水井坊的历史文化进行了透彻的分析，从而提出了全方位营销的方案。在文化上，为了配合水井坊的考古背景，其标志采用现代方法表现中国传统文化；在销售渠道上，水井坊只在广东沿海和东南亚销售，而不考虑开拓内地市场；在价格定位方面，水井坊却号称是中国最贵白酒，其市场零售价高于茅台、五粮液、酒鬼等名酒。

营销小翘板

在营销方面，除了传统的销售渠道之外，全方位营销突破空间和地域的限制，建立了一种多层次的、立体的营销方式。全兴酒业集团也正是通过这种全方位的营销策略，在短期内，成功地把水井坊这个品牌推广到了整个中国和东南亚市场。

331　动感地带如何征服"80后"年轻一代

"动感地带"最初是中国移动佛山分公司创立，后来作为中国移动的样板而在全国推广。最早的推广地是福建，但战绩不理想，在这个过程中，中国移动敏锐地捕捉到社会上有一群25岁以下且受过一定教育被称为：精英、迷惘者、"垮掉"的一代。他们中的大部分人正疯狂地追捧一位曲风迥异、唱歌时分不清是唱还是说的歌手，那就是在台湾颇有知名度的周杰伦。

中国移动认为，如果要让周杰伦来代言"动感地带"，一定会吸引周的大陆FANS，"动感地带"也必然走红。

2003年4月15日，中国移动终于揭开了"动感地带"形象代言人的神秘面纱。台湾歌手周杰伦走上前台，关于周杰伦才华洋溢、我行我素等形象的描述恰好与

"动感地带"的目标消费者极度吻合。

果不其然，在短短的不到10个月的时间里，"动感地带"的用户数量激增，随着周杰伦在大陆歌唱事业的发展，其出镜率与曝光度越来越高，媒体蜂拥而至，"动感地带"的知名度也在一时之间急速飙升。

马路上、公交车上、商场里都会有一群听着歌摇头晃脑的年轻人正不停地敲打着手机键盘。"动感地带"正是通过对消费资源的准确把握，以及一系列的营销活动，最终征服了追求自我、追求个性和归属感的"80后"年轻一代。

营销小翘板

不少企业只想着如何尽快地把产品卖出去，钱一到手就算万事大吉，很少想到卖出去之后怎么办。现在，情况越来越不同了。企业家们已经开始重视消费者，把消费者当作企业的一笔重要资源。和土地、劳动、技术、资本等生产要素一样，消费者能为企业创造价值。

332 "通用帝国"的重新回归

美国通用电气公司是美国也是世界上最大的电器和电子设备制造公司，它的产值占美国电工行业全部产值的1/4左右。

通用电气公司在上个世纪八十年代迅猛扩张时，各项投入的浪费都非常惊人，仅全球的员工总数就达到了40万人，分支机构设置随心所欲，高级管理人员醉心于机构设置的等级阶层中，并追逐分权，各种资源配置过泛。

在1991年到1993年的三年时间里，由于各种浪费给公司造成了严重的亏损，亏损数额达160亿美元。此时，通用公司感受到了前所未有的危机。

于是，公司决策层开始将公司资源予以大幅度整合，注重资源配置的有序性，裁减冗员20万，大多数分权机构得到抑止，使庞大的"通用帝国"重新回归到较为经济的运行轨道中。由此，到1994年终于成功扭转赤字，出现了30亿美元的赢利。

营销小翘板

在企业实际运作中，很多人思考问题和从事工作往往抱着宁泛勿缺、多多益善的思想，凡是资源都想抓过来用，凡是想法都舍不得放弃，使得枝蔓过多，环节过杂，恰恰违背了整合的意义。而且，把杂乱无用的资源组合在一起，一味地进行大投入，不仅使资源无序，还可能对有效资源的利用造成损害。

333　仓储会员式企业"好市多"的经营方式

好市多是一家仓储会员式企业，致力于给顾客带来价格和质量最满意的商品。连锁店已经发展到了世界的300多个地区，商品种类繁多，对待会员还有额外的服务内容。

好市多起初只是向小型企业提供服务，但是后来发现如果选择性向一些非企业的个人会员也提供服务会给公司带来更大的收益。有了这个想法，仓储会员式企业开始扩大营业规模。

1983年，第一家好市多仓储店在美国西雅图开张，1993年在庆祝开店10周年时，好市多将原有价格会员店和好市多仓储店合并，成立价格好市多。1997年，公司正式将原有名称价格好市多改为好市多有限公司，1999年，更名为好市多仓储公司，简称好市多。在目标市场定位中，始终以工薪阶层和机关团体为主要服务对象，以满足一般居民的日常性消费需求，同时满足机关、企业的办公性和福利性消费的需要。好市多采用会员制的方式，实行低经营成本，以先进的计算机管理系统进行科学管理。

过去几年来，好市多已逐渐扩展其产品种类和服务。过去只偏向贩售盒装或箱装的产品，只需拆开包装就能上架，而最近开始贩卖其他不好处理的产品，如蔬果、肉类、乳制品、海鲜、烘焙食物、花、服饰、书籍、软件、家用电器、珠宝、艺术品、酒类和家具。许多分店还设置汽车维修服务、药妆店、眼科诊所、照片冲洗店和加油站。

营销小翘板

好市多声称："我们希望顾客每来一趟，就会看到数百种与上次不同的商品，从而制造出寻宝的气氛。"的确，顾客在好市多购物就像是一项消遣，而能够制造这样的顾客购物体验，其实是好市多最大的本事。

334　法国电话公司向顾客免费赠送电脑

在上个世纪九十年代，法国电话公司为每个使用该公司电话的家庭安装了一部号码查询电脑，该项免费服务的成本高达2.5亿美元。这的确是一项惊人的大投入，从表面上看，电话公司做了一笔赔本的大买卖。但实际上，这一笔投入对于法国电话公司的经营目标有着诸多的内在联系。

首先，法国电话公司每年都要向顾客免费赠送电话号码簿，送了电脑后，就节

省了不少的印刷费用。其二，电脑的功能除了查号外，还可以上网，无形中电话公司一下子就拓展了大批的上网顾客，并在竞争中挫败了其他网线公司；因为有了电脑，原来不上网的顾客也开始上网，发展了不少的用户；长期积累，这笔收入相当可观。其三，由于免费提供电脑，使顾客感觉享受到了电话公司带来的超值服务，吸引了其他需要安装电话的人加入到法国电话公司网。

从而，把表面上与企业赚钱对立的免费赠送电脑举动，纳入到一个企业经营大目标的和谐统一体中，更大范围地赢得了顾客和市场，获得了长远的利益。

营销小翘板

企业资源和方法的整合不应该画地为牢，简单地排斥'对立'面，要善于分析事物的内在联系，用发展的眼光审时度势，容忍'亦此亦彼'的现象，根据实际需要，选择地为我所用，从而为实现企业的某一目标提供更多的手段。

335 潘石屹与他的潘式品牌营销战略

潘石屹在地产界非常活跃，这不仅与他开朗活泼的性格有关，更重要的是他深谙品牌战略的奥秘，并将自己的个人品牌和企业品牌、产品品牌巧妙地整合在了一起。

从盖房子到做节目主持、出书、撰写博客、出演电影，甚至做客"超级女声"，潘石屹把睿智和幽默带给公众的同时，无时无刻不将SOHO时尚、实用的品牌营销于无形之中。同时，国内第一个房地产细分产品也是他提出来的。在此之前，人们会说，我住的是三居室、两居室，但是现在，人们可以说，我住的是SOHO。"SOHO"的概念本身就与潘石屹的个人形象高度契合。这就是潘石屹和他的潘式品牌营销战略。

潘石屹将自己的个人品牌与公司品牌紧密地黏合在一起。当你对其中任何一个产生兴趣后，你就会一并接受另一个曝光率同样高的名字。他认为，新兴品牌的成立与个人魅力的创造密切相关。

正是因为潘石屹的个人品牌为自己的产品品牌开通了一条捷径，当今的中国几乎没有人不知道"SOHO"的存在，SOHO系列楼盘一直都是京城名盘。

营销小翘板

"品牌"有着它巨大的感召力，特别是对于房地产这个耐用年限很长的商品，

相对于其他消费品而言，其价格高得多，因此，在购房前消费者会很理智地长时间地挑选、对比、咨询有关专家。而专家们在介绍买楼时也会介绍，买楼首选品牌口碑好的发展商的名牌楼盘。

336 美国强生公司与上海家化的合资

美国强生父子公司是一家销售额达30多亿美元的著名跨国公司，以经营药品起家，化妆品只是其消费品大类中的一部分。

1989年盛夏，该公司欲与中国上海家用化学品厂（后更名为上海家用化学品联合公司）合资。当时的上海家化是中国规模最大、效益最好、品牌最著名的化妆品生产企业，拥有"美加净"和"露美"两个著名品牌。

谈判期间，美商提出以7000万美元的价格，将上海家化厂全部合并到合资企业中去，而上海家化厂则提出将大部分职工和资产拿出去合资，原厂和小部分职工及资产保留。

1991年初，上海家化厂以2／3的固定资产、大部分骨干职工及"美加净"、"露美"两个著名品牌与美国强生父子公司合资组建了上海强生公司。上海家化厂的厂长葛文耀担任合资公司的中方副总经理，是上海强生公司决策层中惟一的中国人。

根据协议，"美加净"、"露美"两个品牌归合资企业独家使用30年，30年后中方如要收回，需交至少1060万元人民币的"赎金"。合资企业每年给"留守"的上海家化厂1500万元的"利益保底费"，以补偿因合资给该厂带来的利润损失。

合资后，失去两品牌的上海家化母体的销售额锐减5％。上海强生公司对"美加净"、"露美"两品牌既不增加产品投入，也不增加广告投入，仅仅是维持原状而已。合资公司的产品用的是强生的系列品牌，对"美加净"、"露美"两个著名品牌丝毫不重视，这究竟是什么原因呢？

回到上海家化厂母体的葛文耀在分析了两个著名品牌的潜力及中国化妆品市场的发展速度后，于1995年秋，将两品牌从合资企业赎回。赎回的代价是：上海家化买下合资企业的一些原材料和不适用的设备，估计要损失600万元，另外还要接收200名员工，取消合资企业给上海家化每年1500万元的返利。

营销小翘板

外商通过合资购牌除获得一定的规模经济效应、减少进入新市场壁垒外，消融目标品牌，消灭竞争对手成为一个主要的购牌动机。这一切应引起我们企业领导层的高度重视，需要认真思索，并作出有利于企业长远发展的合理选择。

337 安利公司独特的"直销计划"

传统的零售商业为有店铺销售。1959年狄维士与温安洛创立安利公司时，他们只有一项名叫乐新的产品和一个独特的"直销计划"——通过独立的直销员把商品卖到顾客手中，而不经由传统的中间环节和零售店销售。

安利采用人员直销的方式经营，由公司发展一个层次的直销员，并通过直销员直接将产品售予消费者，缩短了传统销售过程，对补充传统商品流通渠道、活跃市场具有良好作用。安利直销员主动了解顾客的需要，为他们介绍合适的产品，示范产品的特点和使用方法，并将产品送到顾客家中，提供亲切、方便的服务。

在传统的销售过程中，一件产品要卖到消费者手中，需要经过批发、零售等几次倒手，而这当中的每一次倒手都会增加很多费用，以直销的方式销售产品，则大大降低了产品在流通领域中的耗费，厂家大可将这笔节省下来的资金用于新科技的研究以及产品质量的提高；而直销员与顾客主动接触，也大大减少了一般企业推销中所存在的商业气，多了一份人情味，更有利于产品的销售。同时，厂家还可及时收到消费者对商品的反馈意见，从而对产品做出适当改良。

营销小翘板

安利公司在全球70多个国家和地区，通过人员直销的方式，销售其以先进科技生产的优质产品，不仅为那些渴望有一技之长、改善生活素质的人们提供了发挥潜能、实现理想的事业机会，而且为消费者提供了品质优良的日常生活用品及安坐家中购物的便利。

338 TCL建立的大范围营销网络

TCL集团于1981年靠一个小仓库和5000元贷款起家，1999年发展成为拥有100多亿元总资产，销售收入、出口创汇分别达到150亿元、2.4亿美元，在中国电子行业雄居三强的企业集团。之所以会在市场大战中获得如此巨大的成功，很重要的原因就在于营销网络的建设。

到1998年底，TCL已在全国建立了28家分公司，130个经营部（不包括县级经营部），还有几十个通讯产品、电工产品的专卖店，销售人员3000多人，这个网络既销售王牌彩电，也销售集团内的多种产品，1998年的销售额达到50多亿元。

TCL为了进一步开拓国际市场，除了利用在中国香港地区、美国原有的公司之外，1998年，集团还成立了"国际事业本部"，在东欧、东南亚地区也设立了自己的销售网点。

到了1999年，TCL的销售额达到150亿元，出口创汇2.4亿美元，年增长速度连续十年保持在50%以上。TCL品牌价值2000年评估达到105.93亿元，在国内知名品牌中名列第五，成为广东最有价值的品牌。通过长期实践，集团以超前的观念和行动，主动认识和培养市场，创造出了"有计划的市场推广"、"服务营销"和"区域市场发展策略"等开拓市场的新理念，覆盖全国的营销网络，并形成自身的核心竞争力。

营销小翘板

在市场营销网络中，企业可在全球各地市场上同时推出新产品，并减少由于产品进入市场的时间滞后而被富有进攻性的模仿者夺走市场的风险。市场营销管理也正日益由过去追求单项交易的利润最大化，转变为追求与对方互利关系的最佳化。其经营信条是：建立良好关系，有利可图的交易随之即来。

339 春兰公司是如何维系经销商的

江苏春兰集团实行的"受控代理制"是一种全新的厂商合作方法。代理商要进货，供销员必须提前将货款以入股方式先交春兰公司，然后按全国规定，提走物品。

这一高明的营销战术，有效地稳定了销售网络，加快了资金周转，大大提高了工作效率。当一些同行被"互相拖欠"拖得精疲力竭的时候，春兰却没有一分钱拖欠，几十亿流动资金运转自如。

春兰的经验虽然简单易行，但并不是所有的企业都能一下子学到手。因为春兰用于维系经销商的手段并非单纯是"金钱"（即预付货款），更重要的是质量、价格与服务。

质量一流的春兰为了给经销商最大的实惠，从而给代理商大幅度让利，有时甚至高达售价的30%，年末还给予奖励。这一点，许多企业都难以做到。有的产品稍有点"名气"就轮番提价，想把几年的利润在一个早晨就通通挣回来，根本不考虑代理商和经销商的实际利益。再次是服务。空调买回来如何装？出了毛病找谁？这些问题不解决，要想维系经销商也是很难的。春兰为了免除10万经销商的后顾之忧，专门建立了一个强大的售后服务中心，近万人的安装、调试、维修队伍。他们实行24小时全天候服务。顾客在任何地方购买了春兰空调，都能就近得到一流的服务。

春兰正是靠这些良好的信誉维系经销商的，并且因此在同行各企业中遥遥领先。

营销小翘板

企业要想获得利润、取得成功，除开必须领有有帮助的市场外，更要有通向市场的有效渠道，这需要企业采取适当的激励措施来拓展和维系销售网络。

340 国美电器与长虹彩电的价格大战

在2000年夏天，作为家电经销商的国美电器向彩电行业大亨长虹发起挑战，把长虹彩电的价格降低到令众人吃惊的地步。一向霸气十足的长虹彩电对于国美电器对自己的产品价格随意处置的态度再也无法忍受，国美强行"抢夺"长虹的定价权，损害到了其品牌影响力，为此，长虹彩电发布一封言辞相当激烈的声明，将矛头直指国美电器。国美电器对于长虹的责问全无反应，降价风潮越演越烈。这在彩电行业的价格大战历史上是前所未有的现象，一个经销商竟然能以价格压制厂家，而厂家对此却无可奈何。

这年10月，国美电器拿出数千万元的大单进行招标，提出竞标的厂家必须提供合乎自己要求的产品。这么大的生意，自然招来无数厂家竞相投标，最后，厦华、SONY分别与国美电器签订了1800万元、2564万元的供货合同，总量达到10850台。同年12月上旬，国美电器又重拳出击，推出"亿元采购订单"。2001年1月上旬以总金额1.58亿元公开招标采购的第二批定制产品到位，成功的商业资本运作使国美电器在家电价格战中屡屡获胜。

营销小翘板

国美电器作为家电产品的销售中间商，拥有很强的实力，实力越强，发言权就越大，与企业讨价还价的能力也就越强。

341 "尿布大王"尼西奇公司

日本的尼西奇公司原来只是一家小厂，却在生产尿布技术上独树一帜。为了更多地在其他领域获取赢利，公司还没有充分考虑好企业所具有的资源能力，就盲目地追求多元化发展，同时生产雨衣、游泳衣等产品，使得本来就弱小的资源更加分散，从而脱离了企业实际。

因为企业存在目标不明晰、资源配置零散、产品特点不突出等弊端，所以很快就陷入了困境。为了摆脱企业面临的破产危机，他们从日本政府发表的人口普查统计中得到启发，当时，日本每年出生250万婴儿，这是一个相当可观的市场，而尼西奇又恰好在尿布生产技术上领先。

于是，该公司集中整合了企业资源，放弃了除尿布以外的所有产品，确立了尿布生产的企业目标，使之在质量、品种、价格、销售、服务等方面形成了自己的竞争优势。

果然，资源整合给尼西奇公司带来了福音，几年之间，迅速成长为产品远销世界70多个国家和地区的"尿布大王"。

营销小翘板

企业资源整合体现出来的是一种多要素之间的合成能力，通过配置、排序，组织起实现目标所需要的各项资源、方法的有效利用，在整合过程中，其核心是目标，只有明确了目标，才能产生整合的效力。

342　"飞鸽"自行车借助名人效应创造企业价值

天津自行车厂始建于1936年，是中国第一家自行车厂。新中国成立后，于1950年试制出第一辆自行车，取名"飞鸽牌"。

1989年2月，新当选的美国总统布什访华，布什在华期间常与夫人骑车在北京游览，他们认为骑车不但可以健身，还可以接触到中国老百姓，了解中国社会。天津自行车厂厂长在得知这一消息后，接受新华社的建议，讨论是否将"飞鸽牌"自行车作为国礼赠送给布什。厂领导认为这是一次很好的宣传机会，可以借名人宣传"飞鸽"，让世界人都知道"飞鸽"自行车，还可以宣传中华民族的好客与热情，搞一次国际公关活动。

1992年2月25日，在钓鱼台国宾馆18号楼的大厅内，李鹏总理亲手将两辆崭新的"飞鸽牌"自行车送到布什夫妇手上，布什夫妇认真地看了看车子，连声说道："好极了，美极了！"布什总统还立马骑上自行车，在众多记者面前做出骑车的样子，供他们拍照。李鹏总理笑着对布什总统说："以后你可以在白宫里骑。"当布什总统把印有中美两国国旗的靴子作为礼品送给李鹏总理时，他说："比起你们送给我的如此好的礼物，我的东西差点劲。"

这则新闻，被国内外上百家报纸进行了报道，还刊登了布什总统在国宾馆骑自行车和布什夫妇骑"飞鸽"车在天安门前的照片。

于是，"飞鸽"不仅带去了中国人民的友谊，也给企业带来了经济效益。从

此，天津自行车厂的产品带着"飞鸽"商标进入了美国市场，并且赢得了美国顾客的喜爱。

营销小翘板

偶然的机会要靠有准备才能捕捉到。"飞鸽"自行车的成功体现了对信息利用多级优化的特点。公共关系活动要精心策划，在细节上下功夫。

343 荣事达集团的人力资源整合

1998年9月，合肥荣事达集团公司正式兼并重庆洗衣机总厂。经营时间不到两年，在重庆地区，两家的"荣事达"与"三峡"品牌市场占有率就由40%上升至70%以上，平均毛利率比上年同期增长82.57%。

探究其成功之路，无不得益于兼并后荣事达集团的有效人力资源整合管理。兼并之初，集团不减人员、不动班子，承担全部员工、保留原厂级领导职位，集团只派3人出任公司副总经理、总工程师和财务总监助理。并决定把当年利润用于增加员工工资和奖励管理者。

一段时期后，组建了新班子，并由新班子对公司进行管理和机构改革，新机构将原来的16个处室、3个车间调整为6处1室、4个车间，精减中层和机关管理人员63人。

最终，这些措施把荣事达引上了成功之路。

营销小翘板

现代企业竞争的实质是人才的竞争，人才是企业的重要资源，尤其是管理人员、技术人员和熟练工人。企业并购中，如何整合并购双方的人才是并购企业所要解决的首要课题。可以这样说，企业并购是否真正成功在很大程度上取决于能否有效地整合双方企业的人力资源。

344 Fed EX与柯达公司的"联姻"

截至2001年底，柯达在中国的冲洗店达7000家。柯达公司一直在研究如何更好地优化这7000家网点的资源配置，以便让消费者在柯达冲洗店能够享受到其他的服务——增值的服务。

2002年3月，Fed EX与柯达公司合作，在北京的9家快速冲洗店推出"自助服务专柜"。专柜内备有联邦快递的空运提单、商业发票和包装等，让客户采取自助方式投寄快递文件。Fed EX与柯达合作，主要是为了整合柯达公司的服务网络资源。

营销小翘板

就物流市场发展的实际情况看，发达国家物流企业的能力资源整合方式，主要表现在通过推出新的服务产品和建立广泛的战略联盟，来建立和完善物流服务网络。

345 联想与可口可乐的市场联姻

联想"中国最大电脑厂商"的知名度及全国5000多家门店的渠道优势对可口可乐具有极大的吸引力。可口可乐完全可以借助联想的这一资源，在中国饮料市场竞争中取得进一步的领先优势。联想则非常羡慕可口可乐全球最有价值品牌的知名度，能同其联姻，不但品牌知名度有所提升，同时可口可乐有长期赞助国际赛事的经验，也能为联想带来很大的帮助。

于是，联想与可口可乐公司携手打造了"联想—可口可乐地带"的活动。联想在其100家销售商店中开辟出专门的空间进行宣传，可口可乐也负责提供各种免费饮料。此外，联想还推出联想可口可乐限量版笔记本电脑"联想天逸F20"，这款新型电脑还搭配有奥运五环的标志，由可口可乐公司授权联想公司进行设计、生产和销售，它不仅融合了联想笔记本的设计风格，还将可口可乐的元素添加其中。这是两家企业市场战略合作的一次重大动作。尽管价格昂贵，但一经发行就立刻受到了消费者的热烈追捧，不仅为联想和可口可口带来了经济上的利益，更重要的是，它为双方品牌做了一次优秀的宣传，拓展了双方市场。

营销小翘板

联想集团与可口可乐，看似拥有不同的经营领域以及消费群体的两家公司，在经营上分享各自的客户资源，互相作为彼此的营销渠道，通过发动一系列合作推广活动，实现了双方在品牌建设和市场拓展上的"双赢"。

346 凯瑞汽车生产公司的营销环境威胁

由于市场竞争激烈，利润空间相对狭小，凯瑞汽车生产公司显得茫然无措，如果不及时采取有效措施，企业将会走下坡路。于是，该公司的决策者们立即对所处环境进行分析，发现他们所面临的环境威胁主要包括：

1. 竞争对手发明出了一种高效的电动小汽车。随着环保意识日益深入人心，高效的电动小汽车无疑会受到消费者的追捧，各大汽车生产企业更是加紧研究高效电动小汽车。

2. 欧洲及北美等地区出现了轻度的经济危机。

3. 政府颁布更加严格的汽车污染控制法令。不过，该项环境威胁并不能造成不同企业之间的差距，也就是说，这项冲击是所有企业都要面临的问题。

凯瑞汽车生产公司主要针对以上的威胁进行了讨论，最终得出以下结论：

1. 公司应该加紧技术研发，争取在其他公司之前推出高效电动小汽车，及早占领相关市场。

2. 虽然欧洲市场出现了经济危机，但中国地区由于政府的宏观调控，所受到的冲击很小。所以应该把市场注意力更多地转向中国市场。

通过对营销环境威胁进行充分的分析，凯瑞汽车生产公司对自己的生产和业务进行了一定程度的调整，从而更好地进行汽车销售和市场占领。

营销小翘板

所谓营销环境威胁，指由于环境的变化形成的对企业营销的冲击和挑战。其中有些冲击和影响是共性的，有些对不同的产业程度不同。即使是同处一个行业、同一环境中，由于不同的抗风险能力，所受的影响也不尽一致。

347 凯瑞汽车生产公司的营销环境机会

凯瑞汽车生产公司面临的外部环境威胁虽然很大，但还是有不少机会可以把握。通过详细的研究，公司找到了以下几个突破口并对其可能的发展状况进行了一些分析：

1. 节油汽车。这种汽车每加仑油就可以行驶96.56千米，但是遗憾的是，在现有的技术条件下，公司目前难以设计出一种价位合适的节油汽车。

2. 减震汽车。虽然实现起来对于公司并非难事，但是消费者对此兴趣不大，市场有限。

3. 发明高效的汽车污染控制系统。想法稍微有些超前，这样的汽车对于消费者而言过于新潮，对于设计者而言也是颇具难度。

4. 高效电动小汽车。该种汽车不仅开发难度比较低，而且也深受消费者的欢迎，如此一来，必定为公司创造出新的价值。

通过以上分析可见，并不是每个机会都能被自己所用。经过讨论，凯瑞汽车生产公司还是决定把重点放到对高效电动小汽车的研发和销售上。

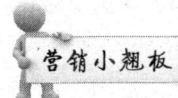

营销环境机会，是指由于环境变化形成的对企业营销管理富有吸引力的领域。在该市场领域里，企业将拥有竞争优势，可以将市场机会转为营销机会，利用营销机会获得营销成功。

348 三星集团的核心竞争力

三星集团不仅是韩国的民族企业，同时也是世界著名的跨国企业。综观三星近半个世纪的发展历程，不得不承认它确实是韩国工业企业的优秀代表。三星集团公司正是不断发展壮大其核心竞争能力，才有了现在瞩目的成绩。

三星集团核心竞争力之一就是合理的业务结构。三星形成了半导体、通讯、数字多媒体、家电等四大产业均衡发展的黄金产业结构，使得利润结构得以均衡发展。毫无疑问，这种业务结构是合理且系统的，它可以令三星随着外部条件的变化，不断调整自己去适应环境。因此，三星集团有这样一条原则：对局限型以及非主打型的业务应予以果断撤销，业务结构的重组应围绕半导体、移动电话等高利润产品来进行。

经过多年的发展，三星不仅是优秀的手机品牌，还陆续有十三种产品保持着全球第一的市场占有率。目前，三星的半导体产品、TFT—LCD、显示器等产品均处于世界领先水平。

竞争优势是指企业处于比竞争对手更有利的位置上，产生了比竞争对手更强的竞争能力，核心竞争力的持恒性创造出企业可持续性的竞争优势，使企业在竞争中保持长期主动性。企业可持续竞争优势之"根源"是企业核心竞争力。

349　家乐福海外扩张的成功之路

家乐福在不少国家的消费者中耳熟能详，但它的发展历史并不长。1959年，富尼耶和德富雷家族成立了家乐福公司。次年，在法国开设了第一家超市。1970年，家乐福股票在巴黎上市。之后因为法国政府对本土开设超市限制较多，致使家乐福在本土扩张不尽如人意。

1973年，家乐福在西班牙巴塞罗那开设了第一家国外超市。1981年，家乐福推出会员制；1985年，家乐福推出自己的品牌产品；1995年，家乐福开始进军中国市场；几年来不断开设超市和全球采购中心，已成为在中国扩张最成功的外资零售商之一。

法国家乐福集团是一个连锁大家族，主要业务形态有大卖场、超级市场和折扣店等。家乐福的迪亚与上海联华超市合资成立迪亚国际食品营销有限公司，并选择在上海住宅密集区域开店，第一批折扣店的规模控制在100～200平方米之间，采用仓储式销售，店内商品主要以食品为主，大约占90%左右，非食品商品很少，所有商品以自营品牌为主，找大的生产厂商进行贴牌生产。

如今，家乐福已在全球三十多个国家和地区拥有近千家超级广场，2000多家超级市场，近4000家的超级廉价商店等。

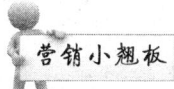
营销小翘板

家乐福在国际市场上的成功，是因为它不仅有全球统一的连锁经营模式，而且拥有先进的全球采购体系和流通手段，能够做到统一采购、物流分销、仓店合一，因而在最大程度上节约了人力和物力，降低了成本。这为家乐福占有市场、赢得利润打下了良好的基础，也为其吸引顾客创造了有利条件。

350　零担货运公司的整合策略

美国著名的零担货运公司 Roadway，于2001年与联合航空、美利坚航空、Uti全球货代、Unisys公司和G-Log公司共同组成了一个物流联盟服务系统公司Integres。并新设Roadway空运公司，作为货运服务的"虚拟整合者"。Roadway空运公司主要负责货物的集配，并利用自己的全国性货运服务网络为航空公司提供地面运输服务支持。

该系统建立了一个互联网门户，向客户提供实时的信息，为客户提供与运输服务供应商和合同执行人之间的联络。系统软件还为发货人提供"空运过程全部的细节"和在线服务。

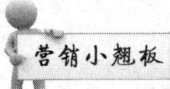

营销小翘板

上面这一案例所反映的实际上就是，道路运输公司与航空公司和货代公司等的服务网络整合。对每个合作伙伴而言，其自身的物流服务能力都得到了扩展，各自的服务网络都获得了延伸。

351 UPS是怎样进入海运服务领域的

2002年8月，UPS货运服务公司（UPS Freight Services）在中国和巴西针对出口到美国的产品，推出名为"UPS贸易直航"的、包括海运服务在内的一体化物流解决方案。

这项新的物流服务品种，是UPS推出的运输和物流服务项目中最大的整合服务项目，旨在进一步推动全球贸易的发展和简化国际贸易程序。

新的物流服务项目由UPS负责实施，将用于减少海运货物的陆上停留环节和时间而加速海运过程。该项合同服务比较适合大的服装、体育用品和电子产品制造企业，以及其他将海运作为经济运输手段，并希望将产品直接送交客户的制造商。采用该项服务的客户价值体现在两个方面：

一是直接的客户价值，即可省去若干分销或配送中心，发货人基本上可以不要仓库，因为物流过程中搬倒次数降到最少，降低了货损，也加快了交货的速度。使用该项服务的客户普遍反映交货时间节约了2-20天。

二是间接的客户价值，包括存货周转率加快，企业现金流和应收账款周转率加快，存货维持成本下降。统一的单证也有助于减少物流运作管理的行政开支。

该项服务的运作流程是这样的：客户把货物送到UPS的货运服务中心，发往美国客户的小包裹被挂上标签并装箱：然后，这些集装箱被送到港口并装船，舱位已经事先由具有无船承运人（NVOCC）资格的UPS海运服务公司预定好；货物抵达目的港之前，UPS已经完成了清关手续；货物抵港后，通过UPS的地面和空运网络将货物快速发往收货人；这时货主和客户均可在网上查询货物的状态；UPS对货运全程进行跟踪监控。

该项新服务的推出，实际上是UPS把海运服务资源给整合了，UPS借此进入了海运服务领域。

营销小翘板

以物流服务创新来整合能力资源，将有效地避免仅仅是为了"做大"所进行的整合和整合以后的貌合神离。所谓1+1>2的部分，就源于物流服务创新。

352 　王府井百货大楼的人性化管理

人性化的管理可以使上级和下属像朋友一样交谈，而不是一种居高临下的态度。这样的企业文化能够使员工对企业更加忠诚，使员工之间更加团结。北京的王府井百货大楼一直对员工采取的就是人性化管理。

上个世纪90年代中期，中国商业开始进入一个新的市场竞争时代。被誉为"新中国第一店"的北京王府井百货大楼同全国成千上万的同类大型国有商业企业一样，面临着一个共同的难题，一个重大的变革和转折在这时就要发生。此时，王府井百货大楼人人充满了前所未有的危机和紧迫感，可是没有人去抱怨，反而都坚守在自己的岗位上，互相激励，这一年达到的营业额比往年更有所增加。它使得王府井百货大楼可以安然地度过这个困难时期，和原来一样，继续繁荣昌盛。

1995年是王府井百货大楼的40岁生日。公关部刻意策划推出了"40年真情不变"的主题活动，整座大楼从包装到购物纪念袋、画册、贺卡，甚至各类广告、POP等，都用了"40年真情不变"这个标语，同时全部采用红色为宣传主色调，寓意大楼事业红红火火，活动现场更是洋溢着喜庆甜蜜的气氛。员工们感受到了大楼对自己的关照与重视，从而更加努力地为大楼贡献自己的微薄之力。

营销小翘板

人性管理，从本质上说是一种针对人的思想的"稳定和变化"同时进行管理的新战略。古语云：得人心者得天下！在企业管理中实施这种战略，有助于赢得员工对企业的认同感和忠诚度。只有真正俘获了员工心灵的企业，才能在竞争中无往而不胜。

353 　吉田登美子如何建立人脉资源

吉田美登子在1976年进入三井人寿保险公司京都分公司时，仅是公司直属企业的一名普通的保险理财顾问。她善于营造自己在顾客中的好人脉，从而迅速地成长

为日本著名保险经纪人。

进入三井人寿之初，吉田美登子所做的第一件事情，就是挨家挨户地去拜访客户，与他们建立并保持良好的业务关系。

一天，由于没有赶上电车，吉田美登子便来到月台对面的一家医院。走到门口，刚巧碰到一位医生，便慌忙说道："我是三井人寿的吉田美登子，请您投保！"

为了不让吉田美登子过于失望，这位医生便说道："我已经买了五六份，每次都被保险推销员说得天花乱坠，可事后心里还是一塌糊涂。这里有我两张保单，给你拿回去，评估评估好了。"

吉田美登子带着保险单分别拜访了这位医生投保的两家保险公司。在确认保单的内容之后，她为医生制作了一本图文并茂的解说笔记，又用笔画下重点，好让医生容易了解。医生拿到后，又把笔记给自己的助理看。助理看后，极力赞赏，还建议医生就向吉田美登子买保险。最后，吉田美登子根据医生的具体情况为他设计了一份保险。

后来，这位医生感激吉田美登子在保险方面给予的真诚建议与帮助，又将她介绍给几位要好的同事。

通过层层介绍，吉田美登子逐渐认识了更多的医生团体，终于拥有了最高医师客户占有率的保险推销员头衔。

营销小翘板

人与人之间如同链子一样环环相扣，结成了一张硕大的关系网。好人脉往往是成就大事的关键因素。因此，如果你要顺利地排解生活与事业中的难题与障碍，就要有好人脉，因为人脉越好，事情就越好办。

354 日本为何在80年代几乎占领中国全部电视机市场

经济环境是宏观营销环境的内容之一，它包括收入与支出状况和经济发展状况等。

1979年，中国经济开始慢慢恢复。这个时候，某家西欧厂商看准了中国的巨大潜力市场，便派遣专员来到中国调查。通过一番考察与研究之后，他们觉得中国的人均收入太低，市场潜力不是很大。

这一年，一家日本电视机厂同样也看准了中国市场。经过一番调查之后，他们发现虽然中国人的可任意支配收入不多，但是中国人有储蓄的习惯，并且人口也多。因此，他们决定开发中国黑白电视机市场，没多长时间，便获得了成功，几乎

占领了中国的全部电视机市场。

营销小翘板

宏观营销环境对公司的发展有着巨大的影响作用。错误的判断会让公司贻误时机，错失巨大的营销市场，而正确的决策则会为公司的成功添上重要的一笔。

355　奥运吉祥物为何变成被人唾弃的对象

1977年，洛杉矶的斯坦福·布卢姆以25万美元买下西半球公司一项专利，生产一种名叫"米沙"的小玩具熊，用作1980年莫斯科奥运会的吉祥物。此后的两年里，布卢姆先生和他的伊美治体育用品公司致力于"米沙"的推销工作，并把"米沙"商标的使用权出让给58家公司。成千上万的"米沙"被制造出来，分销到全国的玩具商店和百货商店，十几家杂志上出现了这种带4种色彩的小熊形象。

最初，"米沙"的销路很好，布卢姆预计这项业务的营业收入可达5000万到1亿美元。不料在奥运会开幕前，由于前苏联拒绝从阿富汗撤军，美国总统宣布不参加在莫斯科举行的奥运会。

正是由于企业外部环境因素之一的政治环境发生了改变，一夜之间，"米沙"变成了人们唾弃的对象，布卢姆的赢利计划也成了泡影。

营销小翘板

企业外部环境是指企业外部的政治环境、社会环境、技术环境、经济环境等的总称。企业战略重新评审不仅要对企业当前使命、目标、战略、政策进行评价，而且要对企业环境进行分析，以确定其中所存在的关键战略要素。企业外部环境由存在于组织外部、通常短期内不为企业高层管理人员所控制的变量所构成。

356　迪斯尼公司的资源组合

米老鼠是迪斯尼的象征，迪斯尼公司以深受人们喜爱的米老鼠为形象，将分散的资源如迪斯尼乐园、玩具制造等予以组合，充分利用其不可替代的文化资源，作为一个整体推出了一系列产品销售。

同时，迪斯尼在销售产品时又销售了文化，销售着对生命的感悟，那就是：机

智、善良、积极、乐观。在它们的表现形式上都有着惊人的完全一致性，每一件产品都以同样的价值观传递给消费者，而正是这一切使迪斯尼公司稳固地树立了家庭娱乐界的地位。

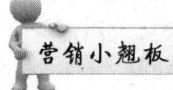

营销小翘板

企业各项资源往往是零散的、分离的，一旦目标锁定之后，就要把各项资源纳入到一个为目标服务的统一体中。所谓资源整合的系统性，就是要把本来分散的资源有所取舍，通过有序的配置，体现出为目标所用的整体效果。

357 上海移动集团的大客户服务部

上海移动集团大客户服务部自1999年成立以来，依托上海移动庞大的网络容量、先进的网络技术、丰富的管理经验和创新的思维模式，面向全市企业客户，提供业务受理、业务咨询、方案设计、网络优化、网络管理及发展规划等全业务营销服务，为集团大客户提供量身定制的个性化服务、全面解决方案式服务和跨区域无差异服务。

上海移动集团大客户服务部实行客户经理与集团热线点面结合的营销服务方式，确保为客户提供"一点接入、全网受理"的优质服务。所有上海移动的签约集团客户只需一拨通电话就能得到专人的服务。秉承"沟通从心开始"的服务理念，上海移动集团大客户服务部每一位服务人员都将从客户的利益出发，想客户所想，急客户所急，为客户提供各类通信服务。

通过七年的时间，上海移动集团大客户部摸索了一套切实可行的集团客户营销服务方法。并将集团大客户分为科技、金融、制造等9个行业，A、B、C三个等级，根据不同的行业特征设计个性化的集团产品解决方案，根据不同的等级提供合适的资费优惠组合，从而更好地为集团大客户提供规范化、标准化、综合化、个性化的服务。

营销小翘板

无论企业是否建立大客户管理部，大客户的管理都是非常重要的，做好大客户的管理必须作为提高企业持续竞争力的重要组成部分。做好大客户的管理，灵活的策略是必不可少的。

358 雀巢（菲律宾）的市场对策

在亚洲、太平洋地区，雀巢（菲律宾）公司的销售量仅次于雀巢（日本）公司和雀巢（澳大利亚）公司，名列第三。雀巢公司在当地市场的销售份额从52%上升到66%。此时，雀巢公司并没有为不断增长的业绩高枕无忧，而是在目前市场环境急剧变化，市场竞争日趋激烈的情况下，对如何维持这一业绩感到担忧。

菲律宾是一个高气温、高湿度的国家，当地人在咖啡饮用方面存在着不同的习惯。他们喜欢用容量仅为1.7克的纸包装咖啡以供个人享用，并且加少许糖，而不加任何牛奶或无奶咖啡调色剂。并且，咖啡的价格和家庭购买行为之间也有着明显的联系。在菲律宾，大多数食品都是通过小商店出售的，没有任何大型连锁店有意经营家庭用咖啡品牌。

公司认真地分析了菲律宾境内咖啡市场在产品开发、竞争对手、潜在对手等微观环境中的一些重要变化，对此及时做出了一些调整：例如更多地生产锡箔纸包装的小袋咖啡，根据当地人的习惯加少许糖，举行一些促销或打折活动。但在做出调整的同时，雀巢（菲律宾）公司也保留了一些已经很适合的策略，如把小商店作为销售雀巢咖啡的主要渠道。

通过此举，雀巢集团在市场面前由被动变为主动，能够把握住市场变化，并迅速做出合适的反应，市场分析助雀巢集团走上了一条欣欣向荣的发展道路。

营销小翘板

任何企业的营销活动总是在一定的环境下进行的，环境会影响和制约企业的营销活动，是人为不可控因素。企业只能努力去了解、预测和适应它。

359 中航油（新加坡）何以破产

中国航油（新加坡）股份有限公司成立于1993年，是中央直属大型国企中国航空油料控股公司的海外子公司，2001年在新加坡交易所挂牌上市，成为中国首家利用海外自有资产在国外上市的中资企业。

短短几年时间，中航油通过国际石油贸易、石油期货等衍生金融工具的交易，其净资产从1997年的16.8万美元增加到2004年的1.35亿美元，增幅高达800倍。然而就是这样一个2004年被评为最具透明度的上市公司，却因从事投机行为造成5.54亿美元的巨额亏损，并被迫于2004年12月1日宣布向法庭申请破产保护令，成为继巴林银行破产以来最大的投机丑闻。

曾经在7年间实现资产增值800倍的海外国企中航油，缘何短短几个月内就在期货投机市场上背负5.5亿美元的巨债？经国家有关部门批准，新加坡公司在取得中国航油集团公司授权后，自2003年开始做油品套期保值业务。在此期间，由于中航油错误地判断了油价走势，调整了交易策略，卖出了买权并买入了卖权，导致期权盘位到期时面临亏损。

为了避免亏损，中航油新加坡公司在2004年1月、6月和9月先后进行了三次挪盘，即买回期权以关闭原先盘位，同时出售期限更长、交易量更大的新期权。每次挪盘均成倍扩大了风险，该风险在油价上升时呈指数级数的扩大，直至公司不再有能力支付不断高涨的保证金，最终导致了破产的财务困境。

随着市场经济的深化、金融市场的逐步国际化，衍生金融工具也必将在我国迅速发展起来。因而，我国必须完善法规制度，使企业在投资或投机衍生金融产品时有据可依、有章可循，能够对高风险的投机业务实施必要的风险控制，以避免类似中航油事件的再次发生。

360　网商的端午粽生意

端午节是中国的传统节日，当然，吃粽子作为端午节的习俗是人们每年一次品尝美食的不二之选。

除了超市的成品粽，自己动手包粽子的风尚渐渐贴合了时下流行的怀旧心理。于是，各种品牌粽子以及粽叶等各种粽子原料也成了人们竞相购买的热销品。当然，喜欢网络化的IT人自然少不了想到电子商务的渠道，而电子商务的卖家也自然不能错过这个顺水推舟的良机。

随便在网上搜索一下，就能发现，在类似于淘宝网这样的网上商城，不少卖家已经涉足端午粽的生意，高达6000多条。除了淘宝之外，当当网、卓越网、甚至QQ商城也有许多相关的销售信息。

同时，很多知名食品品牌也在挖空心思频出端午节营销新招，如联合主流团购网站推出的24小时美味粽子团购、借助中国移动增值服务平台派发手机优惠券等，以互联网电子商务的视角拓展自身传统食品的营销思路。

营销小翘板

互联网行业已经把商业营销演绎得无处不在，而它的便捷已经征服了太多的都市白领，端午节的来临无疑又激活了这个本来就不安分的行业，随着粽子、粽叶各种材料的热卖，与端午有关的各类商品也随之活跃起来，拓宽了商家赢利范围的同时，也给人们过节的内容增加了无限乐趣。

361 爱普生秘密找寻分销商

在目前的国内喷墨打印机市场，爱普生独占鳌头。为扩大业务范围，公司开始生产计算机，并与一家经销商进行合作，然而，爱普生一直怀疑他们对新兴零售产品没有推销能力，于是公司总裁杰克·沃伦决定招聘新的分销商进而取代现有的分销商。为此，特意聘请了赫根拉特尔咨询公司为他们进行具体的招聘事宜。

在招聘的过程当中，咨询公司提出以下要求：第一，寻找在经营褐色商品和白色商品方面有分销经验的申请者。第二，申请者必须具有领袖风格，他们愿意并且有能力建立自己的分销系统。第三，他们每年的薪水是8万美元底薪加奖金，并提供37.5万美元帮助其扩展业务，他们每人再出资2.5万美元，并获得相应的股份。第四，他们只能经营爱普生公司的产品，但是可以经销其他公司的软件；同时，每个分销商都配备一名培训经理并经营一个维修中心。

然而，在招聘的过程当中，咨询公司遇到了很大的困难，刊登在《华尔街日报》上的广告带来了1700封申请信，另外，由于该招聘活动是暗中进行的，所以广告里不提及爱普生公司。遗憾的是，这1700封申请信其中绝大多数为不合格的。通过一系列的筛选，利用电话本上的黄页找到合格申请者的名字及电话，接着与他们的第二常务经理联系安排面试，通过大量的工作后，赫根拉特尔公司提交了最具资格的人员名单，并由爱普生公司总裁杰克·沃伦亲自面试，从中挑选出12个分销商负责12个分销区。

选出了新的优秀分销商之后，爱普生公司与原有的分销商终止业务，事先并不知情的原分销商大为震惊，爱普生公司提出，要求他们必须在90天内完成移交工作，虽然他们是爱普生公司最早的分销商，但是他们与公司并没有签订合同，所以不得不终止双方间的合作。

营销小翘板

分销商是指那些专门从事将商品从生产者转移到消费者的活动的机构和人员，

当这些分销商的活动产业化以后，分销业也就形成了。所谓的分销是指分着来销，可见在销售的过程中，已经考虑到了下家的情况，不是盲目销售，而是有计划地销售，商家有服务终端的概念。

362 麦当劳为何能遍布全球

从一家小小的快餐店迅速成长为当今世界首屈一指的连锁巨人，麦当劳靠的是独特经营之术，也就是说，麦当劳行销天下，并不只是靠其快餐食品本身的独特风味，而更重要的是其与众不同的出色经营。

麦当劳采取的都是典型的特许经营制。其早期的特许经营和其他企业一样，仅仅是商品商标的特许营销。在该阶段，特许商向加盟商提供的只有商品和商标的使用权，而加盟商则需要定期向特许商支付费用。麦当劳只在开业初期对加盟店进行外观修整和食品指点，之后则两不相干。

没多长时间，麦当劳便遇到了一个棘手的问题。一些加盟商根据自己的意愿对汉堡口味进行修改，还有一部分竟然增加了其他的复杂品种，这些行为导致麦当劳的品牌影响力大打折扣。因此，麦当劳不得不开始在各地开设"样板店"，同时建立了一条严格的运营制度——QSCV系统，即优质服务、质佳味美、清洁卫生、提供价值。这些措施取得了很好的效果，麦当劳也依靠这样的经营获得了飞速的发展。

营销小翘板

麦当劳的特许经营，也叫加盟经营，即分店通过有偿方式，获得与特许总部签订由其转让业务模式特许经营权的授权协议。对于购买特许经营权的投资者来说，特许经营与独立经营的最大区别就在于存在着一个特许权利"转让人"。这个转让人在卖给你特许经营权之后，并不消失，他还向你提供经营指导而你必须服从他的管理和指挥，你个人独自承担商业经营风险。

363 康师傅的渠道策略

作为"康师傅"系列方便面的生产商，顶益公司取得的市场成就有目共睹。随着竞争的演进，一些新问题摆在顶益面前，主要表现在铺货率难以增长、货流控制不力、市场价格难以控制、新产品推广不易。

公司集体讨论认为，之所以会出现这些问题，是因为销售渠道效率太低。渠道

长、经销商中转次数太多，从而导致产品到达消费者手中的时间推迟，因而增加了公司的流通费用，产品价格也随之提高，再加上经销商缺乏开拓市场的主动性，产品的市场占有率自然无法提高。

为解决这些问题，顶益公司筹划实施了"通路精耕"行动，以缩短通路层级，提高产品流通效率，掌握市场覆盖面，达到最高铺货率。

区域间和层次间的不良竞争、市场价格混乱、渠道利润较低是销售渠道当中存在的最大问题。所以，渠道利润是推动商品流动最重要的力量。要想解决商品流动的问题，就需要在渠道中实现利润的合理分配，要求渠道层次必须协调、简洁，这是竞争发展的必然要求。

营销小翘板

拥有渠道，就意味着拥有未来，企业必须关注渠道的变化。大陆的渠道是跳跃式成长，而不是阶段式成长，要想跟上甚至把握渠道的变化，就必须做长期和前瞻性的研究。同时，中国市场是一个国际性的舞台，除了产品竞争外，第二个重点就是渠道竞争。在产品同质化的情况下，渠道相对成为决定市场竞争力的最重要的因素，因此有必要进行渠道的精耕。

364 联邦快递的"客户集成销售"营销模式

联邦快递总部设于美国田纳西州，是一家国际性速递集团，为遍及全球的顾客和企业提供涵盖运输、电子商务和商业运作等一系列的全面服务。

在提供快捷、可靠的快递服务时，联邦快递都会指导客户在自助服务中所需要的技巧。据统计，每年都有五万名用户被训练使用自动威力舰系统。大部分使用者都不是最终消费者，而是借联邦快递为自己客户服务的公司。采取这一途径，联邦快递把最终消费者都集中到了各个使用"威力舰"的公司中，从而在相当大的程度上提高了工作和信息反馈的效率。

同时，为了让客户提供自助消费服务，联邦快递还在客户终端装上近10万台本公司的个人计算机，有超过35万名客户的个人计算机上都安装了软件版的自动程序"威力舰"。其实，联邦快递这样做的目的就是希望赋予客户一套相当丰富的能力，以提供给客户更好的服务。

10年来，联邦快递培训的网络员工人数是世界上最多的一家公司。他们平均每年为每个使用"威力舰"的公司训练6名使用者，再让他们训练自己的客户。通过这种方法，联邦快递的间接训练人数（包括最终消费者）可以达到50万人以上。

营销小翘板

"客户集成销售"使企业能够结合自身的情况、紧扣客户的消费需求及购买行为，以营销整体策略运作为核心，通过有效的"客户集成销售"与其他营销行为有机融合，从而实现市场突破，创造辉煌业绩。联邦快递之所以会大受客户欢迎，就是因为他们采取了这种营销模式。

365 "霞飞"化妆品的促销策略

上海霞飞化妆品厂针对促销对象，设计了两种类型的促销组合：第一种是以最终消费者为对象的促销组合。其基本策略是以塑造产品形象为目标的广告宣传活动，并辅之以一定的零售点营业推广活动。第二种是以中间商为对象的促销组合。基本策略是以人员促销为主导要素，配合以交易折扣和耗资巨大的年度订货会为主要特征的营业推广活动。

有了这两种促销组合策略作为基础，霞飞化妆品厂对促销组合的几个方面都做了十分广泛而深入的工作。

在广告上，广告费投入庞大，内容制作精细，媒体选择方面则比较广泛；在人员推销上，全厂产品的销售任务由销售科全面负责，推销人员实行合同制，每年同厂方签订为期一年的合同；在公共关系上，每年大约投入120至150万元左右，主要公关活动是召开新闻发布会与举办和支持社会公益活动；在营业推广方面，主要精力集中在批发环节，其手段包括经常性手段和即时性手段两种。公司每年都举办隆重的订货会，既显示企业强大的实力，同时又进行感情投资，融洽工商关系。

营销小翘板

促销组合是一种系统化的整体策略，运用广告、人员推销、公关宣传、营业推广四种基本促销方式则构成了这一整体策略的四个子系统。这样，可以使企业的全部促销活动互相配合、协调一致，最大限度地发挥整体效果，从而顺利实现企业目标。